ENCICLOPÉDIA DA Gastronomia Italiana

Informações úteis

Nível de dificuldade	de ★ a ★★★
Referência aos vídeos	[QR code]
Ideias de receita	[ícone colher]
Referências técnicas	[ícone batedor]
Índice	p. 456

ADMINISTRAÇÃO REGIONAL DO SENAC NO ESTADO DE SÃO PAULO

Presidente do Conselho Regional: Abram Szajman
Diretor do Departamento Regional: Luiz Francisco de A. Salgado
Superintendente Universitário e de Desenvolvimento: Luiz Carlos Dourado

EDITORA SENAC SÃO PAULO

Conselho Editorial: Luiz Francisco de A. Salgado
Luiz Carlos Dourado
Darcio Sayad Maia
Lucila Mara Sbrana Sciotti
Luís Américo Tousi Botelho

Gerente/Publisher: Luís Américo Tousi Botelho
Coordenação Editorial: Ricardo Diana
Prospecção: Dolores Crisci Manzano
Administrativo: Verônica Pirani de Oliveira
Comercial: Aldair Novais Pereira

Fotogravura: IGS Angoulême
Entrevistas: Stefano Palombari
Edição de Texto: Maísa Kawata
Preparação de Texto: Ab Aeterno
Revisão Técnica: Julia Delellis Lopes
Revisão de Texto: Heloisa Hernandez, ASA Assessoria e Comunicação
Projeto Gráfico e Capa: Alice Leroy
Editoração Eletrônica: Sandra Regina dos Santos Santana
QR codes: Ricardo Diana
Coordenação de E-books: Rodolfo Santana
Impressão e Acabamento: Visão Gráfica

Título original: Encyclopédie de la gastronomie italienne

Editora Senac São Paulo
Av. Engenheiro Eusébio Stevaux, 823 – Prédio Editora
Jurubatuba – CEP 04696-000 – São Paulo – SP
Tel. (11) 2187-4450
editora@sp.senac.br
https://www.editorasenacsp.com.br

Dados Internacionais de Catalogação na Publicação (CIP)
(Jeane Passos de Souza – CRB 8ª/6189)

Mangolini, Mia
Enciclopédia da gastronomia italiana / Mia Mangolini; tradução de Débora Isidoro, João Novaes e Maria José Perillo Isaac; fotografias de Francesca Mantovani. -- São Paulo : Editora Senac São Paulo, 2015.

Título original: Encyclopédie de la gastronomie italienne.
ISBN 978-85-396-0824-9

1. Gastronomia 2. Culinária italiana I. Mantovani, Francesca. II. Título.

14-268s CDD - 641.5945
BISAC - CKB000000

Índice para catálogo sistemático:
Gastronomia : Culinária Italiana 641.5945

Mia Mangolini
Fotografias de Francesca Mantovani
Tradução de Débora Isidoro, João Novaes e Maria José Perillo Isaac

ENCICLOPÉDIA DA Gastronomia Italiana

Editora Senac São Paulo – São Paulo – 2015

Como usar este livro?

As técnicas

Todas as técnicas básicas explicadas passo a passo por um profissional.

Fotos passo a passo

Nível de dificuldade

Página

Dicas do chef

Referência a receitas que utilizam as mesmas técnicas

Acesso aos vídeos

Escaneie os *QR codes* disponíveis gratuitamente para iPhone e Android. Depois da leitura, você poderá ver os cenários e/ou carregar o vídeo para rever sem se conectar com o aplicativo. Para uma leitura e um carregamento mais rápidos, prefira conexões *wi-fi*.

Você também pode:

- Utilizar outro leitor de *QR codes* compatível com seu *smartphone* ou *tablet*.
- Acessar o endereço de internet localizado atrás dos códigos.

Diferentes técnicas

Escalopes

Saltimbocca

A saltimbocca (literalmente, "salta à boca"!) é um dos pratos emblemáticos da cozinha romana. É preparado com um escalope muito fino de coxão mole de vitela coberto de presunto e linguiça presos com um palito. É um prato fácil e rápido de preparar, além de saboroso. A saltimbocca é erroneamente confundida com os involtini, que são escalopes de vitela enrolados e recheados (em geral com queijo).

Para 4 pessoas
Tempo de preparo: 10 minutos
Tempo de cozimento: 20 minutos

Ingredientes
300 g de escalope de vitela
120 g de presunto cru
80 g de manteiga
8 folhas de sálvia fresca
100 mℓ de vinho branco (de preferência de Castelli Romani)
Sal, pimenta-do-reino

Bata as fatias de carne para que fiquem bem finas, formando quadrados de mais ou menos 10 cm de lado, salpique levemente sal e pimenta **(1)**.
Coloque sobre cada pedaço uma fatia de presunto e uma folha de sálvia **(2)** que são presas com a ajuda de um palito de dente **(3)**.
Derreta em frigideira a metade da manteiga e sele em fogo alto por 2 min de cada lado, começando pelo lado onde está o presunto (atenção para não cozinhar demais o presunto, ou ele pode ficar muito seco) **(4)**.
Deglaceie com o vinho branco, termine o cozimento e reserve os saltimbocca aquecidos. Deglaceie o fundo do cozimento com 2 colheres (sopa) de água e adicione o resto da manteiga para servir de molho.
Sirva as saltimboccas regadas com esse caldo.

Dica do chef
Acompanhe as saltimboccas com feijões-verdes, ervilhas, espinafre, batatas, etc.

Ideia de receita

As receitas

100 receitas básicas + receitas criadas e testadas pelos chefs.

Página

Nível de dificuldade

Ingredientes
2 dentes de alho
1 limão-siciliano
1 trufa branca de Alba
350 g de carne de vitela
Azeite, o suficiente
Sal, pimenta moída na hora

Utensílios
1 mandolim para trufas

Tartar de vitela com trufa branca ★

Carne all'Albese

All'Albese significa proveniente da cidade piemontesa de Alba.
É uma das receitas que mais valoriza a famosa trufa branca da região.
A carne ideal para este prato é a de vitela.

Para 4 pessoas
Tempo de preparo: 20 minutos
Tempo de marinada: 1 hora

Descasque os dentes de alho, retire o miolo e pique o dente. Esprema o suco de limão. Escove a trufa com uma escova bem seca para retirar a terra e, se necessário, use uma faca para ajudar. Em seguida, limpe-a com um pano úmido e seque bem.

O açougueiro pode preparar o tartar "batido na ponta da faca". Caso contrário, corte a vitela em pedaços pequenos. Em seguida, utilize, ao mesmo tempo, duas facas bem afiadas, uma em cada mão, para cortar a carne bem miúda.

Prepare um molho com o alho picado, o azeite, o sal e a pimenta e misture com a carne de maneira uniforme para temperá-la. Deixe marinar por cerca de 1 h.

Acrescente o suco de limão somente na hora de servir para evitar que ele cozinhe a carne, que deve continuar malpassada.

Reparta o tartar em pratos. Espalhe fatias de trufa branca cortadas com um mandolim específico para elas.

● **Sugestão de vinho**
Barbaresco, tinto, DOCG.

● **Dica do chef**
Segundo uma antiga receita, pode-se misturar ao molho anchovas sem espinhas e amassadas, com sal ou azeite. Quem não gosta de alho, pode amassar somente um dos dentes (descascado e sem o miolo) com um garfo e misturar à carne no momento em que for temperá-la: vai valorizar o sabor ligeiramente semelhante ao alho que a trufa branca tem.

● **É bom saber**
A trufa branca perde seu sabor com o tempo. É preciso, portanto, consumi-la rapidamente, em 5 dias no máximo. Enrole-a em papel absorvente, seque-a por inteiro e guarde-a dentro de um recipiente de vidro junto com os demais legumes na geladeira.
A trufa branca não suporta o cozimento.

Referências técnicas

Receitas 192 Piemonte e Vale d'Aosta

Ingredientes

Referências técnicas

Sumário

Receitas

Anexos

Prefácio

De Carlo Petrini

Jornalista e crítico de gastronomia
Fundador da associação Slow Food

O trabalho de Mia Mangolini é uma valiosa ferramenta para a realização de uma seleção minuciosa de pratos italianos. Técnicas e viabilidade, utensílios e métodos, sugestões e tempos (de preparo) são explicados e mostrados em fotografias detalhadas. Para validar esse grande patrimônio culinário italiano, reuniu-se uma dúzia de empresas de prestígio. Elas representam, atualmente, a excelência do *know-how* de um país em que a diversidade de cozinhas regionais se expressa de formas muito diferentes. Essa é a característica italiana: unidade dentro da diversidade; uma particularidade destinada a se transformar em um programa de trabalho para todo o conjunto da gastronomia europeia.

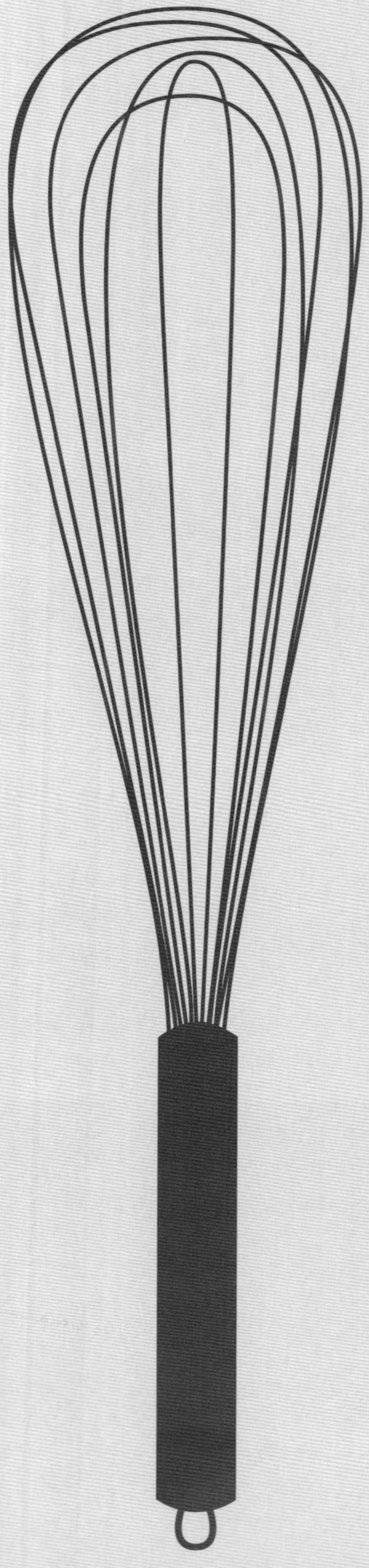

Diferentes técnicas

Antepastos e conservas

Antepastos e conservas

Os antepastos são preparações muito variadas, apresentadas em porções pequenas e cuidadosamente decoradas. A quantidade varia de acordo com a situação. Usamos uma porção para uma refeição comum, duas ou três para refeições mais ambiciosas, e muito mais para uma refeição requintada ou de cerimônia (sete em geral). No caso de um aperitivo antes do jantar ou de um bufê, o antepasto é indispensável. A variedade mais conhecida é, provavelmente, a dos cortes de charcutaria acompanhados de legumes em conserva. Dependendo da qualidade dos alimentos, podem ser muito refinados.

Um pouco de história

A palavra antipasto (antipasti, no plural) vem do latim (*ante-pastus*) e significa "antes da refeição". Na Itália, falamos também em principii (termo muito antigo e em desuso cunhado por Pellegrino Artusi em seu livro *Scienza in cucina e l'arte del mangiar bene*), stuzzichini ou finger-food. Sua existência remonta à época dos romanos. No século IV a.C., Filosseno cita em seu poema *Convito* as deliciosas carnes que estimulam o apetite antes da refeição. Sua utilização desaparece na Idade Média e ressurge mais tarde, na época dos grandes descobrimentos, quando se transforma, nas mesas dos mais abastados, em degustação de todo tipo de produtos desconhecidos.

Preparação dos antepastos

Apresentação

Não se deve subestimar a importância estética dos antepastos, porque qualquer prato bem-apresentado agrada aos olhos antes de abrir o apetite... então, é importante escolher o prato de serviço e adaptá-lo à ocasião. Um prato com divisões pode ser uma escolha muito prática para a apresentação de diferentes legumes.

Sequência de ingredientes

Introdução à refeição, o antepasto deve ser adequado a ela e garantir uma progressão equilibrada. Os sabores mais delicados devem preceder os mais intensos. Os legumes precedem naturalmente uma carne ou um peixe. Um peixe pode introduzir uma carne; uma carne branca pode, mais raramente, introduzir um peixe de sabor mais forte.

Frios ou quentes

Em geral, são servidos frios no verão e quentes no inverno. Mas, em uma seleção, é comum recorrer às duas opções, primeiro os frios, depois os quentes.

Ingredientes

Todos os ingredientes podem servir para a preparação dos antepastos: pãezinhos e pizzas, cereais, legumes, ovos, frutas, charcutaria, queijos, peixes e carnes.

Alguns exemplos de antepastos clássicos

Presunto de Parma com melão; salame com figo; pera com parmesão; crudités (p. 15); fondue de anchovas (p. 191); carpaccio de lagostim (p. 132) ou de dourado; salada de frutos do mar (p. 128); lulas na tinta (p. 239); crostini (p. 300); bruschetta; as tortas de carne e peixe; carpaccio de Cipriani (p. 242) ou de legumes; queijos pecorino acompanhados de geleias (p. 22), chutney e calda de chocolate. Nos cenários dos bufês frios, brunchs ou aperitivos antes do jantar, os pratos principais (massas, gratinados, assados...) podem ser fracionados em três pequenas porções e lindamente apresentados na forma de antepastos.

Crudités ★

Pinzimonio

O pinzimonio, em dialeto romano "cazzimperio", é uma receita à base de legumes crus servidos com molho de azeite de oliva.

Para 4 pessoas
Tempo de preparo: 10 minutos

Ingredientes
1 alcachofra
1 erva-doce
1 endívia
1 cenoura
1 pepino
1 pimentão vermelho, amarelo ou verde
8 rabanetes
4 cebolinhas
Suco de ½ limão-siciliano
100 mℓ de azeite
Sal, pimenta-do-reino

Limpe os legumes e corte os maiores em quatro (alcachofra, erva-doce, endívia) e os outros em palitos (cenoura, pepino, pimentão).
Em um recipiente, misture com um garfo uma pitada de sal e uma pitada de pimenta, despeje o suco de limão-siciliano, adicione um fio de azeite e emulsione.
Arrume os legumes em um prato de servir, em vários copinhos, em taças, em um prato com divisórias ou do modo que preferir.
Divida o citronnette (molho feito com o limão) em pequenos copos nos quais cada convidado possa mergulhar os legumes.

● Dica do chef
Substitua o suco de limão por 4 colheres de vinagre balsâmico. Elimine o acidificante para dar ainda mais valor a um bom azeite e aos legumes frescos.

Legumes grelhados ★

Verdure grigliate

Receita muito simples que pode introduzir uma refeição, incrementar uma salada ou acompanhar um prato. A escolha de legumes da estação e de qualidade é determinante para o sucesso da receita.

Para 4 pessoas

Tempo de preparo: 20 minutos
Tempo de cozimento: 10 minutos

Ingredientes

De acordo com a estação
1 berinjela
2 abobrinhas
1 pimentão vermelho, amarelo ou verde
ou
4 endívias
8 cogumelos frescos
1 radicchio
100 mℓ de azeite de oliva
2 colheres (sopa) de ervas picadas
(tomilho, orégano, manjerona, salsinha...)
Sal

Lave os legumes. Corte em fatias de cerca de 0,5 cm (berinjela, abobrinha), em quartos (endívias, radicchio) ou em tiras (pimentões) **(1)**.
Aqueça em fogo alto uma chapa ondulada previamente untada com óleo. Grelhe os legumes por 3 min de cada lado **(2)** virando uma vez com uma pinça ou um garfo.
Leve os pimentões ao forno de micro-ondas por 4 min, para completar o cozimento.
Depois de prontos, coloque os legumes em um prato e tempere imediatamente com um fio de azeite, sal e as ervas picadas.
Sirva quente ou frio.

1

2

1

2

3

Legumes recheados ★

Verdure ripiene

Pequenos legumes (ou flores) recheados são frequentemente apresentados como antepasto na Itália. Recheio e legumes variam de uma região para outra, e dependem da estação. Aqui temos uma receita da Ligúria.

Para 4 pessoas

Tempo de preparo: 20 minutos
Tempo de cozimento: 35 minutos

Ingredientes

2 batatas binge ou ágata
2 abobrinhas
2 cebolas grandes
80 g de vagem
1 ovo
1 dente de alho
60 g de queijo parmesão ralado
4 colheres (sopa) de azeite de oliva
10 g de cogumelo porcini seco (embebido em água quente por 15 min)
Folhas de manjericão
1 colher (café) de manjerona
4 flores de abobrinha
Sal, pimenta-do-reino

Prepare os legumes

Descasque as batatas e corte-as em pedaços. Corte uma abobrinha ao meio no sentido do comprimento. Corte as cebolas ao meio e cave o interior para obter 4 "conchas". Retire os fios das vagens e corte-as em pedaços. Cozinhe tudo no vapor por 20 min.

Prepare o recheio

Passe as vagens, as batatas e uma abobrinha por um passador de legumes **(1)**. Adicione o ovo, o alho esmagado, o queijo ralado, 2 colheres (sopa) de azeite de oliva, os cogumelos escorridos e as ervas picadas. Tempere com sal e pimenta a gosto **(2)**.

Prepare as conchas de legumes

Retire o pistilo das flores. Cave as metades da segunda abobrinha e corte-as em dois pedaços.
Preencha as flores, os pedaços de abobrinha e as conchas de cebola com o recheio **(3)**. Arrume-os em uma assadeira untada. Leve ao forno por 15 min a 200 °C. Sirva os legumes recheados quentes ou frios.

Azeitonas aromatizadas ★

Olive aromatiche

Azeitonas podem ser servidas como são, apenas escorridas, ou temperadas de um modo muito simples, com a adição de alguns ingredientes (óleo vegetal, pimenta, alho, raspas cítricas, ervas, especiarias,etc.). Aqui está uma receita da Úmbria.

Para 4 pessoas

Tempo de preparo: 20 minutos
Tempo de cozimento: 40 minutos
Tempo de marinada: 12 horas

Ingredientes

120 g de azeitona preta
Zeste de 1 laranja
1 dente de alho
1 folha de louro
1 colher (sopa) de azeite
Sal

Misture as azeitonas com o zeste de laranja **(1)**, o alho descascado e amassado e a folha de louro picada. Junte o sal e o azeite **(2)** e misture. Deixe marinar 12 h antes de servir **(3)**.

1

2

3

Charcutaria

O corte das carnes é fundamental para uma apresentação de bom gosto. Os produtos de charcutaria italianos, em especial, devem ser cortados muito finos com um fatiador. Seja uma porção ou uma peça inteira, a preparação e o corte devem seguir cuidados mínimos.

Aqui estão, por exemplo, as orientações do Consórcio do Presunto de Parma (Prosciutto di Parma) que garante a qualidade dessa Denominação de Origem Controlada, a mais consumida na Itália:

- **Descascar parte** da circunferência da peça a ser fatiada (10 mm a 20 mm).
- **Remover parte da gordura:** deixar metade da altura da gordura. A gordura do presunto de Parma, rica em ácidos graxos insaturados, colabora para a suavidade da textura e a doçura do sabor. Por isso é conveniente deixar um pouco da gordura em volta dele.
- **A espessura do corte,** que deve ser feito exclusivamente em máquina, deve corresponder a uma folha de papel; essa é a condição para revelar a sutileza e o refinamento dos sabores e dos aromas dos frios.
- **O corte** deve ser realizado unicamente por demanda, o que garante o frescor da fatia e a intensidade de seus sabores.

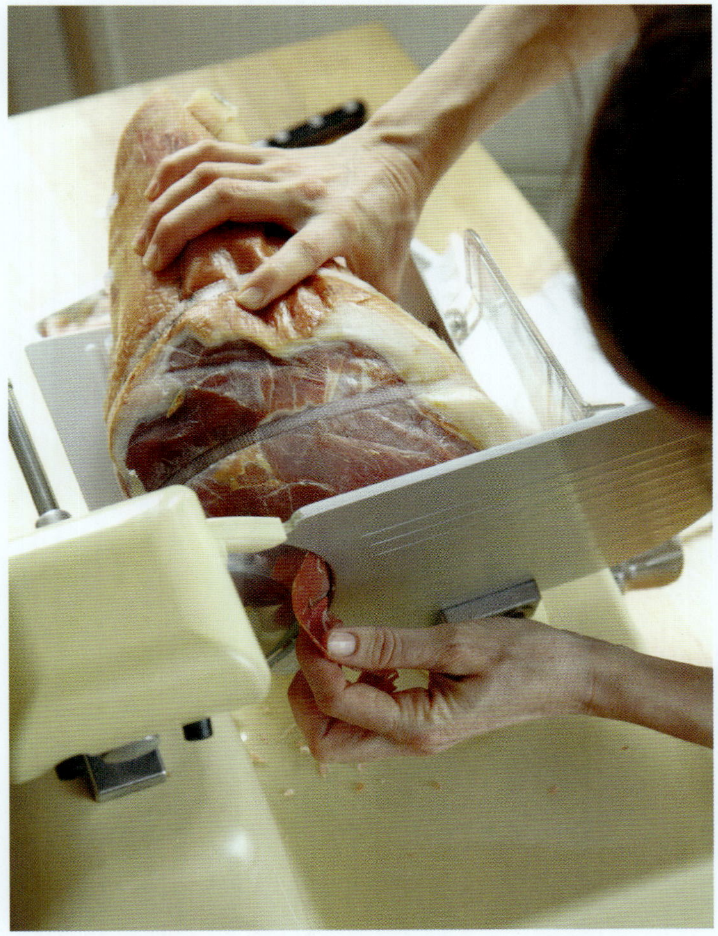

Como garantir a conservação ideal do presunto de Parma?

Presunto de Parma	Temperatura	Umidade residual	Tempo de conservação
Inteiro com osso	14 °C a 18 °C	55% a 65%	• Ponto de vista sanitário: ilimitado • Ponto de vista organoléptico: mais de 24 meses, dependendo do peso
Desossado (embalagem intacta)	1 °C a 10 °C		Máximo 6 meses
Desossado (fora da embalagem)	1 °C a 6 °C mantendo a parte muscular coberta para evitar oxidação e incrustações		Máximo 1 mês
Pré-fatiado (pré-embalado)	1 °C a 10 °C		Máximo 90 dias

1

2

3

4

5

6

7

Grissinis ★★★

Grissini

Grissinis são os bastonetes crocantes que acompanham frios e outros antepastos.

Para 4 pessoas

Tempo de preparo: 20 minutos
Tempo de descanso: 1 hora
Tempo de cozimento: 20 minutos

Ingredientes

6 g de fermento biológico fresco
100 mℓ-120 mℓ de água
200 g de farinha de trigo (T55)
1 colher (café) de açúcar mascavo
1 colher (café) de sal
50 mℓ de azeite (+ óleo para a massa)
1 colher (sopa) de semolina

Dilua o fermento na água. Em um recipiente, coloque a farinha e cave um buraco no centro. Nele, acrescente o fermento diluído **(1)**, o açúcar, o sal e o azeite **(2)**. Misture tudo formando uma massa compacta, depois sove para obter uma massa lisa e homogênea **(3)**.

Passe a massa para uma superfície de trabalho e dê a ela uma forma mais longa que larga **(4)**. Unte a superfície da massa com óleo **(5)** e polvilhe a semolina. Deixe descansar 1 h em temperatura ambiente.

Corte os bastonetes no sentido da largura **(6)** e alongue-os delicamente com as mãos do meio para as extremidades. Arrume-os sobre uma assadeira forrada com papel-manteiga **(7)**. Leve ao forno por 15 min a 20 min a 200 °C, até que os grissinis fiquem bem dourados.

● Dica do chef

Substitua a sêmola por outros ingredientes (grãos de papoula, gergelim, linhaça, pimenta amassada, flor de sal, etc.). Tempere a massa dos grissinis com um concentrado de tomates, pimentas, patê de azeitonas ou de pimenta, azeitonas picadas, sementes de erva-doce amassadas, cebola picada, parmesão ralado, tinta de lula, espinafre cozido e picado, ervas e especiarias, etc.

Queijos e geleias

Atualmente, é muito comum servir queijos (sobretudo os secos e duros) em antepastos acompanhados de geleia, chutney, calda de chocolate ou vinagre balsâmico tradicional. Aqui vai uma receita de geleia de pimenta que acompanha muito bem os pecorinos mais ou menos refinados, mas que também pode ser utilizada para acompanhar carne assada.

Geleia de pimenta ★

Marmellata di peperoncini

Para um recipiente de 385 mℓ
Tempo de preparo: 20 minutos
Tempo de cozimento: 1 hora

Ingredientes
270 g de pimentas vermelhas frescas
250 g de maçãs royal gala
200 g de açúcar refinado
70 g de açúcar mascavo
1 pitada de sal
10 g de coentro
3 dentes de alho
3 bagas de zimbro
1 pau de canela
1 macis

Lave as pimentas e remova talos e sementes (todas ou parte delas, dependendo do grau de ardência desejado) **(1)**. Lave as maçãs, descasque-as, corte-as em quatro e retire as sementes. Corte os quartos em pedaços. Misture a maçã e a pimenta em uma panela com o açúcar refinado e o açúcar mascavo, o sal e os outros temperos **(2)**. Deixe cozinhar 1 h **(3)**. Retire a espuma da superfície e leve a geleia ainda quente a recipientes próprios previamente esterilizados. Feche hermeticamente os recipientes e deixe esfriar. Pode ser utilizada assim que esfriar totalmente.

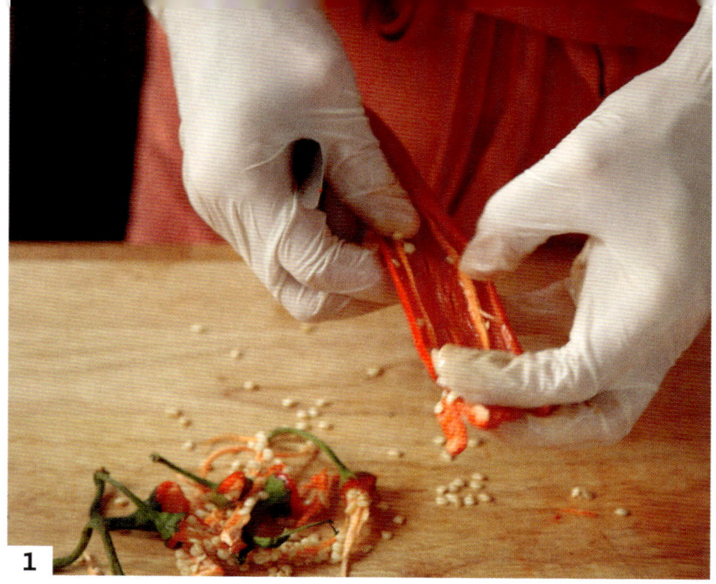
1

2

3

1

2

3

4

5

● **Dica do chef**

Aplique o mesmo processo também para outros legumes, variando os temperos de acordo com o ingrediente principal (por exemplo, alho, cravo-da-índia, tomilho para cogumelos).

Conservas

Ideais quando se quer preparar o antepasto com antecedência utilizando produtos da estação, que conferem à conserva sabores variados. No momento da degustação, basta abrir o recipiente e servir aos convidados sua própria conserva caseira!

Alcachofras em azeite ★

Carciofini sott'olio

As alcachofras em azeite são preparadas tradicionalmente com as alcachofras da estação, entre agosto e dezembro, com pico em outubro. A planta fornece, no fim de seu ciclo, as numerosas pequenas alcachofras que podem ser feitas inteiras em conserva. É possível preparar essa conserva com as alcachofras um pouco maiores, mas será necessário cortá-las em quatro.

Para um recipiente de 500 mℓ
Tempo de preparo: 40 minutos
Tempo de cozimento: 4 minutos
Tempo de secagem: 2 a 3 horas
Tempo de esterilização do recipiente: 10 a 15 minutos

Ingredientes
800 g de alcachofras (pequenas)
Suco de 1 limão-siciliano
1 ℓ de água
1,5 ℓ de vinagre branco
2 folhas de louro
20 grãos de pimenta-do-reino
350 g de azeite de oliva
Sal

Limpe as alcachofras, retire as folhas mais duras, corte as pontas e os talos. Corte-as em quatro se forem grandes **(1)**. Deixe-as de molho em água misturada ao suco de limão. Ferva o vinagre com 1 litro de água, 1 folha de louro, metade dos grãos de pimenta e uma generosa pitada de sal. Mergulhe as alcachofras nessa mistura e branqueie por 4 min **(2)**. Escorra-as e seque-as sobre papel absorvente (2 h a 3 h) **(3)**. Uma vez secas, arrume as alcachofras em um recipiente esterilizado com a outra folha de louro e o restante da pimenta **(4)**, cubra com azeite em abundância e remova o ar entre as alcachofras com a ajuda de uma faca **(5)**. Feche hermeticamente e esterilize o recipiente para conservar por vários meses.

1

2

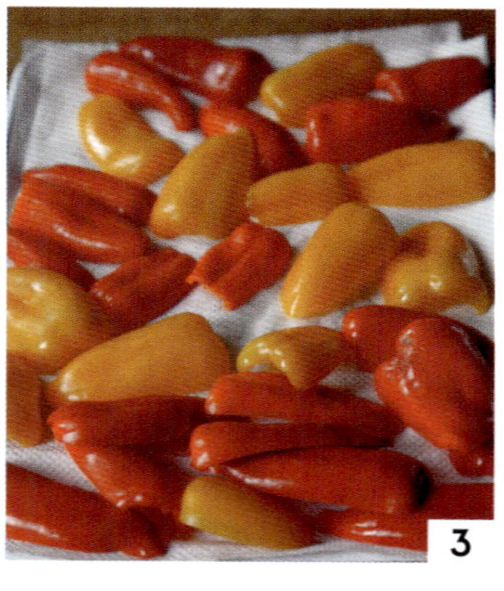
3

4

Pimentões em vinagre ★

Peperoni sott'aceto

As conservas de legumes em vinagre acompanham muito bem os produtos de charcutaria, mas também podem incrementar uma salada, uma salada de arroz ou integrar os ingredientes de um molho para carne (p. 405).

Para uma panela de 1 ℓ

Tempo de preparo: 20 minutos
Tempo de cozimento: 2 minutos
Tempo de secagem: 2 a 3 horas

Ingredientes

700 g de pimentões vermelhos e amarelos
1 colher (sopa) de açúcar
3 folhas de louro
Folhas de manjericão
10 grãos de pimenta-do-reino
1,2 ℓ de vinagre branco
Sal

Limpe os pimentões, corte-os em tiras largas e remova os filamentos brancos e as sementes **(1)**.
Mergulhe-os por 2 min em água fervente com sal **(2)** (20 g de sal para um litro de água) e adicione o açúcar. Escorra e seque bem os pimentões sobre papel absorvente (2 h a 3 h) **(3)**.
Uma vez secos, arrume os pimentões em um recipiente previamente esterilizado alternando as camadas com as folhas de louro, as folhas de manjericão e a pimenta **(4)**.
Cubra com vinagre em abundância **(5)** e pressione sempre para remover o ar que se aloja entre os pimentões. Feche hermeticamente.

É bom saber
Conserva-se por vários meses ao abrigo do calor, da umidade e da luz.

Ideia de receita
Carne de porco à lucana ›› p. 405

1

2

3

4

5

Anchovas em sal ★

Acciughe sotto sale

As anchovas em sal estão entre as preparações de várias receitas (como o fondue de anchovas, p. 191); elas também podem ser servidas sobre folhados crocantes com uma fina camada de manteiga. Se preferir, podem ser transformadas em filés de anchova no óleo, ainda mais práticos na cozinha. As anchovas em sal são tradicionalmente preparadas nos arbanelle, grandes e largos recipientes de vidro grosso.

Para 1 kg

Tempo de preparo: 20 minutos
Tempo de cozimento: 2 minutos
Tempo de salga: 2 meses

Ingredientes

1 kg de anchovas frescas
1 kg de sal marinho

Remova a cabeça e as vísceras das anchovas. Para isso, solte a cabeça com os dedos e puxe tudo o que vier junto **(1)**. Disponha as anchovas em um prato. Nunca lave as anchovas com água. Espalhe uma camada de sal no fundo do recipiente, depois, uma camada de anchovas bem generosa e sem espaço entre os peixes **(2, 3)**. Polvilhe com outra camada de sal **(4)**, alterne camadas de anchova e termine com uma camada de sal, certificando-se de apertar bem **(5)**. Cubra com um peso (prato de cerâmica, disco de vidro, pedaço de ardósia...) sem fechar o recipiente. Cubra o recipiente com uma folha de papel-manteiga presa por um elástico. Coloque sobre um prato raso e mantenha ao abrigo do calor, da umidade e da luz. As anchovas podem ser consumidas depois de dois meses, sem exceder dois anos. Verifique o recipiente de tempos em tempos: se a água que se forma for transbordar, remova um pouco dela; se as anchovas na camada de cima estiverem secando, adicione um pouco de salmoura preparada com água salgada (20 g de sal para 1 ℓ de água) fervida e resfriada.

Para preparar os filés de anchova em azeite
A espinha das anchovas salgadas deve ser removida e elas devem ser enxaguadas em uma mistura de água e vinagre (50%-50%). Arrume-as sobre papel absorvente e deixe-as secar em aberto (2 h a 3 h). Transfira-as para um recipiente de vidro, preferencialmente esterilizado, alternando as camadas com algumas folhas de louro. Cubra com azeite e feche hermeticamente. Os filés de anchova nessa preparação se conservam por vários meses ao abrigo do calor, da umidade e da luz.

Conservas: modo de usar

• Só utilize produtos muito frescos, não muito maduros. Lave, limpe e corte tudo com muito cuidado.

• Lave os recipientes com água fervente antes de acomodar os ingredientes em seu interior. Os recipientes devem ser próprios para conservas e devem estar bem secos. Utilize sempre tampas e vasilhas novas para cada nova receita.

• Não encha os recipientes até a borda, deixe sempre 1 cm ou 2 cm sobrando. Se ficaram sujos ao despejar a conserva, limpe-os com pano próprio e úmido. Elimine todas as bolhas de ar pressionando bem os ingredientes contra o fundo do recipiente.

• Ponha uma etiqueta com a data da preparação e o conteúdo dos recipientes e armazene-os ao abrigo da luz, do calor e da umidade.

• Não consuma sua conserva em menos de dois meses, e não as conserve por mais de um ano (exceto as anchovas).

• Uma vez abertos, os recipientes devem ser mantidos em geladeira e consumidos o mais depressa possível.

• Para esterilizar os recipientes de conserva e guardar o conteúdo a vácuo, forre o fundo de uma panela com um pano limpo e coloque o recipiente dentro da panela. Cubra o recipiente de água, de modo que ultrapasse 2 cm a 5 cm da tampa e leve a panela ao fogo. Quando a água ferver, calcule de 20 min a 60 min de cozimento de acordo com as dimensões do recipiente (20 min para recipientes de até 250 g, 30 min para recipientes de até 500 g, 45 min para recipientes de até 1 kg e 60 min para recipientes de até 1,5 kg). Deixe os recipientes dentro dessa água até ela esfriar. Se o processo de esterilização for feito corretamente, a tampa será empurrada ligeiramente para baixo. Retire os recipientes da água e seque-os bem antes de guardar.

• Os recipientes para geleias e conservas em vinagre não necessitam de esterilização.

• Para as conservas de legumes, é necessário ferver sempre os legumes em uma solução ácida, para, assim, evitar a contaminação por botulismo. A solução deve conter ⅔ de vinagre em relação à quantidade de água (ou suco de 3 limões para 1 ℓ de água). O sal também é importante para a conservação. Os tempos de cozimento variam de acordo com o tamanho dos pedaços de legumes; é importante saber que é preferível deixá-los al dente porque eles continuam a cozinhar dependendo do tempo de conserva. Os legumes preparados dessa maneira podem ser conservados nessa mesma preparação ou, depois de bem secos, podem ser mantidos cobertos de azeite após a esterilização do recipiente.

• Descarte todas as conservas que, no momento da abertura do recipiente, não pareçam ter sido mantidas fechadas a vácuo ou cujos alimentos estejam deteriorados ou apresentem odor desagradável.

• Adicione algumas colheres de óleo de soja às conservas em azeite para que não congelem quando mantidas em refrigerador.

● **É bom saber**

Conserve os recipientes fechados em lugar protegido de calor, umidade e luz.

Pizzas

Pizzas tradicionais

A pizza nasceu em Nápoles, origem que rendeu à pizza napolitana o título de STG (Specialitá Tradizionale Garantita) a partir de 2010. Sua receita é protegida e promovida no mundo inteiro pela Associazione Verace Pizza Napoletana, fundada em 1984. As pizzarias que respeitam as especificações da receita recebem da associação um emblema numerado para ser fixado em sua fachada. Existem mais de quatrocentas afiliadas no mundo inteiro. São os pizzaioli de Nápoles que conferem essa aprovação aos restaurantes. A pizza deve ser necessariamente assada em forno a lenha.
Este livro revela o método de preparação da autêntica pizza napolitana, ligeiramente adaptada para uso doméstico. Para assá-la em forno elétrico, de preparo um pouco mais longo, é preciso acrescentar azeite de oliva à massa, reduzindo assim o ressecamento. Foi preciso também escolher um método de abertura adaptado, chamado "DJ", enquanto o método tradicional é chamado de o "tapa" (schiaffo).

Receita tradicional da massa de pizza napolitana para forno a lenha

Pasta per pizza per cottura a legna

Ingredientes

1 ℓ de água
50 g a 55 g de sal
3 g de fermento biológico fresco
1,7 kg a 1,8 kg de farinha de trigo (00)

Tempo de preparo da massa: 10 minutos
Tempo para amassar: 20 minutos
Tempo do 1º descanso: 2 horas
Formar bolas de 180 g a 250 g cada uma
Tempo do 2º descanso: 4 a 6 horas
Temperatura do descanso: ambiente (25 °C)
Conservação em temperatura ambiente: não mais que 6 horas

Dicas para rechear uma pizza

Cozimento

Um dos fatores mais importantes para a preparação da pizza é a temperatura de cozimento. A pizza deve ser assada rapidamente e, quanto mais alta for a temperatura, mais ela ficará macia por dentro e com a camada inferior crocante.
O ideal é que seja assada em forno a lenha. O forno a lenha chega a uma temperatura média de 485 °C, e, nessas condições, a pizza é assada entre 60-90 s.
A maioria das pizzarias que não tem um forno a lenha é equipada com fornos elétricos com um piso (ou chão do forno) recoberto de pedras refratárias. Se esse forno puder alcançar temperaturas próximas de 400 °C, as pizzas serão assadas em 3 min, mantendo o perfume e as cores típicas (pequenas manchas pretas de queimado) deixadas pelo cozimento em forno a lenha. Em forno doméstico, a temperatura não ultrapassa os 280 °C. Para assar a pizza o mais depressa possível, o melhor é providenciar uma pedra refratária (em lojas especializadas) e colocá-la na parte inferior do forno para acumular o calor. A pizza pode ser assada diretamente sobre a pedra, depositando-a com uma pá de pizza (ou assadeira de fundo plano). A pizza será assada em 5 min a 6 min.
Também é possível assar a pizza sobre uma placa de metal laminado ou uma grelha para pizza, mas o tempo de cozimento pode ser de 12 min a 15 min. Os resultados vão se refletir sobretudo no cozimento da massa, que ficará mais seca e quebradiça.

Mozarela

É sempre preferível degustar e utilizar a mozarela em temperatura ambiente para apreciar suas qualidades gustativas e evitar o choque térmico, que pode estragá-la.
Para o preparo em casa, é preferível utilizar uma mozarela que não tenha muita água, evitando assim encharcar a pizza durante o cozimento. No forno a lenha, a água da mozarela fresca evapora bem depressa, mas a 280 °C isso não acontece. É melhor utilizar, então, uma mozarela especial (indicada para pratos que serão submetidos ao calor intenso) ou pedaços de mozarela fresca bem drenada.
Também é preferível picar o queijo, para que ele tenha tempo de derreter sem queimar em 5 min de cozimento (quando cortamos a mozarela em fatias, ela derrete e assa de um jeito que é muito desagradável).
Se quiser utilizar a mozarela fresca de búfala ou fior di latte, é aconselhável espremer o máximo possível com papel absorvente antes de colocá-la na pizza.
Podemos usar o mesmo método para as fatias de tomate fresco que também soltam água durante o cozimento.

Molho de tomate

As especificações da verdadeira pizza napolitana aconselham a utilização de tomates pelados de boa qualidade na preparação. Eu compartilho dessa ideia: a passata é muito líquida, e o tomate em cubos não é adequado. Só podemos obter uma consistência de molho perfeitamente adequada à pizza napolitana amassando os tomates pelados com garfo ou mixer. Não é absolutamente necessário o pré-cozimento do molho do tomate, ele cozinha, como os outros ingredientes, diretamente sobre a pizza.

Se for necessário corrigir a acidez de um molho de tomate de qualidade mediana, podemos acrescentar uma colher de açúcar ou uma pitada de bicarbonato.

Não acrescentamos orégano, exceto em casos específicos (pizza marinara), porque, segundo os napolitanos, ele não combina com os queijos.

Fermento e tempo de descanso

Para o preparo da massa de pizza, utilizamos fermento biológico fresco para pão, porque, com ele, conseguimos o melhor crescimento.

A quantidade de fermento utilizada é inversamente proporcional ao tempo de descanso previsto. As proporções da receita são calculadas para um tempo de crescimento de 8 h. Se vamos deixar nossa massa crescer durante 16 h, dividimos ao meio a quantidade de fermento pedida na receita, se o tempo de crescimento for 4 h, usamos o dobro do fermento pedido. Quanto mais deixamos a massa crescer, melhor ela será.

O sal também é muito importante: para o sabor, para controlar o crescimento da massa e para conferir elasticidade a ela.

A farinha de trigo que encontramos nos supermercados é conveniente e, se encontrarmos as farinhas chamadas "especiais para pizza", o resultado pode ser ligeiramente melhor.

Acrescentamos o azeite de oliva à massa somente quando vamos assá-la em forno elétrico, para impedir o ressecamento no resultado final. Seu uso é banido no regulamento da STG para o cozimento em forno a lenha.

Pizza napolitana

Massa de pizza ★★★

Pasta per pizza napoletana

Para 1 pizza

Tempo de preparo: 25 minutos
Tempo de descanso: 30 minutos

Ingredientes

100 mℓ de água
5 g de sal marinho
0,5 g de fermento biológico fresco
170 g a 180 g de farinha de trigo (T55)
5 g de azeite de oliva (ou 1 colher de sopa)

Despeje a água em temperatura ambiente em um recipiente e junte o sal.

Dissolva imediatamente o fermento nessa água salgada.

Comece a acrescentar a metade da farinha em pequenas quantidades, misturando com os dedos.

Acrescente o azeite.

Junte o restante da farinha e amasse até obter uma massa homogênea e que se solte das bordas do recipiente. Trabalhe-a durante 10 minutos, até que fique lisa. A massa deve ficar bem macia, mas sem grudar nos dedos.

Faça uma bola e deixe a massa, levemente enfarinhada, dentro do recipiente. Cubra com um pano úmido e deixe descansar por 30 minutos em temperatura ambiente e sem correntes de ar (a 20 °C).

Se foi preparada uma quantidade de massa para muitas pizzas, divida-a com uma faca e faça o número de bolas correspondente ao número de pizzas que vai preparar. Cubra com um pano úmido e deixe as porções descansarem por 8 h em temperatura ambiente e sem correntes de ar (entre 18 °C e 22 °C).

● **É bom saber**

É sempre possível conter o crescimento da massa em refrigerador (máximo 2 dias, se a massa for bem untada e guardada em recipiente hermético) ou até no congelador (envolta em filme plástico). É necessário, então, concluir o tempo de crescimento antes da utilização (mesmo tempo que for necessário para devolver a massa à temperatura ambiente). Mas isso interfere no resultado final.

Molho de tomate para pizza ★

Pomodoro per pizza

Para 1 pizza
Tempo de preparo: 5 minutos

Ingredientes
80 g de tomates pelados de boa qualidade (comprados ou preparados em casa)
5 mℓ de azeite (ou 1 colher de sopa)
½ dente de alho
Folhas de manjericão
1 pitada de sal

Com um mixer, misture rapidamente os tomates pelados com o azeite, o alho amassado, o sal e o manjericão.

Mozarela para pizza ★

Mozzarella per pizza

Para 1 pizza
Tempo de preparo: 5 minutos

Ingredientes
150 g de mozarela treccia (trançada) ou em bola

Esprema bem a mozarela e pique com um processador ou uma faca.

Nota: As receitas seguintes são todas preparadas com a massa apresentada anteriormente.

http://goo.gl/ylhiib

Pizza Margherita ★★

A pizza Margherita foi preparada pela primeira vez em 1889, pelo cozinheiro Raffaele Esposito, para a rainha Marguerite da Áustria, que estava em férias em Nápoles com seu marido, o rei Humberto I de Savoia. O pizzaiolo queria apresentar as três cores da bandeira italiana com os ingredientes da pizza: o vermelho do tomate, o branco da mozarela e o verde do manjericão. Em razão do entusiasmo da rainha, ele batizou sua criação de "Margherita". Depois disso, a pizza Margherita entrou para o cardápio e se tornou a mais vendida na pizzaria da família Esposito.

Para 1 pizza de 30 cm de diâmetro
Tempo de preparo: 5 minutos
Tempo de cozimento: 5 a 6 minutos

Ingredientes
1 bola de massa de pizza (ver p. 31)
1 parte de molho para pizza (ver p. 32)
1 parte de mozarela (ver p. 32)
Manjericão
1 fio de azeite de oliva

Preaqueça o forno em temperatura de 270 °C a 280 °C.
Enfarinhe a superfície de trabalho e as mãos.
Com a ajuda de uma espátula, pegue uma bola de massa e a coloque sobre a superfície de trabalho. Com os dedos, comece a abrir e a aumentar o diâmetro da massa.
Quando puder apoiar completamente as duas mãos sobre o disco obtido, comece a esticar a massa do centro para as extremidades e gire o disco 90 graus a cada movimento das mãos, a fim de obter um disco de aproximadamente 30 cm de diâmetro.
Espalhe o molho de tomate com a ajuda de uma concha ou colher e com movimentos circulares do centro para o exterior.
Acrescente a mozarela picada e um fio de azeite.
Leve a pizza ao forno com a ajuda de uma pá, colocando-a diretamente sobre a pedra refratária colocada na parte de baixo do forno, e asse por 5 min a 6 min.
Quando retirar do forno, decore com as folhas de manjericão e sirva imediatamente.

● Dica do chef
Se não tiver a pedra refratária, asse a pizza na parte de baixo do forno (sobre uma placa de metal laminado ou uma assadeira de pizza), acrescentando 10 min ao tempo de cozimento.

1

2

3

4

Pizza Napolitana ★★

A pizza Napolitana é uma receita muito rica em sabor graças ao tempero à base de alcaparras e anchovas. Ela também é frequentemente preparada na versão *rossa*, que quer dizer sem mozarela. Em Nápoles, essa pizza é, curiosamente, chamada de pizza Romana!

Para uma pizza de 30 cm de diâmetro

Tempo de preparo: 5 minutos
Tempo de cozimento: 5 a 6 minutos

Ingredientes

1 bola de massa de pizza (ver p. 31)
1 parte de molho para pizza (ver p. 32)
1 parte de mozarela (ver p. 32)
5 filés de anchova em óleo
1 colher (sopa) de alcaparras salgadas (previamente dessalgadas)
1 fio de azeite de oliva
Folhas de manjericão

Preaqueça o forno em temperatura de 270 °C a 280 ° C. Enfarinhe a superfície de trabalho e suas mãos. Com a ajuda de uma espátula, pegue uma bola de pizza e coloque-a sobre a superfície de trabalho. Com os dedos, comece a abrir e a esticar a massa **(1)**. Quando puder apoiar completamente as duas mãos sobre o disco obtido, comece a esticar a massa do centro para as bordas, girando o disco 90 graus a cada movimento das mãos até obter um de aproximadamente 30 cm de diâmetro **(2)**.
Espalhe o molho de tomate com a ajuda de uma concha ou colher, descrevendo um movimento circular do meio para as bordas **(3)**.
Acrescente o recheio nesta ordem: mozarela picada, anchovas, alcaparras e azeite **(4)**.
Leve ao forno com a ajuda de uma pá de pizza, diretamente sobre a pedra refratária previamente colocada na parte de baixo do forno, e asse por 5 min a 6 min.
Ao tirar do forno, decore com as folhas de manjericão e sirva imediatamente.

1

2

3

4

Calzone ★★

Para 1 pizza

Tempo de preparo: 5 minutos
Tempo de cozimento: 5 a 6 minutos

Ingredientes

1 bola de massa de pizza (ver p. 31)
½ parte de molho para pizza (ver p. 32)
1 parte de mozarela (ver p. 32)
3 cogumelos frescos e laminados
60 g de presunto cozido (cotto) cortado em fatias finas
1 alcachofra em óleo cortada em quatro
1 fio de azeite de oliva

Preaqueça o forno em temperatura de 270 °C a 280 °C. Enfarinhe a superfície de trabalho e suas mãos. Com a ajuda de uma espátula, pegue uma bola de pizza e coloque-a sobre a superfície de trabalho. Com os dedos, comece a abrir e a esticar a massa **(1)**. Quando puder apoiar completamente as duas mãos sobre o disco obtido, estique a massa do centro para as bordas, girando o disco 90 graus a cada movimento das mãos até obter um de aproximadamente 30 cm de diâmetro **(2)**.

Sobre uma metade do disco de pizza, acrescente o recheio na seguinte ordem: mozarela, cogumelo, presunto, alcachofra e azeite.
Dobre ao meio **(3)**, aperte bem forte todo o contorno com a ponta dos dedos para fechar bem as bordas **(4)**. Espalhe uma colher de molho de tomate sobre a superfície e despeje um fio de azeite.

Leve ao forno com a ajuda de uma pá de pizza, diretamente sobre a pedra refratária previamente colocada na parte de baixo do forno, e asse por 5 min a 6 min.
Retire do forno e sirva imediatamente.

As variações
Existem inúmeras combinações de ingredientes para o preparo de uma pizza. Veja algumas sugestões para os

recheios mais clássicos e os mais conhecidos:
• **Marinara:** molho de tomate, 1 dente de alho cortado em fatias finas, orégano.
• **Regina** (prosciutto e funghi na Itália): molho de tomate, mozarela, cogumelos cortados em fatias bem finas, presunto cozido (cotto).
• **Capricciosa:** molho de tomate, mozarela, cogumelos cortados em fatias bem finas, presunto cozido (cotto), alcachofras em azeite, azeitonas pretas.
• **Diavola:** molho de tomate, mozarela, linguiça picante, cebola cortada em fatias finas.
• **Parma:** molho de tomate, mozarela e, ao tirar do forno, presunto de Parma e rúcula.
• **Caprese:** pouca mozarela, tomate cortado em fatias finas, mozarela de búfala cortada em fatias finas e, ao tirar do forno, folhas de manjericão.
• **Vegetariana:** molho de tomate, mozarela, berinjela, abobrinha, pimentões cortados em tiras bem finas.
• **Quattro formaggi** (quatro queijos): mozarela, gorgonzola, gruyère, parmesão. Em geral, essa pizza é feita sem tomate.
• **Scoglio** (frutos do mar): tomate, alho, salsinha, mexilhões, vieiras, anéis de lula, camarões. Em geral, essa pizza é feita sem mozarela.
• **Salmão:** mozarela e, ao tirar do forno, salmão defumado cortado em tiras e rúcula. Em geral, essa pizza é feita sem tomate.
• **Antica:** mozarela, caciocavallo (ou scamorza) e, ao tirar do forno, bacon Colonnata.

Dica do chef

Não hesite em usar a imaginação. A pizza se presta a todas as interpretações.

1

2

3

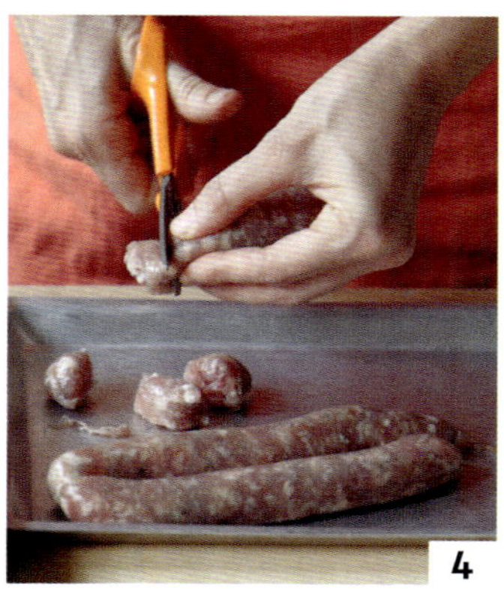
4

5

Pizza à moda romana

Foram os padeiros romanos dos anos 1950 que trouxeram ao mundo essa maneira de preparar a pizza sobre uma grande assadeira. É uma estratégia para aumentar a oferta. Atualmente, a pizza al taglio é vendida em todas as padarias da Itália.

Pizza al taglio com cogumelo porcini, linguiça e rúcula ★★

Pizza al taglio porcini, salsiccia e rucola

Para 1 assadeira de 30 cm × 40 cm
Tempo de preparo: 8 minutos
Tempo de cozimento: 20 minutos

Ingredientes
600 g de massa de pizza (ver p. 31)
(ou 2 porções de massa para pizza napolitana)
300 g de molho para pizza (ver p. 32)
(ou 2 partes de molho de tomate para pizza)
300 g de mozarela para pizza (ver p. 32)
(ou 2 partes de mozarela para pizza)
1 linguiça chipolata ou de Toulouse cortada em pedaços pequenos
1 cogumelo porcini picado
1 fio de azeite de oliva
50 g de rúcula

Unte a assadeira.
Coloque a porção de massa sobre a superfície de trabalho enfarinhada e comece a abri-la com as mãos **(1)**. Acomode-a sobre a assadeira e abra até cobrir toda a superfície e criar bordas **(2)**.
Espalhe o molho de tomate com a ajuda de uma concha ou colher **(3)**.
Distribua o recheio na seguinte ordem: mozarela picada, linguiça cortada em pedaços **(4)**, cogumelo cortado em lâminas e regue com o azeite.
Leve ao forno a 200 °C, no nível mais baixo. Ao tirar do forno, decore com as folhas de rúcula **(5)**, corte em tiras e sirva imediatamente.

1

Focaccia

A focaccia é uma massa de pão enriquecida com azeite de oliva. Ela é servida simples ou recheada, com nomes diferentes e com pequenas variações da receita original em todas as regiões da Europa. A mais conhecida é, sem dúvida, a focaccia genovesa.

Focaccia genovesa ★★★

Para 1 assadeira de 30 cm x 40 cm

Tempo de preparo: 45 minutos
Tempo de descanso: 4 horas
Tempo de cozimento: 20 minutos

Ingredientes

30 g de fermento biológico fresco
350 mℓ de água
2 colheres (café) de açúcar mascavo ou mel
600 g de farinha de trigo (T55)
140 g de azeite
15 g de sal
1 colher (sopa) de sal grosso

2

Dilua o fermento em 100 mℓ de água em temperatura ambiente com o açúcar mascavo, 100 g de farinha **(1)** e deixe descansar por 1 h.
Transfira para uma batedeira para massa ou recipiente grande **(2)**, acrescente o restante da farinha, da água (onde foi diluído o sal) e 40 g de azeite. Ligue a batedeira e misture por 10 min a 15 min. Retire a massa do processador **(3)**, faça uma bola, ponha em um recipiente, cubra com um pano úmido e deixe crescer por 1 h.

Unte a assadeira com 30 g de azeite e salpique um pouco de sal refinado. Transfira a massa para a assadeira untada, trabalhe-a para dar uma forma regular e abra-a com os dedos **(4)**. Com a ajuda de um pincel, pincele-a com azeite e água (misturados em partes iguais). Deixe crescer por 2 h coberta com um pano úmido **(5)**.

Faça buracos com os dedos em toda a superfície da massa **(6)**, salpique o sal grosso e pincele mais azeite e água. Verifique se a superfície está bem úmida e leve a focaccia ao forno a 200 °C por 20 min. Quando retirar do forno, transfira a focaccia da assadeira para uma grade **(7)**, pincelando novamente a superfície com a mistura de azeite e água.

3

4

5

6

7

Tomates

Tomates

Na Itália, o tomate é conhecido por *pomodoro*, fruto de ouro (*mala aurea*, segundo expressão do botânico Pietro Andrea Mattioli em 1544), por causa da cor amarela que suas primeiras variações, vindas da Itália, possuía. Um pouco depois, a variedade vermelha se difundiu. A partir do século XVIII, o tomate passou a ser consumido no sul do país pela população mais pobre, o que tornou o fruto símbolo da cozinha popular. Ele acabou se difundindo para o resto da Itália agregando ainda mais sabor a diversos pratos regionais.

A parternidade dos pratos que acompanham o molho de tomate é dada aos napolitanos. O primeiro registro de que se tem notícia ocorreu em 1837, na obra do napolitano Ippolito Cavalcanti, *Cucina teorico pratica*, que registra um prato com o molho.

No século XVIII, o cientista Lazzaro Spallanzani descobre as propriedades de conservação do tomate, sem que o gosto e o aspecto se alterem. Esse é o ponto de partida da utilização do tomate em produtos industrializados. A primeira fábrica italiana de molho de tomate foi a de Francesco Cirio, em Turim. Suas ideias de conservação de alimentos eram tão inovadoras que foram premiadas na Exposição Universal de Paris de 1867. Desde então, o tomate se tornou muito importante para a indústria: tomates secos, tomates pelados, passata de tomate, extrato de tomate, molhos (simples ou aromatizados, ketchup, etc.) e suco de tomate.

Atualmente, cultiva-se mais de trezentas espécies de tomate. Há diversas variedades: redondas, achatadas, ovais (san marzano, roma...), lisos ou com nervuras (coração de boi...). Também há tomates que são preferencialmente consumidos crus e tomates para conserva. Na Itália, há variedades de origem controlada. Há espécies antigas de boa qualidade, mas que não se adaptaram aos produtos industrializados. Entre eles, o san marzano, os tomates de piennolo del vesuvio, fiaschetto e pachino.

O tomate é um fruto do verão. Apesar de ser cultivado durante todo o ano, ele atinge seu auge entre dezembro e janeiro. É nesse período que ele está mais saboroso e doce. Sua cor deve ser intensa, o fruto deve estar perfumado e resistente, mas não duro ao toque. Deve ser conservado em temperatura ambiente, em local não muito seco, mas jamais na geladeira.

Conservas

Tomates pelados ★

Pomodori pelati

Para fazer as conservas de tomates pelados, os tomates san marzano são tradicionalmente os mais utilizados. Na falta desse, outra variedade de tomates alongados pode ser usada.

Para um recipiente de 250 mℓ

Tempo de preparo: 10 minutos
Tempo de cozimento: 1 minuto + esterilização do recipiente

Ingredientes

8 a 12 tomates san marzano (cerca de 1 kg)
Folhas de manjericão
Sal

Lave os tomates e mergulhe-os por 1 min em água fervente **(1)**, em seguida, mergulhe-os em água fria e remova a pele **(2)**. Transfira-os para recipientes apropriados para conservas. Alterne os tomates com as folhas de manjericão e o sal **(4)**. Aperte bem para remover as bolhas de ar entre os tomates. Feche os recipientes e esterilize-os em água fervente por 30 min **(5)** (30 min para os recipientes de 250 g; 45 min para os de 500 g e 1 h para os de 1 kg). Se os tomates não forem muito suculentos, pode ser preparada uma salmoura para acrescentar ao recipiente. Para fazer a salmoura, ferva água com 30 g de sal por litro.

1

2

3

4

5

Passata de tomate ★

Salsa (o passata) di pomodoro

Para preparar a passata de tomate, é preferível utilizar tomates bem maduros, cultivados diretamente no solo, sob o sol, e comprados no fim do verão.

Para um recipiente de 250 mℓ

Tempo de preparo: 10 minutos
Tempo de cozimento: 1 minuto + esterilização do recipiente

Ingredientes

8 a 12 tomates san marzano (cerca de 1 kg)
Folhas de manjericão
Sal

Lave os tomates, mergulhe-os em água fervente e remova a pele. Leve para cozinhar em uma panela só até amolecerem ligeiramente, e salgue-os. Passe por um passador de legumes e leve de volta ao fogo com as folhas de manjericão. Despeje em recipientes para conservas. Feche os recipientes e esterilize-os em água fervente (30 min para os potes de 250 g; 45 min para os de 500 g e 1 h para os de 1 kg).

● Dica do chef

A passata de tomates pode levar outros temperos de sua preferência: alho, cebola, orégano, tomilho, etc. Acrescente esses ingredientes no mesmo momento em que puser o manjericão na receita de base.

Tomates secos em azeite ★

Pomodori secchi sott'olio

Os tomates secos são produzidos no sul da Itália, especialmente na Calábria, Sicília, Apúlia e Ligúria. Os tomates utilizados são, em geral, os alongados (tipo san marzano), e os melhores são aqueles secos ao sol. Eles são cortados em duas partes, salgados e arrumados sobre prateleiras de madeira ao sol (e recolhidos à noite para evitar a umidade) durante uma semana, até que percam totalmente o sumo.
Em casa, essa operação pode ser feita no forno. Coloque os tomates em uma assadeira coberta com papel-manteiga, tempere-os com um fio de azeite de oliva, salgue e leve ao forno a 100 °C por cerca de 8 h. Eles podem ser usados, com ligeira reidratação, sobre o crostini ou para ressaltar o sabor de um molho; também pode ser preparada uma conserva com azeite para saboreá-los como antepasto ou acompanhamento.

Para um recipiente de 250 mℓ

Tempo de preparo: 20 minutos

Ingredientes

Tomates secos, o suficiente
Folhas de manjericão
2 dentes de alho
Azeite de oliva, o suficiente

Ponha os tomates secos em um recipiente de vidro **(1)** alternando-os com as folhas de manjericão e o alho cortado em lâminas **(2)**. Aperte bem as camadas e cubra tudo com azeite **(3)**. Passe a lâmina de uma faca pelas paredes do frasco para ajudar a eliminar todas as bolhas de ar **(4)**. Prepare 15 dias antes de consumir. Se os tomates parecerem muito secos antes de colocá-los no azeite, eles podem ser rapidamente reidratados se mergulhados por 10 min a 20 min em uma mistura de vinagre e água fria (⅔ e ⅓). Seque-os bem antes de fazer a conserva.

● Dica do chef

Acrescente, de acordo com seu gosto, grãos de pimenta, pimenta vermelha seca, alcaparras salgadas, anchovas, grãos de funcho selvagem, orégano, etc.

1

2

3

4

Tomates confitados ★★

Pomodori canditi

Os tomates confitados podem ser usados de várias maneiras: na decoração, como tempero, para substituir os tomates frescos ou em conserva, para acompanhar um prato. Eles têm a vantagem da beleza plástica e de se conservarem por muito tempo.

Para um recipiente de 250 mℓ

Tempo de preparo: 10 minutos
Tempo de cozimento: 2 horas

Ingredientes

1 kg de tomate-cereja
Zeste de 1 laranja
Zeste de 1 limão-siciliano
1 colher (sopa) de tomilho
1 colher (sopa) de orégano fresco
1 colher (sopa) de açúcar
5 colheres (sopa) de azeite de oliva
Sal, pimenta-do-reino

Limpe os tomates e tempere-os com todos os ingredientes **(1, 2, 3)**. Arrume-os sobre uma assadeira forrada com papel-manteiga e leve-os ao forno por 2 h a 100 °C. Passe para um recipiente e cubra-os completamente com azeite.
Em geladeira, conservam-se por até 10 dias. Esterilize os recipientes para conservá-los por períodos mais longos.

1

2

3

4

Molhos à base de tomate

Os molhos à base de tomate se tornaram o símbolo da cozinha italiana. Eles acompanham todo tipo de pratos: massas, nhoque, polenta, pão (grelhado ou não).

Para fazer esses molhos, utilize tomates frescos no verão e em conserva no inverno. Estes últimos têm a vantagem de serem colhidos maduros e postos imediatamente nos recipientes, portanto, são os melhores, em geral mais doces e mais saborosos, se a conserva for de boa qualidade. É somente no verão, e particularmente entre dezembro e janeiro, que se pode preparar esses molhos com os tomates bem maduros e vermelhos comprados nos mercados.

Com relação aos tomates em conserva, escolha os pelados em suco e não em água, que, em geral, são ácidos. Para fazer a passata, será preciso processar com um mixer. A textura do molho varia ao controlar a velocidade de pulsar e o tempo de imersão do processador.

Com relação ao cozimento do molho de tomate, o resultado será muito diferente se os tomates forem cozidos por alguns minutos, para fazer evaporar o suco, ou por mais de 2 h. No primeiro caso, obtém-se um molho fresco e leve. No segundo, temos o que chamamos de "stracotto", um molho mais concentrado, saboroso e consistente.

Molho de tomate com manjericão ★

Pomodoro e basilico

Este é o molho de tomate mais simples e mais clássico, preparado em 20 min com tomates frescos ou em conserva.

Para 4 pessoas

Tempo de preparo: 10 minutos
Tempo de cozimento: 15 minutos

Ingredientes

1,2 kg de tomate bem maduro ou 400 g de tomate pelado em lata
1 dente de alho
Folhas de manjericão
4 colheres (sopa) de azeite de oliva
Sal

Lave os tomates, descasque-os (com um descascador de tomates ou mergulhando em água fervente), remova o pedúnculo e o miolo (retire as sementes, se quiser). Amasse o alho. Leve os tomates para cozinhar em uma panela com o alho amassado, o manjericão picado e o azeite. Salgue e deixe cozinhar por 15 min. Passe por um passador de legumes (ou não, se preferir um molho mais rústico). Tempere a massa com esse molho e não hesite em acrescentar parmesão ralado.
Em certos casos, como para temperar o nhoque ou massas frescas com ovos, o azeite pode ser substituído, com vantagem, por manteiga.

• **Molho marinara:** substitua o manjericão por salsinha picada.

• **Molho arrabbiata:** acrescente uma pimenta vermelha seca picada e substitua o manjericão por salsinha picada, que se acrescenta no final.

• **Molho pizzaiola:** substitua o manjericão por salsinha picada e acrescente orégano.

1

2

Molho de tomate cru ★

Salsa crudaiola

Este é um molho para o verão feito com tomates crus. Quanto melhor a qualidade dos tomates, melhor o resultado.

Para 4 pessoas

Tempo de preparo: 10 minutos

Ingredientes

600 g de tomates bem maduros
1 dente de alho
Folhas de manjericão
4 colheres (sopa) de azeite de oliva
Sal
Pimenta (opcional)

Lave os tomates, descasque-os (com um descascador de tomates ou mergulhando em água fervente) **(1)**, remova o pedúnculo e o miolo (retire as sementes, se desejar). Corte os tomates em cubos ou em quatro e coloque-os em uma saladeira. Tempere com o alho amassado **(2)** e o manjericão picado. Tempere a massa com esse molho e não hesite em acrescentar parmesão ralado. Esse molho também pode ser usado para acompanhar massas frias, peixes ou carnes grelhadas, ou ser espalhado sobre pedaços de pão torrado para preparar brusquetas.

Ideia de receita
Tartines salgadas >> p. 300

1

2

3

4

5

6

Molho de tomate ★

Sugo di pomodoro

Esta é uma receita de molho de tomate um pouco mais complexa. Os legumes acrescentam aroma aos tomates.

Para 4 pessoas

Tempo de preparo: 15 minutos
Tempo de cozimento: 30 minutos

Ingredientes

1 kg de tomate bem maduro ou 400 g de tomate pelado
1 cebola
1 cenoura
1 talo de aipo
4 colheres (sopa) de azeite de oliva
Folhas de manjericão
Sal

Se usar tomates frescos, lave-os e descasque-os **(1)** (com um descascador de tomates ou mergulhando em água fervente), remova o pedúnculo e o miolo (retire as sementes, se desejar). Descasque os legumes, pique-os **(2, 3)** e refogue-os em uma panela com azeite **(4)**. Junte os tomates em pedaços e algumas folhas de manjericão picadas **(5)**. Acrescente o sal e cozinhe por 30 min. Passe por um passador de legumes **(6)** (se quiser um molho mais rústico, não coloque no passador). Tempere a massa com esse molho e acrescente parmesão ralado.

● Dica do chef

Se o molho ficar muito ácido, acrescente uma pitada de bicarbonato de sódio ou uma colher (café) de açúcar.

1

2

3

4

5

Molho de tomate à napolitana ★

Sugo di pomodoro alla napoletana

Aqui está um dos molhos mais apreciados no mundo. Ao tomate é acrescentada apenas uma cebola picada (que confere doçura) e algumas folhas de manjericão.

Para 4 pessoas
Tempo de preparo: 10 minutos
Tempo de cozimento: 30 minutos

Ingredientes

1 kg de tomate bem maduro ou 400 g de tomate pelado
1 colher (sopa) de azeite de oliva
1 cebola
Folhas de manjericão
Folhas de salsinha
Sal

Se utilizar tomates frescos, lave-os, descasque-os (com um descascador de tomates ou mergulhando em água fervente), remova o pedúnculo e pique-os (retire as sementes, se desejar) **(1)**. Pique a cebola **(2)**, refogue-a em uma panela com azeite, as folhas picadas de manjericão e a salsinha **(3)**. Acrescente o sal e deixe cozinhar por 30 min. Passe por um passador de legumes **(4)** (se quiser um molho mais rústico, não coloque no passador). Tempere a massa com esse molho **(5)**.

Molho à bolonhesa ★★

Ragù alla bolognese

O molho à bolonhesa, comumente chamado de “ragù”, é certamente, ao lado do napolitano, o molho de tomate mais conhecido no mundo. Na Itália, existem inúmeras versões desse molho em cada região, cada província e cada família, que tem uma receita autêntica.
A receita do ragù foi registrada em 1982 na Câmara de Comércio de Bolonha para proteger o original.

Para 6 pessoas

Tempo de preparo: 50 minutos
Tempo de cozimento: 3 horas

Ingredientes

150 g de pancetta
1 cebola (cerca de 120 g)
1 cenoura (cerca de 80 g)
1 talo de aipo (cerca de 60 g)
300 g de costela ou peito de boi picados (é preciso usar um corte de carne rico em gordura para conferir oleosidade ao molho)
125 mℓ de vinho tinto ou branco seco (sangiovese é o ideal)
100 mℓ de caldo de carne
5 colheres de passata de tomate
20 g de extrato de tomate
250 mℓ de leite integral
Sal, pimenta-do-reino

Pique a pancetta e frite-a em uma panela em fogo médio por 15 min **(1)**.
Lave e descasque os legumes. Pique-os. Junte-os à pancetta **(2)** e refogue (com a gordura da pancetta, que pode ser substituída por azeite, manteiga, ou os dois) até que fiquem translúcidos. Aumente o fogo ao máximo e acrescente a carne picada para fritar bem (isso é decisivo para obter um ragù bem saboroso) **(3)**.
Deglaceie com o vinho **(4)** e deixe evaporar. Enquanto isso, em outra panela, misture o caldo de carne, o passata e o extrato de tomate para diluir. Derrame esse caldo sobre a mistura de carne e legumes. Acrescente sal, pimenta e deixe ferver. Durante o cozimento, quando o molho começar a secar, junte o leite integral à fervura e misture.
Cozinhe por 3 h, pelo menos, até que o molho engrosse o suficiente **(5)**.
Sirva com tagliatelle (feito com massa de farinha e ovos) e parmesão ralado ou sobre a lasanha ao forno.

1

2

3

4

5

É bom saber

Conserve o molho em geladeira por vários dias; é importante resfriá-lo rapidamente depois de cozido para não correr nenhum risco de ficar ácido. Esta receita também pode ser congelada.

As variações

• Esta receita pode ser servida com ervilhas, que são acrescentadas no fim do cozimento, ou cozidas separadamente.

• É cada vez mais comum que se prepare um molho à bolonhesa "magro". Substitua, então, a porção de costela por carne moída com baixo teor de gordura.

• O ragù é perfeito quando se quer aproveitar sobras de carnes. As carnes mais usadas são as de porco, vitela, frango, às vezes, cavalo (o consumo de carne de cavalo é comum em determinadas regiões da Itália) ou carneiro, sempre moídas. Cada carne transmite seu sabor característico para o molho.

• A quantidade de molho de tomate varia de acordo com as receitas. A porção, nesta receita, é pequena, mas pode-se aumentá-la.

• A receita à bolonhesa prevê a umidificação do molho com o leite integral, mas ele pode ser substituído por caldo de carne, o que vai tornar o molho mais rico.

• A pancetta também pode ser substituída por 30 g de manteiga ou duas colheres de sopa de azeite.

• O molho à bolonhesa, tradicionalmente, combina com o tagliatelle (feito com massa de farinha e ovos), outra especialidade típica de Bolonha. No mundo inteiro, esse molho acompanha o espaguete, formato de massa típico do sul da Itália. É uma interpretação ruim da cozinha regional italiana.

Massas secas

Massas com farinha de sêmola de grano duro

As primeiras massas secas fabricadas na Itália parecem ser da época dos etruscos, como mostram os afrescos da capela funerária de Cerveteri (século IV a.C.). Originalmente, essas massas (*lagane*) eram cozidas no forno, e somente na Idade Média elas começaram a ser feitas em água fervente. Esse método de cozimento conferiu às massas a consistência e o sabor atuais. Foi também na Idade Média que surgiram, na Itália, os primeiros artesãos produzindo massas em quantidade. Primeiro em Palermo, depois em Nápoles e Gênova e, um século mais tarde, em Apúlia e na Toscana. Porém, a produção de massas já existia nas vilas portuárias. Ali elas se beneficiavam de uma ventilação natural que permitia a secagem lenta para uma melhor conservação. O grau de cozimento varia ao longo dos séculos. Servidas inicialmente muito cozidas como acompanhamento para carnes, as massas passam a ser consumidas como um prato individual e cada vez mais al dente a partir do século XVII. No século XIX, elas encontram o parceiro ideal no molho de tomate.

As massas chamadas de "secas" são preparadas com farinha de sêmola de grano duro e água, e são produzidas principalmente em escala industrial. Elas são fabricadas com uma máquina de extrusão, que faz a massa viajar por uma fôrma de bronze para criar o formato desejado. Essa técnica resulta em uma massa de superfície rugosa que, desse modo, "retém" o molho. Quanto melhor a escolha do trigo e da água, melhores as massas. As dimensões e a qualidade dos moldes de bronze, assim como uma secagem prolongada e natural, também contribuem para a qualidade final. Os tempos de cozimento mais longos, seja para massas industriais seja para artesanais, indicam uma fabricação cuidadosa.

Formatos de massas

As massas secas podem ser divididas em sete subcategorias:

- **Massas longas, de corte redondo e fechado:** (diferentes diâmetros) aletria, espaguetini, espaguete, etc.
- **Massas longas, de corte redondo e aberto:** bucatini, zite, etc.
- **Massas longas de corte retangular ou achatado:** trenette, linguine, bavette, fettuccine, tagliolini, tagliatelle, etc.
- **Massas longas e largas:** pappardelle, reginette, lasanha, etc.
- **Massas curtas e lisas:** pennelisce, eliche, paccheri, fusilli, farfalle, etc.
- **Massas curtas caneladas:** sedanini, tortiglioni, rigatoni, penne rigate, etc.
- **Massas de formato pequeno:** avena, risi, stelline, etc.

Existem também diversas massas especiais com composição enriquecida. Além da farinha de sêmola de grano duro, elas podem conter outras farinhas (castanha, quinoa, espelta, etc.) e/ou corantes e temperos naturais (tinta de lula, trufa, pimenta, etc.). Incluímos também as massas cujos ingredientes são modificados por motivo de intolerância ao glúten ou excesso de sal.

Dicas de preparação

1. Escolha o formato da massa em função do molho que vai acompanhá-la. Por exemplo, o espaguete combina bem com azeite de oliva ou manteiga, o pappardelle se associa bem a um molho à bolonhesa, e as massas curtas, como os rigatoni, são muito adaptáveis ao cozimento no forno.

2. Cozinhe a massa em panela grande com bastante água. Calcule 1 ℓ de água para 100 g de massa e 10 g de sal por litro. Nunca use menos de 4 ℓ. O sal é adicionado à água no momento da fervura para não retardá-la. As massas são postas em água fervente e o tempo de cozimento é calculado a partir do momento em que a água recomeça a ferver.

3. É preciso mexer a massa duas ou três vezes durante o cozimento. Assim evitamos que grudem umas nas outras, ou no fundo da panela, e garantimos um cozimento uniforme. Mergulhe a massa em água, espere 30 s após o reinício da fervura e mexa a massa pela primeira vez. Misture pela segunda vez na metade do tempo de cozimento, e uma terceira vez se o tempo de cozimento for longo.

4. Acrescente um pouco de óleo somente na água do pré-cozimento da lasanha (que são largas e se mantêm na superfície). É melhor evitar adicionar óleo no cozimento de outras massas, porque ele forma uma película de gordura que impede a aderência do molho.

5. Cozinhe as massas al dente; elas ficarão mais digestíveis e saborosas. Se for levá-las ao forno, escorra-as alguns minutos antes.

6. Escorra a massa em escorredor. Tempere e sirva imediatamente.

7. A melhor maneira de temperar a massa é levá-la de volta ao fogão com o molho alguns minutos antes de servir. Assim, garantimos a mistura uniforme e uma temperatura homogênea. As massas são escorridas e devolvidas imediatamente ao fogo com o molho já quente. Não é necessário cozinhar menos (muito al dente) as massas que serão salteadas imediatamente no fogão, porque esse tempo de cozimento complementar é muito rápido. A condição aqui é usar massa de boa qualidade. Atualmente, surgiu na cozinha italiana uma nova maneira de cozinhar massas, chamada *técnica risottata*, que consiste em preparar a massa como um risoto. A massa é cozida na panela com o molho acrescentando-se uma concha de água cada vez que for necessário, até seu completo cozimento. Esse processo permite a completa impregnação dos perfumes do molho na massa.

8. Reserve sempre um pouco da água do cozimento para diluir o molho de forma a melhor integrá-lo à massa, em especial se for um molho um pouco seco.

9. Utilize os restos de massa para preparar ao forno, gratinadas com um pouco de queijo parmesão, molho de tomate e/ou béchamel, ou para fazer as timballi, tortas de massa (com massas em folhas ou quebradiças), às quais pode-se juntar, além do béchamel, molho de tomate e parmesão, frios variados (salsichão, mortadela, presunto) e/ou queijos diversos (scamorza, fontina, mozarela). Pode-se também fazer omeletes de massas.

10. Aproveite também todos os tipos de caldos de cozimento de carnes, peixes e legumes, para temperar as massas, que são os molhos rápidos e econômicos.

Molhos tradicionais

Molho alho e óleo com pimenta ★

Aglio, olio e peperoncino

É o molho dos espaguetes "de minuto" de todos os italianos. Não existe um italiano que não tenha preparado a massa aglio e olio com pressa ao menos uma vez na vida.

Para 4 pessoas

Tempo de preparo: 10 minutos
Tempo de cozimento: 10 minutos + cozimento da massa

Ingredientes

2 dentes de alho
200 mℓ de azeite de oliva
1 pimenta vermelha forte fresca ou seca
Sal, pimenta-do-reino

Para 500 g de espaguete, espaguetini ou aletria.

Corte e remova as sementes da pimenta **(1)**.
Naturalmente, quanto mais fina for picada a pimenta, mais ela expressará seu aroma e sua picância.
Em fogo bem baixo, refogue o alho descascado e picado com o azeite e a pimenta. **(2)**
Preste atenção para não dourar o alho.
Ponha a massa para cozinhar, escorra e devolva ao fogo com esse molho quente e 2 colheres da água do cozimento **(3)**. Adicione sal e pimenta-do-reino, se desejar. Sirva imediatamente.

● **Dica do chef**
Se retirar toda a semente, a pimenta fica muito menos picante!

1

2

3

1

2

3

Molho com ervilha e presunto ★

Piselli e prosciutto

Receita típica de cantina e a mais querida das crianças!

Para 4 pessoas

Tempo de preparo: 10 minutos
Tempo de cozimento: 10 minutos + cozimento da massa

Ingredientes

1 cebola
40 g de manteiga
300 g de ervilhas
2 colheres (sopa) de água
80 g de presunto cozido cortado em cubos
250 mℓ de creme de leite
Sal e pimenta-do-reino moída na hora

Para 500 g de farfalle, penne ou fusilli.

Pique a cebola. Leve ao fogo com a manteiga **(1)**. Quando a cebola estiver transparente, junte a ervilha **(2)**, o sal e as 2 colheres de água. Deixe cozinhar por 10 min, aproximadamente. Acrescente o presunto cortado em cubos pequenos, o creme de leite **(3)** e a pimenta, deixe cozinhar por 1 min. Desligue o fogo. Cozinhe a massa, escorra e leve de volta ao fogo com o molho e 2 colheres (sopa) da água do cozimento. Sirva imediatamente.

● É bom saber

Na Itália, às vezes, o presunto e a ervilha são substituídos por salmão defumado. Substitua o creme de leite por mascarpone.

1

2

3

4

Molho com frutos do mar ★★

Scoglio

Scoglio significa, literalmente, rocha, e também pode se referir a pirata ou bucaneiro. O essencial é reunir um mínimo de quatro frutos do mar diferentes. As massas allo scoglio podem ser preparadas com molho rosso (vermelho, com tomates) ou bianche (branco, sem tomates).

Para 4 pessoas

Tempo de preparo: 40 minutos
Tempo de dessalga: 1 hora
Tempo de cozimento: 10 minutos + cozimento da massa

Ingredientes

400 g de amêijoa (moluscos com conchas)
400 g de mexilhões
50 mℓ de azeite de oliva
3 dentes de alho
6 colheres (sopa) de vinho branco
4 lulas
4 lagostins
1 chalota
1 pimenta
400 g de tomates-cereja bem maduros
1 colher (sopa) de extrato de tomate
2 colheres (sopa) de salsinha picada
Sal

Para 500 g de espaguete, espaguetine, paccheri ou linguine.

Deixe as amêijoas de molho em água fria e salgada por 1 h. Mexa de vez em quando para que a areia vá para baixo.
Limpe os mexilhões e enxágue-os em muita água, aqueça 2 colheres (sopa) de azeite em uma panela e leve-os para refogar em fogo alto com um dente de alho descascado e 2 colheres (sopa) de vinho branco **(1)**. Quando as conchas estiverem bem abertas, reserve-as aquecidas e coe o caldo do cozimento **(2)**.
Repita o mesmo procedimento com as amêijoas.

Em uma panela, aqueça 2 colheres (sopa) de azeite e acrescente as lulas previamente cortadas com 1 dente de alho descascado. Deglaceie com 2 colheres (sopa) de vinho branco. Em outra panela, frite os lagostins com 2 colheres (sopa) de azeite **(3)**. Reserve aquecidos.

Na panela, refogue a chalota picada e a pimenta amassada com 2 colheres (sopa) de azeite, junte os tomates **(4)** cortados ao meio, 1 colher (sopa) de extrato de tomate diluído em 2 colheres (sopa) de água. Deixe cozinhar por alguns minutos.

Cozinhe a massa al dente e reserve uma parte da água do cozimento. Leve a massa à panela com o molho de tomate, junte o caldo coado do cozimento das conchas, os moluscos, os mexilhões e as amêijoas e um pouco da água do cozimento da massa. Deixe cozinhar por 2 min. Junte os lagostins e as lulas e mexa. Salpique de salsinha picada e sirva bem quente.

Molho carreteiro (versão 1) ★

Carrettiera

O molho carrettiera tem seu nome extraído de "charretes" que, no passado, transportavam mercadorias e pessoas em viagens pelo país. Esta é a versão de Ada Boni (autora de *Talismano della felicità*, um dos livros referência da culinária italiana publicado pela primeira vez em 1929).

Para 4 pessoas

Tempo de preparo: 10 minutos
Tempo de cozimento: 10 minutos + cozimento da massa

Ingredientes

180 g de pancetta curada
100 mℓ de azeite de oliva
100 g de queijo pecorino ralado
Salsinha picada
Sal e pimenta-do-reino

Para 500 g de espaguete, espaguetini ou vermicelli.

Em uma panela com azeite, leve ao fogo a pancetta cortada em palitos e frite até dourar **(1)**. Cozinhe a massa al dente, escorra e despeje na panela com a pancetta e o pecorino.
Acrescente bem pouco sal e pimenta-do-reino moída na hora **(2).** Salpique a salsinha picada e sirva imediatamente.

1

2

1

2

Molho carreteiro (versão 2) ★

Carrettiera

Uma versão moderna, a mais difundida atualmente em todo o país.

Para 4 pessoas

Tempo de preparo: 10 minutos
Tempo de cozimento: 10 minutos + cozimento da massa

Ingredientes

30 g de cogumelos secos
1 dente de alho
100 mℓ de azeite de oliva
80 g de atum em óleo
100 g de molho de tomate
Salsinha picada
Sal, pimenta-do-reino

Para 500 g de espaguete, bucatini, penne e fusilli.

Deixe os cogumelos de molho por cerca de 15 min em água morna para reidratá-los, depois, escorra. Em uma panela, frite no azeite o alho cortado em lâminas e os cogumelos escorridos **(1)**.
Espere um minuto e acrescente o atum **(2)** e o molho de tomate **(3)**. Acrescente sal, pimenta e deixe cozinhar por 5 min. Cozinhe a massa al dente, escorra. Despeje-a sobre o molho. Salpique salsinha picada e sirva imediatamente.

3

Molho madeira ★

Boscaiola

Este molho "madeira" quer dizer que é um molho "da terra", em oposição aos pratos "do mar". Ele é simples, saboroso e preparado com cogumelos.

Para 4 pessoas

Tempo de preparo: 20 minutos
Tempo de cozimento: 15 minutos + cozimento da massa

Ingredientes

500 g de cogumelo-de-paris (ou porcini)
3 colheres (sopa) de azeite de oliva
1 cebola
1 dente de alho
50 mℓ de vinho branco
300 g de tomates pelados
70 g de speck (ou presunto defumado)
1 colher (sopa) de pinoli
2 colheres (sopa) de salsinha picada
100 mℓ de creme de leite
Sal, pimenta-do-reino

Para 500 g de penne, bucatini, espaguete, tagliatelle ou gnocchi.

Limpe os cogumelos e enxágue-os rapidamente em água fria. Corte-os em lâminas e leve à panela com 2 colheres (sopa) de azeite, a cebola e o alho picados **(1)**. Deglaceie com o vinho branco.
Depois da evaporação, acrescente os tomates pelados (picados ou esmagados com um garfo), sal e pimenta, tampe e cozinhe por 15 min em fogo baixo.
Corte o speck em lâminas e leve a outra panela com 1 colher (sopa) de azeite e o pinoli **(2)**. Assim que o molho estiver pronto, junte o speck, a salsinha e o creme de leite **(3)**.
Cozinhe a massa al dente, escorra e salteie na panela com o molho. Sirva imediatamente.

1

2

3

Massas frescas

Massas frescas

As origens da pasta

A origem das massas remonta a 7 mil anos, aos primórdios da agricultura, quando os grãos de cereais eram triturados e amassados com água para serem cozidos em folhas sobre uma pedra quente. Essa prática ainda é utilizada no Magrebe, com o nome de *trid*, e em toda a Ásia para obter as folhas de arroz. Na Itália, desse método original resultaram três categorias de receitas à base de cereais: o pão, o puls (receita típica da cozinha romana à base de farinha de espelta e água, ancestral da polenta) e as massas. É muito difícil recuperar a história das massas. Não temos nenhuma prova do consumo desse alimento pelos etruscos, romanos e gregos, apesar de haver algumas interpretações diferentes, mais ou menos realistas, feitas por Apício ou Catón, entre outros. As massas recheadas também se desenvolveram na Idade Média. No início, eram tartelettes individuais feitas com a massa de macarrão e recheios diversos; assim, foram surgindo, gradualmente, o ravióli, os tortellini, etc. As massas se disseminaram na França no século XVI a partir de Catarina de Médici, depois de seu casamento com Henrique II.

Massas "em folhas" e massas "em fios"

As massas como as conhecemos atualmente surgiram na Idade Média. Em um texto de 1154, al-Idrissi, geógrafo de Rogério II da Sicília, descreveu pela primeira vez um alimento à base de farinha e água, cortado em fios, que ele chamou de *itriyah*. Era preparada na vila de Trábia, na Sicília, e ele teve tanto sucesso que a exportou para todos os lugares em torno da Bacia do Mediterrâneo. Em 1279, em Gênova, o famoso Ugolino Scappi mencionou que, no inventário de um defunto, havia "um barril de macaroni"!

Duas maneiras diferentes de preparar as massas se propagaram na Itália: a massa com ovos, "em folhas", que aparece no centro do país, e a massa de sêmola, seca, "em fios", que se desenvolveu ao sul do país, grande região de cultivo do grano duro. A primeira torna-se especialmente tradicional na planície do Pó, especialmente em Bolonha, a segunda se propaga por toda a Itália, da Sicília às vilas portuárias como Palermo, Gênova e Nápoles, onde, graças a um clima bem ventilado, ela pode secar com facilidade.

Massas frescas e massas recheadas

As massas frescas são feitas geralmente com farinha de trigo e ovos, e são produzidas principalmente de forma artesanal. Em certas regiões, os ovos são substituídos por água ou vinho. As massas recheadas também pertencem a essa categoria e os recheios podem ser feitos com carnes, peixes, legumes ou queijos.

Existe uma infinidade de formatos de massas recheadas e sem recheio, e são mais de trezentos nomes reconhecidos, entre eles tagliolini, tagliatelle, pappardelle, lasanha, canelone, ravióli, tortellini, cappelletti, orecchiette, malloreddus, pici, trofie, etc. Os nomes das massas são específicos para o corte, mas também para a composição da massa: não pode existir, tradicionalmente, linguine com ovos ou tagliatelle sem ovos.

Massa de macarrão

A receita da massa de macarrão varia em função da região; encontramos receitas de massas que, de uma região a outra, acabam se desviando um pouco da receita original: em Abruzos, encontramos o espaguete à chitarra (ver p. 326) preparado com a farinha de sêmola de grano duro, água e ovos, ou o pizzoccheri, na Lombardia (ver p. 217), que é um tagliatelle preparado com a farinha de trigo sarraceno. À massa de macarrão também podemos acrescentar ingredientes aromatizantes e/ou corantes como azeite de oliva, tinta de lula, ervas, espinafre, cacau, etc., ou misturar vários tipos de farinhas (ver quadro na p. 79). Podemos fazer a massa de macarrão com as mãos ou com uma batedeira.

Porções

A medida média de massa para duas pessoas corresponde a 100 g de farinha de trigo e um ovo. Para a farinha de sêmola de grano duro, consideramos que são necessários 100 g dessa farinha e 50 g de água para uma pessoa. As massas à base de ovos costumam dobrar de volume durante o cozimento.

As porções por pessoa dependem sempre da composição da refeição, suas proporções variam em função de a massa ser um prato único ou de acompanhar outros pratos. Quando se trata de massas recheadas ou preparadas no forno, é necessário considerar a metade da medida por pessoa.

Cozimento

Cozinhamos as massas feitas à mão por pouco tempo, 1 min a 2 min para as não recheadas, 4 min a 5 min para as massas recheadas. Os tempos de cozimento variam de acordo com a espessura da massa, se são ou não recheadas e com a data de fabricação. O tempo adequado é sempre a gosto de quem está preparando o prato.

As massas feitas com a farinha de sêmola de grano duro precisam de um tempo de cozimento um pouco mais longo (de 8 min a 15 min, de acordo com o tempo de secagem).

Utilize 1 ℓ de água para 100 g de massa e 10 g de sal por litro de água.

Conservação

Cerca de 1 h depois da preparação, logo que a massa ficar um pouco quebradiça, retire-a do secador e coloque sobre um filme plástico. As massas sem ovos um pouco mais grossas, uma vez secas, podem ser conservadas em temperatura ambiente por uma semana, em média. As massas recheadas não se conservam por mais que 2 dias em refrigerador, embora possam ser conservadas por até 3 meses no freezer.

Massa de macarrão ★

Aqui está a receita básica para todas as massas frescas com ovos. A massa é cortada e moldada em forma de folha. A essa base, podemos juntar à vontade ingredientes aromatizantes e/ou corantes como ilustrado na tabela da página 79.

Para 4 pessoas

Tempo de preparo: 20 minutos
Tempo de descanso: 30 minutos

Ingredientes

200 g de farinha de trigo (T55)
2 ovos (tamanho médio)

Pese e peneire a farinha e coloque-a formando um monte sobre uma superfície lisa, de preferência de madeira, ou em um recipiente. Cave um buraco no meio. Ponha os ovos inteiros no buraco (com os elementos corantes ou aromatizantes, se quiser), e misture ligeiramente. Incorpore aos poucos a farinha com os dedos ou com um garfo, tomando cuidado para não deixar transbordar se estiver utilizando um recipiente. Quando toda a farinha for incorporada, misture a massa com as mãos e aperte o máximo possível. A massa deve ser trabalhada até ficar bem lisa e homogênea (de 10 min a 15 min). Deixe-a descansar por meia hora envolta em filme plástico.

Para abrir a massa manualmente
Coloque a massa sobre uma superfície plana enfarinhada, de preferência de madeira, com um rolo de massa, faça movimentos que partam do centro para o exterior. Vire a massa 90° várias vezes e de um lado para o outro. Enfarinhe quando perceber que há risco de a massa aderir à superfície de trabalho (mas não muito, porque a massa pode ficar muito difícil de trabalhar). Continue até obter uma folha muito lisa, "transparente" e uniforme. Em seguida, corte-a da forma que quiser.

Para abrir a massa no laminador
Divida a massa em vários pedaços e passe-os pelo laminador diminuindo a espessura a cada passagem. Na primeira e na segunda vez, repita o procedimento duas vezes. Corte a massa no formato que quiser.

Tagliatelle ★

A palavra *tagliatella* deriva do verbo *tagliare* (cortar, em italiano). O tamanho exato da largura de um tagliatelle bolonhês é 8 mm, como foi registrado na Câmara de Comércio de Bolonha em 1972, onde se encontra também conservado dentro de uma caixa um tagliatelle com as medidas estabelecidas. Essa caixa tornou-se o símbolo da Câmara de Comércio de Bolonha!

Para 4 pessoas

Tempo de preparo: 20 minutos
Tempo de secagem: 15 minutos
Tempo de cozimento: 2 minutos

Ingredientes

1 parte de massa para macarrão (receita básica) = cerca de 300 g

Prepare a massa de macarrão (ver página anterior).

Cortar à mão. Ponha as folhas de massa sobre a superfície de trabalho e enrole no sentido do comprimento e sempre no mesmo sentido. Em seguida, corte essas folhas enroladas com uma faca para fazer os tagliatelle com uma largura de 8 mm. Segure a extremidade de cada rolinho cortado de massa e desenrole. Deixe a massa secar sobre um secador ou pano enfarinhados.

Cortar no laminador. Depois de um pequeno tempo de secagem (10 min a 15 min), quando a folha estiver levemente ressecada, corte-a no laminador da forma desejada, tagliatelle ou tagliolini. Deixe a massa secar sobre um secador ou pano enfarinhados.

Cozinhe os tagliatelle de 1 min a 2 min, em bastante água fervente, e escorra.

● É bom saber
Prepare os pappardelle cortando a massa com 2,5 cm a 3 cm de largura, e o tagliolini com 4 mm ou 5 mm de largura.

● Dica do chef
O acompanhamento ideal do tagliatelle é, naturalmente, o ragù, como pede a tradição bolonhesa (ver p. 52).

http://goo.gl/ajlA7x

Massas recheadas

Ravióli ★★

O ravióli é uma massa recheada preparada em toda a Itália. Cada região, cada vilarejo, cada família tem sua receita de massa, de recheio e de molho! Para os puristas, dizemos em italiano os *ravioli* (sem "s") e um *raviolo*. O ravióli, normalmente, é quadrado, mas também existem aqueles feitos na forma redonda, triangular, em meia-lua ou outras formas. E terão cada vez um nome diferente de acordo com a forma e o recheio.

Para 6 pessoas

Tempo de preparo: 1 hora
Tempo de cozimento: 4 a 5 minutos

Ingredientes

1 parte de massa de macarrão (receita básica) = cerca de 300 g

Recheio

200 g de espinafre cozido
200 g de ricota
1 ovo
Noz-moscada
Sal, pimenta-do-reino

Prepare a massa de macarrão (ver p. 69)

Prepare o recheio dos raviólis

Em um recipiente, misture o espinafre cozido, bem escorrido e picado com os outros ingredientes até que forme uma massa homogênea.

Pegue uma folha de massa **(1)**, corte-a em quatro porções retangulares de mais ou menos 15 cm x 50 cm. Sobre um pedaço da massa, coloque o recheio usando uma colher e, seguindo uma linha regular, coloque a mesma quantidade e posicione-o à mesma distância **(2)**.

http://goo.gl/FOFoVm

Dobre a metade vazia da massa sobre a parte coberta com o recheio. Pressione delicadamente todo o contorno da massa para eliminar bolhas de ar e colar perfeitamente as duas folhas **(3)**.
Corte com um carretel de massa, primeiro no comprimento da folha e, certificando-se de que ela está bem dobrada, sobre toda a extensão **(4)**, depois, no meio, entre os raviólis, para separá-los e fechá-los **(5)**.
Deposite-os sobre um pano levemente enfarinhado.
Cozinhe os raviólis de 4 min a 5 min, em bastante água fervente **(6)** e retire-os com uma escumadeira.
O tamanho inicial da faixa de massa a ser cortada vai determinar o tamanho dos raviólis.

● Dicas do chef

Para fazer as massas recheadas, podemos comprar os "cortadores de massa" (peças serrilhadas e não cortantes) ou cortadores de tamanhos e formas variados, bem como fôrmas para dar formato ao ravióli. O carretel de massa permite, no entanto, variar a forma com um só instrumento e confere ao ravióli um aspecto mais "caseiro". Esse também é o melhor método para selar perfeitamente o ravióli.

Para cortar os raviólis redondos, podemos usar a boca de um pote de vidro redondo e, para outras formas, todo tipo de cortadores que utilizaremos para apertar os raviólis e, assim, garantir o fechamento perfeito. Cuidado com o lado cortante, proteja-o de algum jeito antes de tocá-lo!

Se as bordas estiverem corretas, bem seladas, e se não sobrarem bolhas de ar no interior do ravióli, não há risco de a massa abrir e deixar escapar o recheio durante o cozimento.
Prepare sempre um recheio bem seco, deve ser possível formar com ele uma bola que se sustente sozinha.

Ideia de receita
Ravióli piemontês recheado com carne >> p. 196

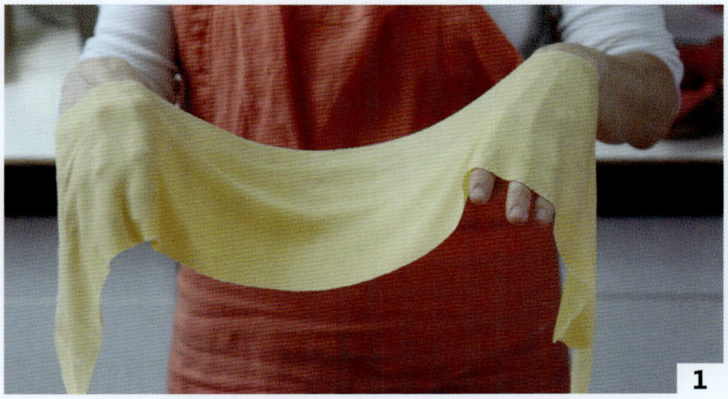
1

2

3

4

5

6

Tortellini ★★★

A receita de tortellini foi arquivada pela Associação Dotta Confraternita del Tortellino e pela Academia Italiana da Cozinha em 1974 na Câmara de Comércio de Bolonha. Esta receita está sendo apresentada com a maior fidelidade possível. O tortellini é levemente diferente dos cappelletti e dos anolini por sua forma e seu recheio.

São saboreados tradicionalmente dentro de um caldo de carne ou de frango, especialmente no Natal.

Para 6 a 8 pessoas

Tempo de preparo: 1h30
Tempo de cozimento: 4 a 5 minutos

Ingredientes

1 parte de massa de macarrão (receita básica) = cerca de 300 g

Recheio

100 g de copa lombo de porco
10 g de manteiga
1 dente de alho
1 ramo de alecrim
100 g de mortadela de Bolonha
100 g de presunto cru em fatias finas
1 ovo
150 g de queijo parmesão stravecchio (envelhecido 30 meses)
½ colher (café) de noz-moscada em pó
Sal, pimenta branca
Caldo de carne (ver p. 93) ou de frango

Prepare a massa de macarrão (ver p. 69).

1

2

Corte em cubinhos a mortadela, a copa lombo de porco e o presunto. Frite por alguns minutos a copa lombo de porco **(1)** em um pouco de manteiga, um dente de alho com casca e um ramo de alecrim **(2)**. Passe a mortadela, o porco e o presunto por um processador de alimentos **(3)**.
Acrescente o ovo, o parmesão, a noz-moscada, o sal e a pimenta à mistura do processador **(4)**.

3

4

http://goo.gl/eWNOI5

5

6

7

Acomode as folhas de massa sobre a superfície de trabalho e corte discos de 4 cm de diâmetro ou quadrados de 4,5 cm a 5 cm **(5)**.
Deposite uma pequena porção de recheio no centro de cada disco **(6)**. Feche os tortellini dobrando-os ao meio, bem fechados **(7)**, depois, dobre-os novamente ao meio e enrole em forma de rosquinha **(8).** Aproxime as duas extremidades e sele-as apertando bem **(9)**. Disponha os tortellini sobre um pano seco **(10)**. Cozinhe-os al dente, por 4 min a 5 min, no caldo **(11)** e sirva.

Dica do chef

Outro modo comum de preparar tortellini é cozinhá-los em água fervente salgada e servi-los com um molho à base de creme de leite. Para 4 pessoas: dilua 10 g de farinha de trigo em 10 g de manteiga derretida, acrescente 250 mℓ de creme de leite, sal e pimenta. Misture e leve para ferver por alguns minutos.

Recheio light

Podemos deixar o prato mais leve trocando a carne de porco por frango ou vitela, mas o resultado em termos de sabor é muito diferente. O recheio considerado magro, típico dos cappelletti da Romagna, é composto exclusivamente por queijos:
300 g de ricota, 300 g de crescenza ou queijo de Fossa, 200 g de parmesão, 2 gemas de ovos, noz-moscada, zeste de limão e sal. Servir em um caldo de carne ou com manteiga derretida.

8

9

10

11

Massas frescas de sêmola de grano duro

A maior parte das massas de farinha de sêmola de grano duro foi produzida depois do século XVI com máquinas cada vez mais aperfeiçoadas. Entretanto, podemos preparar à mão alguns formatos. A confecção é característica de cada tipo de massa. A massa básica pode ser usada para o preparo de orecchiette, malloreddus ou trofie. Os farfalle (gravatinha) também são denominados strichetti, em Emília, quando são preparados com uma massa com ovos à qual acrescentamos parmesão ralado e noz-moscada.

Farfalle ★

Para 4 pessoas

Tempo de preparo: 40 minutos
Tempo de descanso: 30 minutos
Tempo de cozimento: 5 a 7 minutos

Ingredientes

400 g de farinha de sêmola de grano duro
4 g de sal
200 mℓ de água

Coloque a farinha sobre uma superfície de trabalho, formando um monte, ou dentro de um recipiente e cave um buraco no centro. Despeje o sal e a água bem no meio desse buraco, incorpore gradualmente a farinha tomando cuidado para não transbordar. Quando toda a farinha for incorporada, amasse com as mãos e aperte o máximo possível **(1)**. A massa deve ser trabalhada até que fique bem lisa e homogênea (10 min a 15 min). Deixe-a descansar por meia hora envolta em filme plástico.
Abra a massa **(2)** e corte as folhas em tiras de 6 cm, com um carretel serrilhado. Corte essas faixas em retângulos de 6 cm x 3 cm com um carretel liso **(3)** ou com uma faca. Aperte o meio dos retângulos de massa para formar o farfalle **(4)**. Cozinhe-os em água fervente e salgada (5 min a 7 min) e sirva-os com um molho de queijo (ver p. 78) ou outro de sua preferência.

http://goo.gl/nKFpCU

1

2

3

4

Molho de queijos e ervas ★

Quattro formaggi e erbe aromatiche

Para 4 pessoas
Tempo de preparo: 10 minutos

Ingredientes
450 g de queijos variados
(150 g de gorgonzola, 150 g de taleggio, 150 g de gruyère)
200 mℓ de creme de leite
30 g de manteiga
150 g de queijo parmesão ralado
10 brotos de cerefólio
10 talos de cebolinha
80 g de pistaches
Sal, pimenta-do-reino

Em uma panela, em fogo baixo, derreta os queijos escolhidos com o creme de leite e a manteiga, cozinhe o mínimo possível. Tempere com sal e pimenta. Acrescente a massa cozida ao molho, sirva em uma travessa e salpique de parmesão ralado. Decore com as ervas picadas e os pistaches moídos.

Molho de manteiga e sálvia ★

Burro e salvia

Este molho, um clássico na Itália, é muito rápido de preparar e incrementa as massas frescas feitas em casa, em especial o raviόli (ver p. 70) e o nhoque de batata (ver p. 83).

Para 4 pessoas
Tempo de preparo: 5 minutos

Ingredientes
100 g de manteiga
10 a 15 folhas de sálvia fresca
Sal
Queijo parmesão ralado

Em uma panela, derreta a manteiga em fogo baixo com a sálvia picada e uma pitada de sal.
Sirva com parmesão ralado.

Dicas para preparar massas frescas

• A massa de macarrão não é necessariamente uma massa macia, mas deve ser lisa. A receita leva um ovo para cada 100 g de farinha. O peso de um ovo médio varia entre 53 g e 63 g, e a farinha pode estar mais ou menos úmida (dependendo da umidade do ambiente e de seu grau de frescura). Portanto, é necessário tomar algumas precauções: se a massa não ficar lisa e parecer farinhenta, mesmo depois de muito bem amassada, isso significa que falta água; adicione um pouco de água de cada vez para ter certeza de não exceder o estritamente necessário. Se a massa grudar nas mãos de modo que fique impossível trabalhar, significa que falta farinha; adicione um pouco de farinha de cada vez.

• A superfície de trabalho ideal para a fabricação de massas frescas é uma tábua de madeira abeto que foi oleada com óleo de cozinha (girassol, azeite, etc.) e, depois, bem seca.

• Quando for abrir a folha de massa, vire-a com regularidade para o seu lado, a cada passada de rolo, para que ela não grude na superfície de trabalho. Não se esqueça que a massa seca rapidamente. Para abri-la com mais facilidade, o movimento deve ser rápido e deve-se adicionar a mínima quantidade de farinha.

• Durante a modelagem das massas, mantenha o pedaço ainda não utilizado envolto em filme plástico, isso impede a formação de uma crosta sobre a superfície da massa.

• Se usar um laminador para abrir a massa (máquina de macarrão), é importante passar a massa nível por nível de espessura da máquina para evitar que ela se quebre ou se rasgue.

Massas variadas

A seguir estão algumas variações da massa básica. São opções para se obter cores diversas, aromatizar sua massa básica ou utilizar farinhas diferentes.

Massas	Farinha de trigo	Outras farinhas	Ovos	Água	Outros ingredientes	Sal
Com ovos	400 g		4			
Com grano duro		400 g de farinha de sêmola de grano duro	0	200 mℓ		1 pitada
Com ovos e farinhas mistas	200 g	200 g de farinha de sêmola de grano duro	4			
Com ovos e água (ou outros líquidos)	350 g		0 a 3, proporcional à quantidade de água*	200 mℓ/20 mℓ ou 2 colheres (sopa)	Água, vinho, cerveja, leite ou caldo de legumes, etc.	
Com farinha integral	200 g	200 g de farinha integral	4			
Com farinha de castanhas	300 g	100 g de farinha de castanhas	2	600 mℓ		
Com farinha de trigo sarraceno	100 g	300 g de farinha de sarraceno	0	200 mℓ		1 pitada
Coloridas com ingrediente úmido (espinafre, tomate, urtiga, beterraba, etc.)	250 g		2		30 g de purê	
Aromatizados (café, cacau, ervas, especiarias)	360 g a 390 g		4		10 g a 40 g de ervas em pó ou bem picadas	
Com tinta preta	400 g		4		8 g de tinta de lula	

*Quanto menos ovos, mais água será necessária e vice-versa.

Nhoques

Nhoque

A palavra *gnocchi* (nhoque em italiano) deriva do lombardo *knohha*, que denomina todo tipo de massa em forma de bolinha. Na Idade Média, os nhoques eram preparados com sêmolas de diferentes farinhas, água e ovos. Alguns à base de miolo de pão, leite, queijo e farinha de amêndoas receberam o nome de *zanzarelli*. Somente em 1700, com a introdução da batata na Europa, se difundiu o nhoque à base de batatas.
Atualmente, essa denominação engloba várias combinações. No norte da Itália e no Lácio, encontramos principalmente o nhoque de batata; no extremo norte, o nhoque de pão (canederli); e mais ao sul, eles são preparados principalmente com a farinha ou a sêmola de trigo. Existem numerosas outras preparações tradicionais de nhoque à base de legumes, peixe, farinha de milho, farinha de trigo sarraceno ou queijo.

Nhoque de batata

É o mais conhecido. Pertence à cozinha tradicional de Veneza, de Emília e do Lácio. As variações dizem respeito principalmente aos molhos que o acompanham.
Os nhoques industriais não têm a menor semelhança com a receita caseira. Preparados com as belas batatas, os nhoques caseiros são macios, leves, suaves, e uma vez que os experimentamos, nunca mais os abandonamos.
A escolha da batata é fundamental. Ela deve ser bem seca e farinhenta, de uma variedade própria para os purês, do tipo binge. Porque a massa do nhoque deve ter o mínimo possível de umidade. Portanto, é preciso cozinhar as batatas com casca para evitar que a água as penetre. Por fim, é importante adicionar apenas uma pequena quantidade de farinha à receita, ou os nhoques vão ficar duros e indigestos.
Existem vários métodos para dar a forma característica ao nhoque, que permite absorver melhor o molho.

Nhoque colorido

Para preparar nhoques coloridos e/ou aromatizados, vários ingredientes podem ser misturados às batatas. Dependendo da consistência do ingrediente adicionado, será preciso aumentar ligeiramente a quantidade de farinha em 10 g a 20 g.
- **Nhoque verde:** adicione 500 g de espinafre picado, cozido e bem escorrido à receita básica.
- **Nhoque laranja:** adicione um purê preparado com 400 g de cenouras cozidas e bem escorridas à receita básica.
- **Nhoque negro:** adicione 25 g de tinta preta de lula à receita básica.
- **Outras variações:** açafrão, purê de beterraba, purê de castanhas, purê de ameixas são alguns dos ingredientes que também podem ser adicionados à receita básica.

Conservação

Para conservar o nhoque caseiro por alguns dias, cozinhe os nhoques em água, escorra e misture-os com um pouco de óleo de girassol, para que não grudem uns nos outros. Eles podem ser armazenados durante 2 dias em geladeira ou 3 meses no congelador. No momento do consumo, mergulhe-os em água fervente, como o nhoque fresco, eles vão aquecer e perder o óleo. Podem também ser gratinados com molho à bolonhesa e queijo parmesão (*gnocchi pasticciati*). Nesse caso, leve os nhoques direto para o prato em que vão ser gratinados e não coloque óleo.

1

2

3

4

5

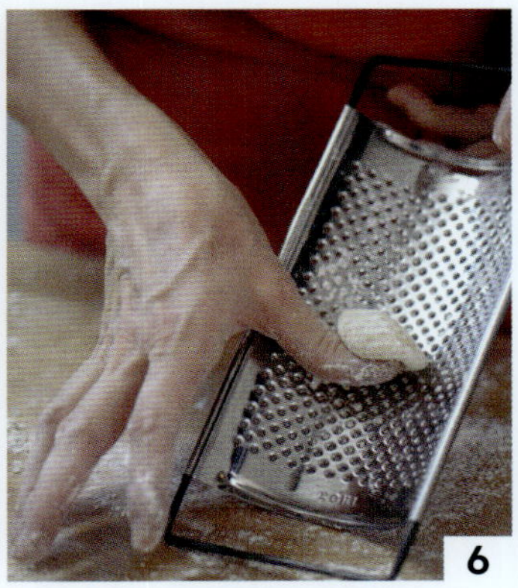
6

7

Nhoque de batata ★★

Gnocchi di patate

Para 6 pessoas

Tempo de preparo: 1 hora
Tempo de descanso: 30 minutos
Tempo de cozimento: 1 a 2 minutos

Ingredientes

600 g de batata (farinhenta, tipo binge)
120 g de farinha (aproximadamente)
Sal

Lave as batatas e cozinhe com casca em água salgada. Depois de cozidas, descasque-as e passe pelo espremedor **(1)**. Deixe esfriar, junte uma pitada de sal e um pouco de farinha. Quando a massa estiver consistente o bastante para dar forma a ela **(2)**, não acrescente mais farinha. A quantidade de farinha varia em função da qualidade das batatas.
Com a massa obtida, faça vários rolos de 2 cm a 3 cm de diâmetro e corte-os em pedaços de 2 cm a 3 cm **(3)**. Enfarinhe-os ligeiramente. Role-os rapidamente sobre um garfo **(4)**, sobre um riscador de madeira próprio para nhoque, o rigagnocchi **(5),** ou sobre o dorso de um ralador de queijo **(6)** para criar um pequeno oco de um lado e uma textura áspera bem marcada do outro lado. Role-os ligeiramente pela farinha mais uma vez. Arrume-os em travessas enfarinhadas **(7).**
Deixe descansar meia hora.
Ponha os nhoques um a um em uma panela com bastante água fervente e levemente salgada (muito sal danifica os nhoques). Aqueles que subirem à superfície devem ser retirados com uma peneira.
Tempere com o molho de sua preferência: de manteiga e sálvia (p. 78), de tomate e manjericão (p. 47), à bolonhesa (p. 52), de queijo e ervas (p. 78), etc.

● **É bom saber**

Um prato de nhoque sem molho tem menos de 350 calorias.

http://goo.gl/nQPlKm

1

2

Nhoque à romana ★

Gnocchi alla romana

O nhoque à romana é uma receita muito difundida em toda a Itália. A facilidade para executá-la contribui para seu sucesso. Esses nhoques são de sêmola, gratinados ao forno, e podem ser preparados com antecedência.

Para 6 pessoas

Tempo de preparo: 30 minutos
Tempo de cozimento: 40 minutos

Ingredientes

1 ℓ de leite
250 g de sêmola média
2 ovos
70 g de manteiga
120 g de queijo parmesão ralado
(parmigiano reggiano ou grana padano, se possível)
Sal

Ferva o leite, salgue. Retire a panela do fogo e despeje aos poucos a sêmola, mexendo bem para evitar a formação de grumos **(1)**.
Cozinhe por mais 10 min sem parar de mexer. Retire do fogo e incorpore os ovos, 50 g de manteiga **(2)** e 70 g de parmesão ralado.
Passe a massa para uma superfície molhada (o mármore é ideal) **(3)** e espalhe-a com uma espátula até obter uma espessura de 1 cm **(4)**.
Deixe esfriar e corte os discos com a ajuda de um recipiente redondo de vidro ou de um cortador **(5).**
Unte um refratário com manteiga e cubra o fundo com uma primeira camada de discos **(6)** (podem-se usar os recortes). Cubra harmoniosamente com o restante dos nhoques sobrepondo-os ligeiramente.
Espalhe um pouco de manteiga, o restante do parmesão ralado **(7)** e gratine no forno por meia hora a 180 °C. Sirva bem quente.

● Dica do chefe

Adicione um purê de legumes à receita básica para preparar nhoques coloridos. Complemente o parmesão com outros queijos (gorgonzola, por exemplo). Acrescente legumes picados (pontas de aspargos) ou ervas sobre os nhoques antes de levá-los ao forno.

3

4

5

6

7

1

2

3

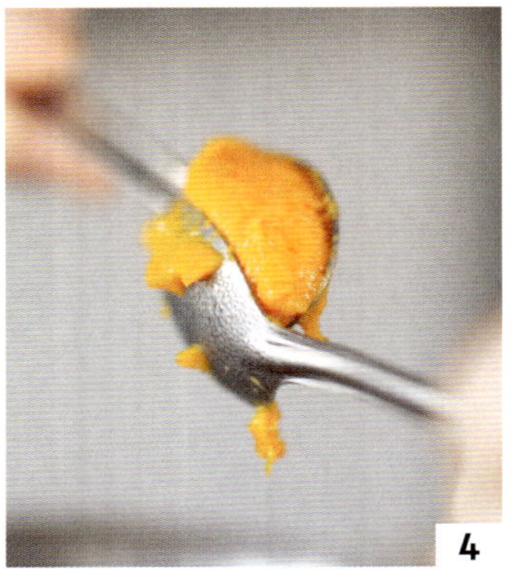
4

5

Nhoque de abóbora ★★

Gnocchi di zucca

Podemos preparar nhoques com vários tipos de legumes: cenouras, berinjelas, abobrinhas, etc. O nhoque de abóbora pertence principalmente à tradição culinária da Lombardia e de Friul-Veneza Júlia.

Para 6 pessoas

Tempo de preparo: 50 minutos
Tempo de cozimento: 30 minutos

Ingredientes

1 kg de abóbora (por exemplo, abóbora japonesa)
200 g de farinha (aproximadamente)
1 ovo
120 g de manteiga
Sálvia
80 g de queijo parmesão ralado
Sal

Corte a abóbora em quatro e asse em forno quente a 180 °C por 30 min, aproximadamente. Retire a polpa com ajuda de uma colher **(1)** e amasse-a com um garfo.
Coloque a farinha sobre uma superfície de trabalho formando um monte e cave um buraco na farinha.
Coloque a abóbora com o ovo e o sal, trabalhe a mistura até obter uma massa homogênea **(2)**. A quantidade de farinha varia de acordo com a consistência do legume, pare de acrescentar quando a massa estiver firme o bastante para poder dar forma a ela.
Faça os nhoques com a ajuda de duas colheres **(3)** e mergulhe-os em uma panela com bastante água fervente ligeiramente salgada. Retire com uma peneira os que subirem à superfície.
Em outra panela, derreta a manteiga com a sálvia e tempere os nhoques com esse molho, salpique parmesão ralado e sirva quente.
O parmesão pode ser substituído por ricota defumada ralada. Os nhoques podem ser temperados com caldo de carne.

Risotos

Risoto

A cultura do arroz foi introduzida de fato na Itália no século XIV, em especial na região de Milão, onde se podia aproveitar os terrenos pantanosos. Atualmente, a Itália é a maior produtora de arroz na Europa e é ela que exporta para o mundo inteiro as variedades destinadas ao risoto. Surgido nos livros de receitas no século XVI, o risoto se impôs no século XVII, em especial na versão com açafrão, e hoje em dia se baseia em uma receita original do norte da Itália. O risoto tem o poder de acentuar o sabor de quase todos os ingredientes secundários, dos mais rústicos aos mais nobres. Um bom risoto deve ser untuoso, mas al dente, com os grãos separados, aveludados e cremosos.

Para obter um resultado excelente, cada etapa é importante, a escolha do arroz, o cozimento, as medidas de ingredientes secundários, o tempo de serviço, etc.

Dicas para um risoto perfeito

Escolha da panela

É preciso escolher uma panela com fundo grosso e bom condutor de calor. O ideal é cobre-inox ou inox. Essa panela não deve ser nem muito alta nem muito larga, e deve conter perfeitamente o risoto durante o cozimento sem transbordar (atenção, o arroz aumenta de volume duas vezes e meia durante o cozimento), nem deve estar pouco preenchida. Na Itália, existem panelas especiais para o preparo do risoto, com cabo único e fundo bem arredondado (ver pp. 92 e 169). O arroz é cozido sem tampa, exceto no tempo de descanso ao fim do cozimento.

Escolha do arroz

A escolha do arroz depende da boa resistência ao cozimento – ou seja, do tempo que os grãos de arroz resistem ao calor forte e à umidade sem se desmancharem – e do alto teor de amido, que confere untuosidade ao risoto.

Diversas variedades de arroz cultivadas na Itália correspondem a esses critérios. Atualmente, elas compreendem o arroz de grãos grandes e alto teor de amido. As variedades de arroz do tipo japônica correspondem à denominação: carnaroli (cultivado sobretudo em Piemonte), vialone nano (Veneza) e arborio (planície do Pó).

Nunca lave o arroz para o risoto, porque isso altera completamente o teor de amido. Deve-se calcular, de maneira geral, entre 65 g e 80 g de arroz por pessoa, mas isso também depende do volume dos outros ingredientes.

Tostadura e gordura

É preciso tostar os grãos de arroz em algum tipo de gordura. Com a ajuda de uma colher, mexa os grãos pelo fundo da panela para que fiquem coloridos e aquecidos de maneira uniforme. É necessário usar a gordura em quantidade suficiente para envolver todos os grãos de arroz, nem mais nem menos (10 g por porção, aproximadamente). Quando os grãos estiverem bem aquecidos e começarem a não deslizar mais pelo fundo da panela, o processo de tostadura está concluído.

Essa etapa permite que a superfície do grão de arroz resista melhor ao cozimento e libere mais facilmente o amido que vai ligar os ingredientes secundários.

A escolha da gordura (manteiga, azeite, etc.) é discutida até hoje na Itália. O arroz, que é um prato do norte da Itália, provavelmente nasceu acompanhado da manteiga. Mas o tipo de gordura a ser usado deve se adaptar aos ingredientes característicos do risoto, e também pode se adequar às suas escolhas alimentares!

Sofritto

Na maior parte do tempo, depois de derreter a gordura e antes de acrescentar o arroz, levamos à panela uma base de legumes picados ou em lâminas. Esse processo leva o nome de sofritto. Ele é composto, na versão clássica, de cebola, cenoura e um talo de aipo picados juntos, ou cebola, chalota, alho-poró, alho e salsinha. O sofritto básico deve ser escolhido de acordo com os outros ingredientes do risoto.

Vinho e caldo

Uma vez concluída a tostadura, deglaceamos o risoto com um ingrediente alcoólico. Assim, podemos diluir os sucos e conferir certa acidez ao prato pronto. Podemos utilizar um vinho branco ou tinto, álcool ou vinagre, em função dos outros ingredientes. Uma vez evaporado completamente o álcool, acrescentamos o caldo que vai começar o verdadeiro cozimento do risoto.

Aqui também persiste o debate: alguns acrescentam o caldo de uma vez só e não mexem mais, outros o adicionam aos poucos e mexem sempre. Esses métodos diferentes influenciam no resultado final. O risoto ideal varia de uma região a outra, bem como a maneira de prepará-lo. Aqui vai meu método:

Comece adicionando 1 ou 2 conchas do caldo sem cobrir completamente o arroz. Continue hidratando o arroz (1 concha de cada vez) só quando o líquido se evaporar quase completamente.

A escolha do caldo para o cozimento também é fundamental, porque é ele que vai impregnar o arroz. Podemos usar um caldo de legumes, de aves, de carne, um fumet de peixe ou uma bisque de crustáceos. Algumas pessoas usam até um caldo de água salgada. Também é interessante preparar o caldo com as sobras de ingredientes utili-

zados na receita, por exemplo, um caldo de cascas de aspargos para um risoto de aspargos, um fumet com as aparas de um peixe para um risoto preparado com os filés. O importante é planejar bem antecipadamente e de acordo com os outros ingredientes. A utilização de caldo em cubos é absolutamente proibida para a preparação do risoto, a menos que se queira um risoto de "caldo em cubos"!
Para o cozimento do risoto, geralmente, utilizamos um volume de líquido idêntico ao dobro do volume inicial de arroz. No entanto, essa regra pode variar de acordo com o modo de cozimento, a intensidade do fogo, o jeito de misturar, a qualidade do arroz e a natureza dos outros ingredientes.
Utilizamos sempre o caldo quente que fica sobre o fogo durante todo o tempo de cozimento e também durante a refeição, para umedecer o arroz durante um segundo serviço!

Tempo e modo de cozimento

O tempo de cozimento varia de acordo com a escolha do arroz (ver as instruções na embalagem) e o modo de cozimento. De maneira geral, 16 min a 18 min correspondem a um ótimo cozimento.
A untuosidade final do risoto varia também de acordo com as técnicas. Quanto mais mexer com a colher, mais amido vai liberar. Atente, no entanto, para não quebrar os grãos de arroz mexendo com muito vigor. O cozimento em fogo brando ajuda a evitar a necessidade de mexer com muita frequência, deixando os grãos de arroz al dente e soltos, mas a untuosidade será menor. Se o fogo for muito forte, será necessário mexer mais constantemente, e o resultado será mais amido, mas os grãos podem quebrar e ficar menos soltos. O sucesso de um risoto depende do equilíbrio.

Ingredientes

O tempo de cozimento de cada ingrediente determina o momento de acrescentá-lo ao arroz. Incorpore os ingredientes de cozimento mais demorado (abóbora, alcachofra, carnes) no início da preparação, e os de cozimento mais rápido (legumes e folhas) ou muito rápido (lagostins, filé de peixe) perto do fim do cozimento. Certos ingredientes de cozimento muito demorado também podem precisar de um pré-cozimento. Também podemos cozinhar certos ingredientes à parte e misturá-los ao risoto no momento de servir.
O corte dos ingredientes, pedaços pequenos ou grandes, depende da preferência por uma mistura mais homogênea com o arroz ou uma mistura que valorize mais cada ingrediente.

Mantecatura

A mantecatura é a fase final do preparo do risoto, que confere a ele toda a sua tipicidade. Uma vez cozido o arroz, acerte o tempero e deixe evaporar o restante do líquido. Apague o fogo. Acrescente a manteiga e misture delicadamente para incorporá-la. Adicione o parmesão ralado ou qualquer outro queijo e mexa bem rapidamente com cuidado para não quebrar os grãos de arroz, que agora são muito frágeis. Tradicionalmente, usamos uma colher furada para causar ainda menos impacto sobre os grãos de arroz.
Em certas regiões da Itália, o risoto é servido mais fluido, ou all'onda (à onda); nesse caso, é preciso realizar a mantecatura acrescentando a manteiga e o queijo ao arroz com um pouco mais de líquido.
De maneira geral, ao fim da mantecatura, o arroz deve estar ligeiramente mais líquido do que queremos ao servi-lo. Finalmente, deixe o arroz descansar com a panela tampada por 2 min.

Serviço

"O risoto nunca espera o convidado, é o convidado que espera o risoto." A frase resume claramente o serviço do risoto, porque esse é um prato que não pode ser preparado com antecedência. Passados os 2 min de repouso, é preciso servir imediatamente, ou o risoto perderá rapidamente a untuosidade e se tornará uma massa compacta. É possível oferecê-lo em um segundo serviço (que nunca estará à altura do primeiro) acrescentando um pouco de caldo quente ao que sobrou e misturando delicadamente.
Para um ótimo resultado, é impossível preparar grandes quantidades de cada vez (não mais que 8 partes ao mesmo tempo). Reconhecemos com facilidade um restaurante que prepara um bom risoto pelo aviso "tempo de serviço de 20 minutos" em relação ao risoto no cardápio. Para acelerar o preparo do risoto, é possível preparar todos os ingredientes com antecedência e deixar o cozimento do risoto em si para a hora de servir.

1

2

Risoto ao espumante ★★

Risotto allo spumante

Para 6 pessoas

Tempo de preparo: 20 minutos
Tempo de cozimento: 20 minutos
Tempo de preparo e cozimento do caldo: 2h10

Ingredientes

Para 2 litros de caldo de carne

2,5 ℓ de água
1 pedaço de carne vermelha ou de ave
1 cenoura
1 talo de aipo
1 cebola
1 alho-poró
1 ramo de salsinha
1 cravo-da-índia
1 folha de louro

Risoto

1 cebola (ou chalota)
80 g de manteiga
2 colheres (sopa) azeite de oliva
500 g de arroz para risoto
500 mℓ de vinho espumante ou prosecco
50 g de parmesão ralado
Sal

Prepare o caldo de carne

Em uma panela, leve para cozinhar 2,5 ℓ de água fria, a carne, a cenoura, o aipo, a cebola, o alho-poró, a salsinha, o cravo, o louro e o sal. Deixe cozinhar por 2 h, coe e devolva ao fogo baixo.

Prepare o risoto

Em uma panela de fundo grosso, refogue a cebola picada em 50 g de manteiga e azeite, sem dourar **(1)**. Quando a cebola ficar transparente, junte o arroz e deixe tostar, rolando bem os grãos por todos os lados. Deglaceie com três quartos do vinho **(2).**
Quando o álcool evaporar completamente, adicione o caldo, uma concha por vez **(3)**, sem nunca cobrir completamente o arroz. Misture bem cada vez que acrescentar o caldo, para, assim, distribuí-lo pela panela de maneira uniforme. Calcule de 16 min a 18 min de cozimento. Acerte o sal. Quando o arroz estiver cozido, acrescente o restante do vinho e misture bem. Desligue o fogo e incorpore o restante da manteiga e o parmesão, misture de novo (ver técnica da mantecatura, p. 91). Sirva imediatamente.

3

● É bom saber

Esta receita do risoto é clássica e sofisticada. Prepare-a com todo tipo de vinhos, que transmitirão seu aroma e sua cor ao risoto. A variação mais conhecida é o risoto ao barolo, o delicioso vinho piemontês.

Ideias de receitas

Risoto à milanesa ›› p. 214
Risoto à trufa branca de Alba ›› p. 199

http://goo.gl/fyB9cG

Risoto primavera ★★

Risotto primavera

Para 6 pessoas

Tempo de preparo: 40 minutos
Tempo de cozimento: 20 minutos
Tempo de preparo e cozimento do caldo: 50 minutos

Ingredientes

Legumes

16 aspargos
2 fundos de alcachofra
1 alho-poró
1 batata
Ramos de salsinha
5 folhas de manjericão
100 g de ervilha debulhada
1 talo de aipo
50 g de manteiga
2 colheres (sopa) de azeite de oliva
280 g de arroz para risoto
500 mℓ de vinho branco
100 g de parmesão
Sal, pimenta-do-reino

Para 1 ℓ de caldo de legumes

100 g de acelga
1 cenoura
1 talo de aipo
1 tomate
1 dente de alho
1 cebola
10 g de sal

Prepare o caldo de legumes

Em uma panela, leve para ferver, por 40 min, 1,5 ℓ de água com a acelga, a cenoura, o aipo, o tomate, o alho, a cebola e o sal. Coe e devolva ao fogo baixo.

Prepare os legumes

Limpe os aspargos. Separe as pontas dos aspargos das hastes. Corte as pontas dos aspargos em dois e as hastes em pedaços. Corte os fundos de alcachofra e o alho-poró em fatias bem finas. Corte a batata em cubinhos. Pique a salsinha e o manjericão.
Branqueie uma parte dos legumes: mergulhe-os em água fervente e salgada. Cozinhe as ervilhas por 3 min, os aspargos e as alcachofras por 1 min e as pontas de aspargos por 30 s.
A água deve ser abundante e não deve parar de ferver nunca.

1

2

Escorra os legumes e mergulhe-os em água fria com pedras de gelo. Quando os legumes esfriarem completamente, seque-os. Em uma panela de fundo grosso, refogue o alho-poró e o aipo em metade da manteiga e 2 colheres (sopa) de azeite, sem dourar **(1)**. Quando ficarem translúcidos, acrescente os cubos de batata e o arroz. Toste-os, rolando bem os grãos para envolvê-los. Deglaceie com o vinho **(2).**

Depois da evaporação do álcool, adicione o caldo concha a concha, sem nunca cobrir o arroz completamente. Misture bem cada concha de caldo para espalhar pela panela de maneira uniforme. Acrescente o restante dos legumes **(3)**. Calcule entre 16 min e 18 min de cozimento. Junte o sal e a pimenta. Retire do fogo e deixe descansar por 1 min.

Incorpore o restante da manteiga. Junte o parmesão ralado e misture novamente, em seguida, acrescente a salsinha e o manjericão.

● É bom saber

Prepare esta receita de risoto de legumes com diferentes legumes e ervas que transmitirão seu sabor e suas cores para o prato.

3

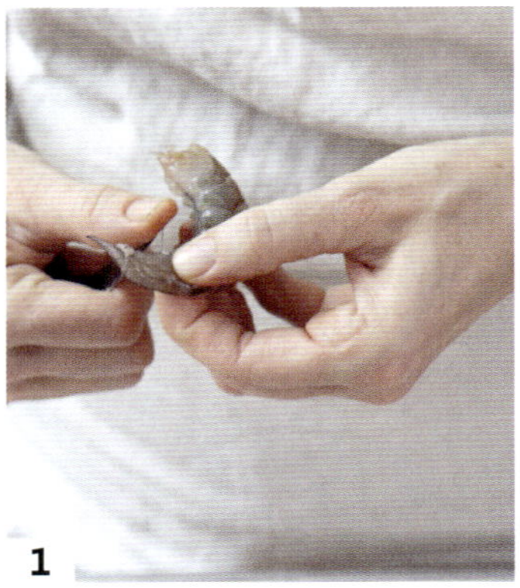

1

2

Risoto de camarão, abobrinha e limão ★★

Risotto gamberi, zucchine e limone

Para 4 pessoas

Tempo de preparo: 30 minutos
Tempo de cozimento: 20 minutos
Tempo de preparo e cozimento do caldo: 30 minutos

Ingredientes

300 g de camarão cru
200 g de abobrinha
1 cebola
1 dente de alho
4 colheres (sopa) de azeite
280 g de arroz para risoto
120 mℓ de vinho branco
Suco de ½ limão-siciliano
Sal, pimenta-do-reino

Caldo de crustáceos

Cascas e cabeças dos camarões
1 talo de aipo
1 cebola
1 cenoura
Folhas de salsinha
1 folha de louro
Suco e zeste de ¼ de limão-siciliano
1 colher (café) de grãos de erva-doce
50 mℓ de brandy
5 g de sal

3

4

Limpe os camarões e reserve as cascas **(1)**

Prepare o caldo de crustáceos
Em uma panela, leve para cozinhar em 1,5 ℓ de água as cascas e cabeças dos camarões, o aipo, a cebola, a cenoura, a salsinha, o louro, os grãos de erva-doce, o brandy e o sal **(2)**. Deixe cozinhar por 20 min, coe e devolva ao fogo brando.

Lave as abobrinhas, corte metade à julienne e pique a outra metade. Pique a cebola e o alho. Em uma panela de fundo grosso, refogue a cebola no azeite, sem dourar. Quando a cebola estiver transparente, junte o alho e a abobrinha picada. Adicione o suco e os zestes de limão-siciliano. Depois de 1 min, junte o arroz e refogue-o, mexendo bem os grãos para envolvê-los. Deglaceie com o vinho. Depois da evaporação do álcool, acrescente o fumet, uma concha por vez **(3)**, sem nunca cobrir o arroz completamente.
Misture bem cada vez que acrescentar o líquido para dividi-lo de maneira uniforme pela panela. Calcule entre 16 min e 18 min de cozimento. Acrescente o sal e a pimenta. Junte as abobrinhas cortadas à julienne e os camarões 3 min antes do fim do cozimento **(4)**. Desligue o fogo e sirva imediatamente.

● É bom saber
Em geral, não acrescentamos parmesão ou outros produtos lácteos às preparações à base de peixe, pois o sabor delicado do peixe é rapidamente encoberto pelo gosto pronunciado dos queijos.

O que fazer com as sobras de risoto?

As receitas clássicas podem ser variadas utilizando-se as sobras de risoto e acrescentando-se ingredientes complementares.

• **Omelete de arroz:** basta juntar 1 ou 2 ovos batidos e levar ao fogo. Pode-se também acrescentar legumes à julienne, fatias ou pedaços de frios e de queijos.

• **Bolachas de arroz:** em uma frigideira, derreta um pouco de manteiga e 1 colher de azeite, adicione o arroz e achate bem. Deixe fritar por 5 min e, com a ajuda de um prato ou uma tampa, vire o arroz e deixe fritar mais 5 min do outro lado.

• **Bolinhos de arroz:** adicione carne picada, 1 colher de farinha e 1 ovo, faça bolinhos, passe em farinha de rosca e frite-os em óleo quente.

• ***Suppli* ou *arancini*:** junte um ovo ao risoto, pegue uma pequena porção, abra na palma da mão, recheie com 1 colher pequena de molho à bolonhesa e um cubinho de queijo (mozarela, scamorza, fontina, etc.). Feche bem em formato de bolinhas, passe-as na farinha de trigo, no ovo batido e na farinha de rosca, e frite.

• ***Timballo*:** unte um refratário com manteiga e alterne camadas de risoto com camadas de queijos e/ou molho à bolonhesa. Podem ser utilizados também tomates frescos, frios ou carne picada. Termine com uma camada de arroz, salpique o parmesão ralado e alguns pedacinhos de manteiga. Leve ao forno a 200 °C por 30 min..

Polentas

Polenta

A polenta é um pilar da alimentação tradicional do nordeste da Itália. Originalmente, era um mingau camponês à base de grão-de--bico, favas ou trigo sarraceno.
O milho chegou da América no século XVI e encontrou lugar naturalmente nessa receita. Tanto que sua cultura fácil e seu rendimento excepcional permitiram erradicar a fome, em particular nas regiões de Trentino e Friul-Veneza Júlia. Nessas regiões, ele ainda é chamado de "grano turco" (grão turco), porque o milho era importado em grande quantidade da Turquia no século XVII.

Diferentes tipos de polenta

• **Polenta amarela:** preparada com fubá amarelo, é a mais clássica, se adapta bem a todo tipo de receita.

• **Polenta branca:** preparada com o fubá branco, é a mais fina, acompanha os pratos mais refinados, como os peixes.

• **Polenta taragna:** preparada com farinha de trigo sarraceno, é mais rústica e bastante rica, é acompanhada pelos molhos bem simples (à base de anchovas ou queijos).

• **Polenta de grão-de-bico ou feijão:** como ainda é preparada no sul da Itália.

• **Polenta de castanha:** preparada com a farinha de castanhas de acordo com a tradição toscana.

Firme ou cremosa?

Existem várias maneiras de se preparar uma polenta: ela pode ser firme ou cremosa. Cozida e servida imediatamente ou cortada em fatias, depois frita, grelhada ou fervida, ou ainda gratinada ao forno e acrescida de outros ingredientes (queijo, manteiga, molho de tomate, carne, etc.).
As diferentes granulometrias da farinha fornecem naturalmente resultados variáveis: uma farinha mais fina produz uma polenta mais untuosa, mas é difícil evitar que empelote. Com uma farinha mais grossa, é mais fácil evitar os grumos, mas a polenta fica mais rústica. A polenta preparada com fubá necessita de um tempo de cozimento bem longo. Considere que não se deve nunca parar de mexer durante todo o tempo de cozimento. Atualmente, é fácil encontrar nos mercados uma farinha para polenta pré-cozida, que resulta em significativo ganho de tempo (5 min contra 45 min a 60 min!). Os resultados obtidos com esses produtos são bem satisfatórios.

Material

A panela tradicional para o cozimento da polenta é a de cobre forjado e é chamada de paiolo, mas também encontramos no mercado paiolo feito de ferro fundido, alumínio revestido de antiaderente, pedra-sabão e até paiolo com um fouet elétrico integrado.
Uma vez cozida, a polenta pode ser transferida para uma prancha de madeira para ser cortada, ou deixada para esfriar e ser cortada em seguida com uma linha de algodão ou uma faca.
A prancha clássica para polenta é circular (fotos nas pp. 98 e 169).

Dicas de preparação

• As quantidades de polenta indicadas correspondem a 1 litro de água, porém, de acordo com o tipo de farinha, a polenta pode precisar de mais ou menos água.

• Acrescente uma colher de azeite à água logo depois de ter misturado a farinha, assim, evita-se a necessidade de mexer constantemente.

• Para evitar os grumos em uma polenta muito fina, misture a farinha à água antes da fervura.

• Use de preferência uma farinha mais grossa (bramata) para uma polenta firme, e uma mais fina (fioretto) para uma polenta mais cremosa.

• Misture a polenta sempre no mesmo sentido (como com a maionese).

• O tempo de cozimento da polenta é muito importante: quanto mais cozida, mais fica saborosa e digestível ela fica.

• Durante o cozimento, formam-se bolhas de ar no interior da massa da polenta, e elas explodem em seguida e durante todo o tempo de cozimento: preste atenção aos respingos que podem queimar!

• Mantenha à disposição mais 250 mℓ de água fervente para o caso de a polenta ficar grossa demais.

• A polenta pode ser cozida na panela de pressão. Depois de misturar a farinha à água, feche a panela e deixe cozinhar por 20 min. Desligue o fogo e deixe sair a pressão, abra a panela e mexa vigorosamente antes de servir.

• Para evitar a necessidade de mexer o tempo todo durante o cozimento, também é possível cozinhar a polenta em banho-maria, o tempo de cozimento será mais longo.

1

Polenta tradicional ★★

Polenta tradizionale

Para 4 a 6 pessoas

Tempo de preparo: 10 minutos
Tempo de cozimento: 45 a 60 minutos

Ingredientes

Farinha de milho branco ou amarelo
1 ℓ de água
1 colher (sopa) de sal
300 g de farinha de trigo (sêmola ou fubá) para uma polenta mais firme (ou 200 g para uma polenta mais macia)

Ferva a água em uma panela, acrescente o sal e a farinha e mexa sem parar com um fouet para evitar a formação de grumos **(1)**. Cozinhe em fogo brando de 45 min a 60 min sem parar de mexer (depois da fase inicial, o fouet pode ser substituído por uma colher de pau) **(2)**. A polenta está cozida quando se desprende das bordas da panela e forma uma massa única. Despeje a massa sobre a prancha para polenta para deixar endurecer **(3)**. (Foi utilizada a farinha branca de milho nas fotos.)

2

3

1

2

Polenta rápida ★

Polenta rapida

Para 4 a 6 pessoas
Tempo de preparo: 10 minutos
Tempo de cozimento: 5 minutos

Ingredientes
Farinha de milho pré-cozida
1 ℓ de água
1 colher (sopa) de sal
300 g da farinha para uma polenta mais firme
(ou 200 g para uma polenta mais macia)

Ferva a água em uma panela, acrescente o sal e retire do fogo. Acrescente a farinha pré-cozida em chuva e mexa sem parar com um fouet, para evitar a formação de grumos **(1)**. Devolva ao fogo e deixe cozinhar por alguns instantes (ver o tempo na embalagem) sem parar de mexer **(2)**. A polenta está cozida quando se desprende das bordas da panela e forma uma massa única.

Despeje a massa sobre uma prancha para polenta para deixar endurecer **(3)**.

3

1

Polenta de farinha de trigo sarraceno ★★

Polenta taragna

Para 4 a 6 pessoas
Tempo de preparo: 10 minutos
Tempo de cozimento: 1 hora

Ingredientes
1 ℓ de água
1 colher (sopa) de sal
300 g de farinha de trigo sarraceno
100 g de manteiga
200 g de queijo tomme ou raclete (tradicionalmente é utilizado o bitto, um queijo da Valtellina)

Ferva a água em uma panela, acrescente o sal e despeje a farinha em chuva. Mexa sem parar com um fouet, para evitar a formação de grumos **(1)**.

Cozinhe em fogo brando por 50 min sem parar de mexer (depois da fase inicial, o fouet pode ser substituído por uma colher de pau). Adicione a manteiga e o queijo em pedaços e cozinhe por mais 5 min **(2, 3)**. Sirva imediatamente em pratos quentes.

2

3

1

2

Polenta de farinha de castanha ★

Polenta alla farina di castagne

Para 4 a 6 pessoas
Tempo de preparo: 10 minutos
Tempo de cozimento: 30 minutos

Ingredientes

1 ℓ de água
1 colher (sopa) de sal
1 colher (sopa) de azeite de oliva
300 g de farinha de castanha

Ferva a água em uma panela, acrescente o sal e o azeite. Despeje a farinha em chuva. Mexa sem parar com um fouet, para evitar a formação de grumos **(1)**.

Cozinhe em fogo brando por 30 min sem deixar de mexer (depois da fase inicial, o fouet pode ser substituído por uma colher de pau) **(2)**.

Ao final do cozimento, mexa vigorosamente **(3)** e despeje imediatamente sobre uma prancha para polenta para deixar endurecer. Acompanhe com queijos frescos, frios, linguiças, arenques ou um molho à base de carne ou cogumelos frescos.

3

Diferentes maneiras de servir polenta

A polenta que fica cremosa em geral é servida diretamente em pratos e coberta de um molho que a acompanha.

Com consistência mais firme, podemos despejá-la sobre uma prancha de madeira para polenta, alisar e deixar endurecer (conte cerca de 30 min, mais ou menos), depois corte-a em fatias de 1 cm a 2 cm. As fatias podem ser saboreadas imediatamente ou cozidas pela segunda vez.

• **Polenta grelhada (grigliata) (1)**
Disponha as fatias de polenta sobre uma grelha ou em uma frigideira, ligeiramente untada com óleo e preaquecida, e grelhe por 2 min de cada lado.

• **Polenta ao forno (al forno)**
Arrume as fatias de polenta sobre uma folha de papel-manteiga em uma assadeira. Leve ao forno a 250 °C até que fiquem bem douradas (cerca de 5 min).

• **Polenta frita (fritta) (2)**
Frite as fatias de polenta em óleo a 180 °C. Elas estão bem fritas quando ficarem bem douradas. Escorra-as sobre papel absorvente. A massa também pode ser cortada em palitos.

• **Nhoque de polenta (gnocchi di polenta)**
Mergulhe a polenta cortada em cubos em água fervente e salgada. Escorra os que subirem à superfície e tempere-os com manteiga derretida e queijo ralado (parmesão ou ricota dura).

Sugestões de acompanhamento

• **Com camarões (alla friulana):** tempere uma polenta cremosa com camarões salteados em manteiga com alho, salsinha e cogumelos-de-paris.

• **Com linguiça (*alla romana*):** em uma panela, refogue cebola com azeite, alho e salsinha picados, acrescente as linguiças e doure. Deglaceie com vinho branco e acrescente molho de tomate; depois, deixe cozinhar por 15 min. Sirva com uma polenta cremosa, dividida entre pratos quentes e salpicada com queijo pecorino ralado.

• **Com toucinho (pancetta):** em um recipiente de serviço, alterne camadas de polenta cremosa com queijo e pancetta refogada com manteiga e sálvia.

• **Com cebola (alla trentino):** tempere a polenta grelhada com cebola refogada com azeite, alecrim, sal e pimenta.

• **Com bacalhau (alla vincentina):** todas as preparações à base de bacalhau combinam bem com polenta (ver bacalhau à Vicentina, p. 249)

• **Polenta e aves (alla bergamasca):** cozinhe aves (codornas ou tordos) por 20 min em uma frigideira com manteiga e sálvia, sirva com seu suco e uma polenta cremosa, dividida entre pratos quentes. Também pode ser servida com aves cozidas no espeto.

• **Com molho à bolonhesa (ragù) de carne de vaca ou javali:** sirva uma polenta cremosa em pratos quentes acompanhada pelo molho e parmesão ralado.

• **Com gorgonzola (à milanesa)**: depois de cozida a polenta firme, despeje metade dela em uma tábua de madeira, espalhe sobre ela pequenos pedaços de gorgonzola e algumas bolinhas de manteiga, cubra com a outra metade da polenta e sirva imediatamente.

• **Polenta à moda do vale de Côme (uncia):** alterne, em um recipiente de serviço, camadas de polenta cremosa com camadas de parmesão ralado e cebolas refogadas com manteiga e sálvia.

• **Polenta com queijos (especialidade de Oropa no Piemonte e do Vale d'Aosta)**: após 30 min de cozimento da polenta, acrescente 250 g de queijos (mistura de gorgonzola, fontina e tomme) cortados em cubos, termine o cozimento e incorpore 100 g de manteiga derretida. Adicione mais 100 g de queijos em cubos e misture bem. Retire do fogo e sirva imediatamente.

• **Com cogumelos porcini:** corte cogumelos frescos em lâminas e refogue-os com azeite, alho e salsinha. Adicione sal, pimenta e deglaceie com vinho branco. Sirva sobre fatias de polenta grelhada.

2

1

2

3

Polenta temperada e gratinada ★

Polenta pasticciata

Para 8 pessoas

Tempo de preparo: 45 minutos
Tempo de cozimento: 30 minutos

Ingredientes

300 g de carne picada
2 linguiças chipolatas
100 g de manteiga
1 cebola
1 cenoura
1 talo de aipo
30 g de cogumelos secos (deixe de molho em água por 10 min)
100 g de bochecha de porco
250 mℓ de vinho branco
250 g de tomate pelado
100 g de presunto cru
1 receita de polenta resfriada sobre tábua de madeira
200 g de gruyère ralado
50 g de parmesão
Sal

Doure a carne picada e a linguiça em uma panela com metade da manteiga. Lave, descasque e pique os legumes. Incorpore-os à panela. Acrescente os cogumelos reidratados e a bochecha de porco picada, deixe refogar e deglaceie com o vinho. Junte o tomate pelado e 100 mℓ de água, acrescente o sal e deixe esse molho ferver por 15 min. Corte o presunto cru em fatias bem finas. Em um refratário untado com manteiga, alterne camadas de polenta com o molho **(1)**. Cubra cada camada de molho com o gruyère ralado e o presunto cru **(2).** Termine com uma camada de polenta, salpique o parmesão ralado e espalhe alguns quadradinhos de manteiga **(3)**. Leve ao forno por 30 min a 180 °C.

Outra versão tradicional e mais leve consiste em substituir a linguiça e a carne por vitela e miúdos de frango (fígado e coração).

Frituras

Fritura

A Itália tem uma coleção de receitas tradicionais de frituras cujos componentes variam de uma região a outra. A variedade de ingredientes – carne, peixe, legumes – é uma constante. Também existem numerosas receitas de pães e pizzas fritas, além de rosquinhas doces.

Dicas de preparação

Diferentes tipos de fritura

Use um óleo que não ultrapasse a temperatura "crítica" do ponto de fumaça para evitar a ruptura das moléculas de gordura (pirólise). Esse fenômeno que produz os maus odores transmite um sabor desagradável aos produtos e gera substâncias tóxicas. É preciso, portanto, evitar os óleos ricos em gorduras poli-insaturadas, que são instáveis e tornam-se cancerígenos em temperatura elevada. Em certos países, esses óleos são explicitamente desaconselhados para a fritura. Em especial o óleo de girassol.

A escolha de um bom óleo para a fritura é fundamental em função do ponto de fumaça, diferente para cada óleo.

O azeite de oliva é o mais estável, contém antioxidantes naturais, não tem mais que 10% de gorduras poli-insaturadas e seu ponto de fumaça é mais ou menos 210 °C. No entanto, seu sabor é um pouco forte para certos produtos, e ele tem o inconveniente de ser caro. O ponto de fumaça do óleo de girassol está em torno de 130 °C (65% de gorduras poli-insaturadas); do óleo de milho, 160 °C (60% de gorduras poli-insaturadas) e do óleo de amendoim, 180 °C (30% de gorduras poli-insaturadas). Existem também os óleos próprios para frituras que são tratados para resistir à alta temperatura. Entre eles estão o óleo refinado de palmeira (240 °C), muito utilizado na restauração do óleo vegetal modificado que é, em geral, um óleo de girassol acrescido de gordura vegetal fracionada (os chamados óleos "para fritura"). A banha de porco também é muito estável para fritura (260 °C) e, portanto, muito empregada (especialmente na confeitaria). Dependendo do que será frito, o azeite de oliva e o óleo de amendoim são as melhores escolhas para uso doméstico. A manteiga clarificada também pode ser uma alternativa.

Indicações para uma fritura mais saudável

Para uma fritura mais saudável, é ideal trocar o óleo a cada fritura, ou usá-lo, no máximo, duas vezes.

Filtre o óleo entre uma fritura e outra e elimine os fragmentos que podem queimar no aquecimento seguinte (um óleo que serviu para fritar batatas terá mais longevidade que um usado para frituras empanadas).

Guarde o óleo em recipiente fechado, ao abrigo da luz e do ar para evitar a oxidação e por não mais que 2-3 semanas.

Para evitar que o óleo queime, é bom utilizar sempre uma grande quantidade (pelo menos 3 vezes o volume de produtos a serem fritos) e, uma vez atingida a temperatura desejada, não o deixe aquecer por muito tempo sem nada, mergulhe mesmo que seja um pedaço de pão.

A temperatura de uma fritura não deve nunca ultrapassar os 180 °C.

A degradação do óleo se percebe pelos seguintes sinais: escurecimento, odor e sabor desagradáveis, fumaça, surgimento de uma espuma persistente, aumento da viscosidade, produtos mais engordurados e que não escorrem tão bem o óleo.

Temperaturas do óleo em função do produto

Quanto menor o alimento que será frito, mais alta deve ser a temperatura da fritura. De acordo com os produtos, ela varia entre 140 °C e 180 °C. Se a temperatura não for suficientemente alta, a umidade do alimento não evapora e a fritura não ficará crocante. Para obter uma fritura bem crocante e não encharcada, é preciso fritar o mínimo de produtos por vez. A temperatura escolhida deve permanecer constante.

180 °C: peixes e legumes pequenos, alimentos pré-cozidos, camarões, miúdos e congelados.

160 °C a 170 °C: carnes e peixes empanados, doces e legumes.

150 °C: galinha e coelho em pedaços pequenos, peixes inteiros e todos os alimentos que precisam de um cozimento mais longo.

Como preparar os produtos para fritar?

Os alimentos devem estar em temperatura ambiente e secos. Evite acrescentar sal ou especiarias que podem acelerar a alteração do óleo e desprender empanados. Quando escorrer os alimentos, coloque-os imediatamente sobre papel absorvente e não cubra. Sirva imediatamente. Os primeiros alimentos fritos devem ser guardados no forno quente e retirados quando a preparação estiver finalizada.

Qual material usar?

Uma fritadeira elétrica é ideal para o controle preciso da temperatura. Também são apropriadas a frigideira ou uma panela com peneira. Para escorrer a fritura, o melhor é utilizar uma peneira, que não retém óleo como pode reter uma escumadeira. Na falta de fritadeira elétrica, é possível utilizar um termômetro de imersão ou infravermelho.

Como evitar os maus odores?

Adicione pedaços de batata, ramos de salsinha fresca ou grãos de coentro ao óleo da fritura, e troque-os regularmente, isso vai amenizar os odores.

Tempos de fritura

O tempo de fritura varia de acordo com a natureza e a dimensão da peça a ser preparada. Em geral, consideramos que um produto está pronto quando ele fica dourado e sobe à superfície.

1

2

3

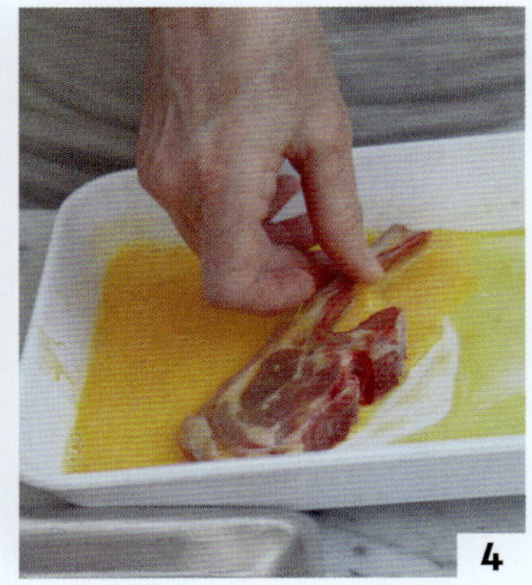
4

Mix de carnes e legumes ★★

Fritto misto di terra

O mix de frituras é um prato tradicional do Piemonte, e é preparado com uma grande variedade de produtos "da terra": carnes, legumes e na versão doce. Outro tipo de mix é o fritto misto à bolonhesa, com uma seleção de ingredientes ainda mais rica (charcutarias, frutas, flores de acácia, etc.); à romana, com uma seleção menor (principalmente miúdos e alcachofras); à milanesa à base de carnes cozidas; e à Ligúria, composto essencialmente de legumes e peixe.

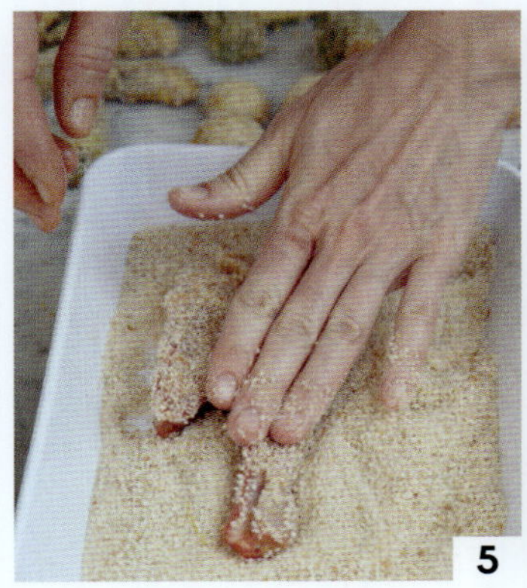
5

6

Para 6 pessoas

Tempo de preparo: 1 hora
Tempo de fritura: 25 minutos
Tempo de resfriamento da sêmola: 1 a 2 horas

Ingredientes

400 mℓ de leite
Zeste de 1 limão-siciliano
160 g de açúcar
100 g de farinha de sêmola fina
500 g de legumes sortidos (berinjela, abobrinha, flor de abobrinha, cogumelo fresco, alcachofra, repolho, brócolis)
500 g de carnes sortidas (moleja de vitela, miolo, escalope e fígado de vitela, linguiça, coxinha de frango, costeleta e bisteca de porco, costeleta de cordeiro, perna de rã)
6 biscoitos amaretti macios
1 maçã em fatias
4 ovos
250 g de farinha de pão (rosca)
Azeite de oliva ou óleo de amendoim para fritar
Sal

Prepare a massa de sêmola
Leve o leite para ferver com o zeste de limão e o açúcar. Adicione a sêmola sem parar de mexer com um fouet **(1)**. Deixe cozinhar alguns minutos **(2)** e despeje sobre uma superfície plana **(3)**. Deixe esfriar e corte em losangos.

Lave os legumes e corte-os em pedaços.
Corte as peças de carne em pedaços.
Passe todos os ingredientes, inclusive a sêmola, os amaretti e os pedaços de maçã nos ovos batidos **(4)** e, depois, na farinha de pão **(5)**.
Frite **(6)** em óleo a 165 °C até que tudo fique bem dourado (8 min a 12 min para as carnes, 3 min para os legumes, 2 min para os doces).
Escorra em papel absorvente e salpique o sal.
Sirva imediatamente.

● Dica do chef
Para deixar o empanado mais leve, utilize apenas as claras dos ovos, batidas.

Mix de peixes e crustáceos ★

Fritto misto di mare

O peixe frito é uma receita muito difundida na Itália, quase todos os restaurantes a servem.
Ela pode ser feita com crustáceos (lulas e camarões), peixes ("di paranza"), ou ser mista.

Para 6 pessoas
Tempo de preparo: 30 minutos
Tempo de fritura: 12 minutos

Ingredientes
800 g de peixe (tainha, carapau, linguados pequenos, cavalas pequenas, anchovas)
200 g de camarões
200 g de anéis de lula
Farinha de trigo ou farinha de sêmola de grano duro, o suficiente
Azeite de oliva ou óleo de amendoim para fritar
1 limão-siciliano
Sal

Lave cuidadosamente os peixes e os crustáceos e escorra-os. Passe-os por pouca farinha de trigo **(1, 2)**, sacuda para eliminar o excesso e frite-os **(3)** em óleo ou azeite a 175 °C até que fiquem bem dourados (2 min para os camarões, 4 min para as lulas e peixes pequenos). Escorra-os sobre papel absorvente e salpique o sal **(4)**.
Sirva imediatamente com os quartos de limão.

● **Dica do chef**

Para uma fritura mais leve, utilize um mínimo de farinha. Ponha os ingredientes em um saco com uma colher de farinha, feche o saco e sacuda.
Outra alternativa é passar a farinha por uma peneira sobre os ingredientes. Ela é usada somente para eliminar toda a umidade da superfície dos ingredientes.
Salpique a fritura de salsinha picada antes de servir.
Acrescente lagostins, lulas pequenas, polvos (moscardini) inteiros e siri-mole.

1

2

3

4

1

2

Sanduíche frito de mozarela ★

Mozzarella in carrozza

Em italiano, o nome deste prato é algo como "mozarela em carruagem". É um prato napolitano feito para aproveitar a mozarela que não está mais muito fresca e suculenta.

Para 4 pessoas

Tempo de preparo: 30 minutos
Tempo de pausa: 1 hora
Tempo de fritura: 5 minutos

Ingredientes

250 g de mozarela em fatias
8 fatias de pão de fôrma
2 ovos
150 mℓ de leite
3 colheres (sopa) de farinha de trigo
Azeite de oliva ou óleo de amendoim para fritar
Sal

Escorra a mozarela e deixe-a por 1 h ao ar livre.
Corte-a em quatro fatias de cerca de 1 cm de espessura.
Retire a casca das fatias de pão. Ponha os pedaços de queijo sobre quatro fatias de pão.
Cubra com as outras fatias de pão e feche bem.
Bata os ovos com o leite. Mergulhe as bordas dos sanduíches na água e enfarinhe para evitar que o queijo escorra durante o cozimento.
Em seguida, envolva com o ovo batido encharcando o pão o máximo possível **(1)**. Deixe descansar por alguns minutos e frite em óleo a 180 °C até que fiquem bem dourados **(2)** (mais ou menos 5 min), escorra em papel absorvente e salpique o sal **(3)**. Sirva imediatamente.

3

● Dica do chef

Substitua o pão de fôrma por pão italiano de 1 ou 2 dias.
Adicione um filé de anchova em óleo ao queijo.
A mozarela à milanesa é preparada fritando-se as fatias de queijo depois de passá-las em ovo batido e farinha de pão. Em seguida, elas recebem o sal e o orégano salpicados.

Pães e pizzas fritos ★

Figattole e pizzelle

Os pães, as pizzas e os pastéis são frituras muito saborosas à base de massa de pão, temperados ou não. Essas frituras são muito boas para servir com antepastos.
As pizzelle, muito conhecidas como "comida de rua" no sul, são mostradas pela atriz Sophia Loren no filme *O ouro de Nápoles*, de Vittorio De Sica.

Para 4 pessoas

Tempo de preparo: 20 minutos
Tempo de pausa: 2 horas
Tempo de fritura: 10 a 12 minutos

Ingredientes

15 g de fermento biológico fresco para pão
100 mℓ de água
1 colher (café) de açúcar mascavo
180 g de farinha de trigo
Azeite de oliva ou óleo de amendoim para fritar
Sal

Pães fritos

Dilua o fermento na água com o açúcar mascavo **(1)** e acrescente a farinha com o sal. Amasse bem **(2)**.
Quando formar uma bola lisa e homogênea, deixe-a crescer por 1 h coberta com um pano **(3)**.
Destaque pequenas bolas de massa **(4)**.
Abra a massa em uma espessura de mais ou menos 0,5 cm, corte os losangos de mais ou menos 10 cm e faça um corte no meio **(5)**.
Frite em óleo a 170 °C até que fiquem levemente dourados (2 min a 3 min) **(6)**.
Escorra-os sobre papel absorvente e salpique o sal.
Sirva esses figattole bem quentes com produtos da charcutaria e queijos.

Pizzas fritas

Para preparar as pizzas fritas (pizelle), faça a massa, deixe crescer e corte-a em pequenos discos.
Frite os discos e cubra-os com uma colher de sopa de molho de tomate, parmesão ralado e manjericão ou filés de anchova, alcaparras e orégano.

1

2

3

4

5

6

1

2

3

4

5

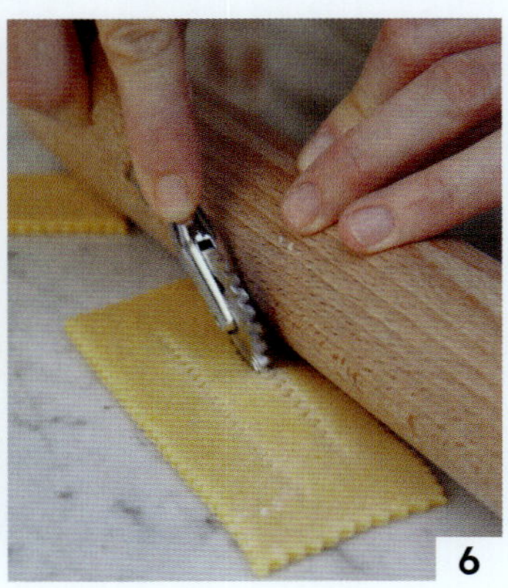
6

Frituras doces ★

Chiacchere

Muito difundidas nas festas de Carnaval, as frituras doces têm um nome diferente em cada região: cenci (farrapo), chiacchere (bate--papo), galani (tiras) ou bugie (contos) são alguns nomes mais comuns para a mesma receita.

Para 6 pessoas

Tempo de preparo: 20 minutos
Tempo de pausa: 30 minutos
Tempo de fritura: 4 a 6 minutos

Ingredientes

300 g de farinha de trigo (T45)
50 g de açúcar
2 ovos
20 g de manteiga derretida
1 fava de baunilha ou zeste de 1 limão-siciliano
1 colher (sopa) de bebida alcoólica (marsala, vinho doce ou grappa)
Banha para fritar
Açúcar de confeiteiro

Misture a farinha e o açúcar. Acrescente os ovos e a manteiga derretida **(1)**. Misture até obter uma massa lisa e homogênea **(2, 3)**.
Envolva com um pano e deixe descansar por 30 min.
Com a ajuda de um rolo, abra a massa em uma espessura de mais ou menos 2 mm **(4)** e corte em lâminas, retângulos ou losangos com um carretel de massa **(5)**.
Faça 2 cortes no meio **(6)**.
Frite cada pedaço em banha a 180 °C até que fiquem ligeiramente dourados (mais ou menos 2 min). Escorra em papel absorvente e sirva salpicado de açúcar de confeiteiro.

Peixes e frutos do mar

Peixes inteiros

Os restaurantes italianos de peixes, frequentemente, apresentam uma seleção de peixes fritos como entrada, com a opção de produtos que serão preparados na hora. Cada vez mais os vendedores de peixe também anexam um pequeno restaurante à sua loja.
O peixe servido inteiro ainda é muito difundido na Itália. Essa é a maneira mais gratificante de prepará-lo quando estiver bem fresco.

Dicas de preparação

Algumas precauções antes de preparar o peixe
• Escolha um peixe brilhante, firme, com as brânquias bem vermelhas, os olhos transparentes, redondos e proeminentes. O cheiro de mar deve ser delicado.
• Antes de preparar um peixe, lave-o sempre em água limpa e seque-o.
• Para o preparo em churrasqueira ou em crosta de sal, deixe as escamas.
• Para os peixes assados, se tiverem mais de 700 g, faça cortes na diagonal em toda a volta para que possa ser cozido por dentro.
• É melhor conservar o peixe, que perde sua fragrância muito depressa, pelo menor tempo possível. O peixe fresco inteiro deve ser conservado em geladeira para ser consumido mais tarde, se estiver limpo, lavado, seco e embalado em papel, dentro de uma caixa de inox ou plástico.
• Se vai preparar um peixe inteiro que esteja congelado, descongele-o completamente e enxágue-o bastante antes de cozinhar.

Tempere bem
• Para realçar o sabor de peixes preparados em forno ou na churrasqueira, pode-se mariná-los previamente com os temperos de sua preferência (azeite de oliva com louro, erva-doce fresca, alecrim e alho, cebolas, etc.). Cozinhe imediatamente com esses temperos, aos quais podem-se acrescentar legumes (batatas, tomates, alcachofras, erva-doce, cogumelos, etc.) que serão o acompanhamento. Para os peixes ao forno, você também pode acrescentar, no momento de assar, alguns moluscos e/ou crustáceos.
• Para concentrar os aromas, o peixe pode ser embalado com os temperos e legumes em papel-manteiga ou papel-alumínio.
• Para realçar o sabor dos peixes cozidos no vapor ou em fervura, tempere a água do cozimento com zeste de limão, uma cenoura, uma cebola, um talo de aipo, salsinha, alho, louro, sal e vinho branco.

Supervisione o cozimento
• Quando se cozinha um peixe inteiro em água fervente, é preciso mergulhá-lo na panela com os temperos e a água fria. O fogo não deve ser muito forte (para não desmanchar o peixe, que é muito frágil para esse tipo de cozimento). Para uma peça pequena, o peixe é cozido assim que a água entra em ebulição. Ou então, conte 10 min para 500 g. A melhor maneira de acompanhar um peixe cozido em água é uma simples maionese.
• Os olhos do peixe permitem controlar o grau de cozimento: ficam completamente brancos e opacos quando cozidos.

Peixe em crosta de sal ★★

Pesce al sale

Esta receita ressalta o sabor delicado da carne do peixe. O sal forma uma crosta que envolve o peixe e encerra todos os perfumes até o momento da degustação.

Para 4 pessoas
Tempo de preparo: 20 minutos
Tempo de cozimento: 45 minutos

Ingredientes
1 peixe de 1,2 kg em média (robalo, dourado, sargo, pargo, etc.)
2,5 kg de sal grosso
Azeite de oliva
Limão-siciliano

Para o cozimento em crosta de sal, é necessário limpar o peixe sem remover as escamas.
Sobre um refratário, espalhe uma camada grossa de sal, ponha o peixe sobre ela e cubra-o com outra camada grossa de sal (mais ou menos 2 cm) **(1)** e bem fechada **(2)**. Cozinhe por 45 min em forno preaquecido a 200 °C (deixe 30 min para um peixe de 400 g e 1 h para um peixe de 1,5 kg). Sirva com o azeite e o limão à disposição dos convidados **(3)**.

● **Dica do chef**
O peixe em crosta de sal pode ser temperado introduzindo-se os temperos em sua barriga (alecrim, louro, alho, salsinha, zeste de cítricos, etc.).

1

2

3

1

2

Peixe em água maluca ★★

Pesce all'acqua pazza

O peixe "em água maluca" é uma receita típica do sul da Itália. Ele é cozido em um caldo em que adicionam tomate e diferentes temperos. Esta é uma receita muito simples, preparada, principalmente, com o peixe pezzogna (besugo), mas que se adapta bem ao preparo de vários peixes.

Para 4 pessoas

Tempo de preparo: 30 minutos
Tempo de cozimento: 20 minutos

Ingredientes

1 peixe de 1,2 kg ou 2 peixes de 600 g (salmonete, besugo, umbrino, pargo, etc.)
2 dentes de alho
1 talo de aipo
1 cenoura
150 mℓ de azeite de oliva
250 mℓ de vinho branco
300 g de tomate-cereja cortado em quartos
1 pimenta vermelha
4 ramos de salsinha
Sal

Em uma panela de tamanho médio, ponha o peixe limpo **(1)** com todos os ingredientes e 2 copos de água. Cozinhe em fogo moderado. Retire quando o peixe estiver cozido (cerca de 20 min, a partir do começo da fervura) **(2)** e sirva com o caldo do cozimento e os tomates. O peixe está cozido quando os globos oculares ficam completamente brancos.

1

2

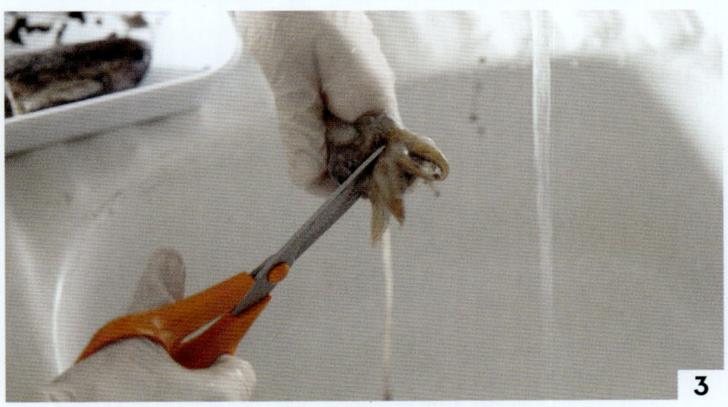

3

4

Moluscos, amêijoas e crustáceos

Limpeza e extração da tinta

Separe a cabeça dos tentáculos. Levante a pele que envolve o topo da cabeça e os olhos. Corte uma tampa no topo da cabeça e retire a parte interna com cuidado para não romper a bolsa de tinta. Você vai reconhecer a bolsa de tinta no fundo da tampa por sua cor negra **(1)**, separe-a do resto e ponha para cozinhar em uma panela pequena de vidro. Enxágue a parte branca do molusco e deixe-a sobre papel absorvente. Corte os tentáculos logo abaixo dos olhos **(2)**, remova o bico de cartilagem que fica no meio dos tentáculos **(3)**, enxágue bem.

http://goo.gl/F8nv5V

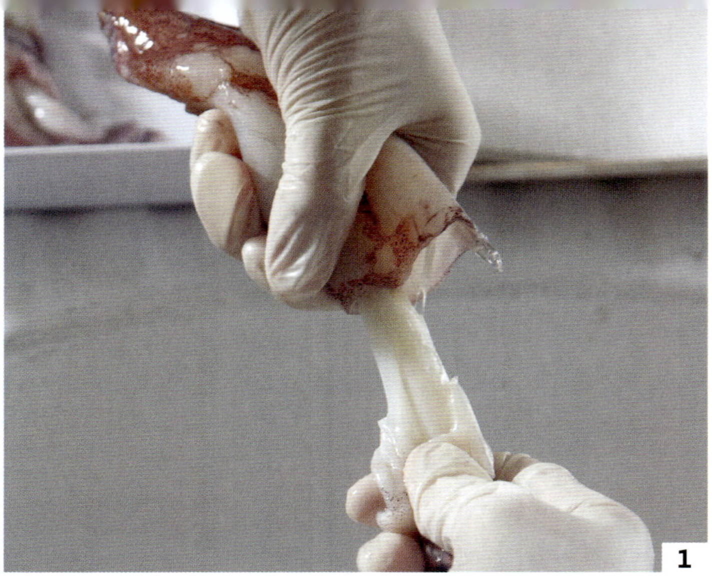
1

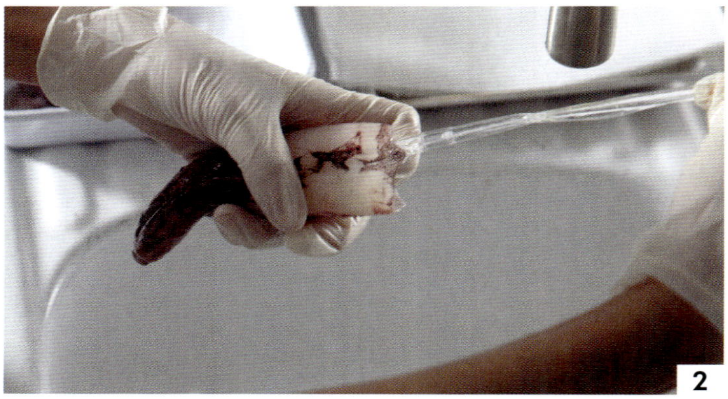
2

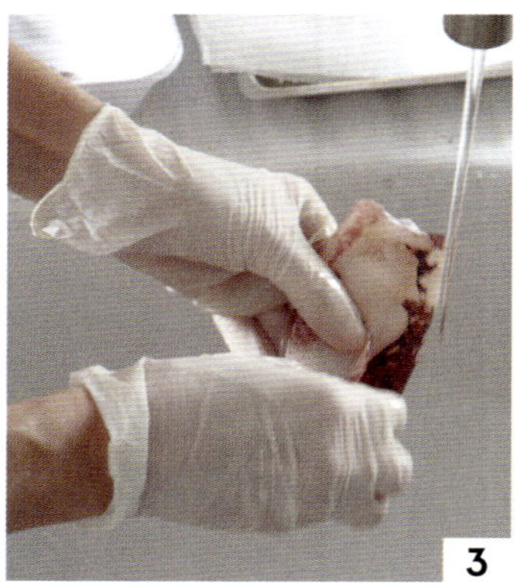
3

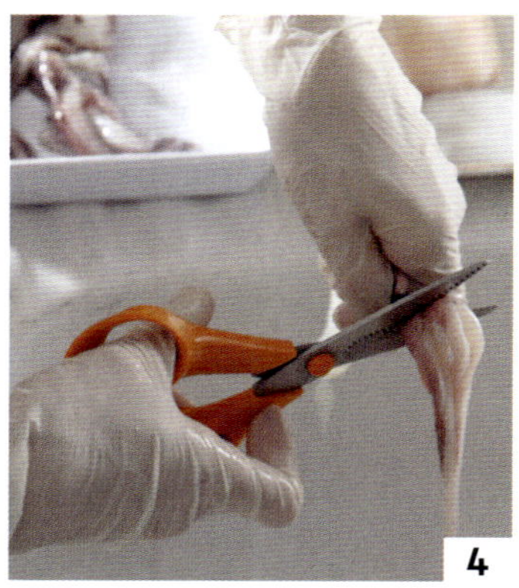
4

Limpeza da lula
Para fazer a limpeza, separe o corpo da cabeça com os tentáculos **(1)**. Escorra a lula e retire o osso (a pena) **(2)**, que é uma cartilagem transparente. A tinta não tem nenhum interesse gastronômico. Pode-se conservar a cabeça das lulas para o recheio, por exemplo. Passe-as em água e retire a pele **(3)**. Com a ajuda de uma tesoura, corte os tentáculos bem abaixo dos olhos **(4)**. Enxágue bem.

Limpeza do polvo
Pegue a bolsa, enxágue e devolva à posição inicial. Remova os olhos com a ajuda de uma tesoura e retire o bico que fica no meio dos tentáculos. Enxágue e seque com papel absorvente. A limpeza é a mesma para os moscardini (polvo almiscarado), que são os polvos de pequeno porte reconhecidos por uma fileira de ventosas sob os tentáculos, no lugar das duas fileiras dos outros polvos.

Limpeza do ouriço e extração das ovas
Vire o ouriço e, com a ajuda de uma tesoura, corte todo o perímetro em torno da pequena abertura para criar uma tampa que possa ser puxada **(1)**. Com uma colher, retire as ovas (amarela/alaranjada) delicadamente **(2)** e ponha em um copo (cuidado, o contato com água doce pode derretê-la) **(3)**. Reserve.

1

2

3

Mexilhões e lulas ao tomate ★

Zuppetta di cozze

A zuppetta é uma receita à base de conchas e crustáceos que se apresenta como uma sopa de peixe, mas com bem menos caldo. É servida com fatias de pão grelhado.

Para 4 pessoas
Tempo de preparo: 30 minutos
Tempo de cozimento: 25 minutos

1

2

3

4

5

6

7

8

Ingredientes

8 fatias de pão de campanha
Azeite de oliva, o suficiente
1 kg de moluscos
400 g de lulas limpas
250 mℓ de vinho branco
4 dentes de alho
1 pimenta vermelha
400 g de tomate pelado
Salsinha

Passe o azeite sobre as fatias de pão e leve-as para grelhar. Limpe os mexilhões e as lulas. Ponha os mexilhões em uma panela e leve ao fogo baixo com azeite e um pouco do vinho branco **(1)** até que as conchas se abram (cerca de 10 min).
Reserve em lugar quente. Filtre o caldo **(2, 3)**.
Em outra panela, refogue o alho com casca com o azeite e a pimenta esmagada **(4)**.
Acrescente as lulas, deixe-as grelhar levemente e deglaceie com o resto do vinho branco **(5)**. Quando o vinho evaporar, junte o tomate pelado **(6)**, o sal e a salsinha picada. Cozinhe por 5 min.
Misture na panela quente o molho com os mexilhões e seu caldo peneirado **(7)**.
Sirva sobre as fatias de pão grelhado. Decore com alguns ramos de salsinha **(8)**.

● Dica do chef
Adicione a esta receita outros tipos de conchas e/ou crustáceos (camarões, lagostins, etc.). Experimente também a versão sem tomate (in bianco, na Itália).

Salada de frutos do mar ★

Insalata di mare

Para 4 pessoas

Tempo de preparo: 40 minutos
Tempo de cozimento: 30 minutos

Ingredientes

400 g de mexilhões
200 g de lulas
100 g de amêijoas
Azeite de oliva
3 dentes de alho
Salsinha, o suficiente
1 cenoura
3 talos de aipo
1 limão-siciliano
1 folha de louro
4 camarões gigantes
4 lagostins
Sal, pimenta moída na hora
100 g de feijão rajado (borlotti) cozido (opcional)

Limpe as conchas. Em uma panela, leve os mexilhões e as amêijoas ao fogo alto com o azeite, um dente de alho amassado e um ramo de salsinha e ferva até as conchas se abrirem. Deixe esfriar.
Lave e descasque os legumes. Limpe as lulas. Leve para ferver 2 ℓ de água com a cenoura, 1 talo de aipo, zeste de 1 limão, a folha de louro, um dente de alho, um ramo de salsinha. Deixe cozinhar por 10 min **(1)**.
Mergulhe as lulas, os camarões e os lagostins. Depois de 1 min de cozimento, retire os crustáceos e escorra.
Espere mais 2 min e escorra também as lulas. Prepare um citronnette (molho de limão) com azeite, sal, pimenta e suco de limão.
Pique a salsinha com o alho.
Retire das conchas ¾ dos produtos e leve a uma tigela. Despeje sobre eles um pouco de citronnette **(2)**. Retire as cascas dos camarões e dos lagostins, corte-os em dois no sentido do comprimento. Tire as tripas e adicione os camarões na tigela.
Corte as lulas em anéis (se forem pequenas, deixe-as inteiras) e junte-as, com seus tentáculos, aos outros frutos do mar **(3)**.
Se quiser, acrescente também os feijões. Tempere tudo com o resto do cittronette, o alho, a salsinha picada, o sal e a pimenta **(4)**. Misture bem. Decore com as conchas que ficaram inteiras. Sirva frio com as fatias de pão grelhado.

1

2

3

4

1

2

3

4

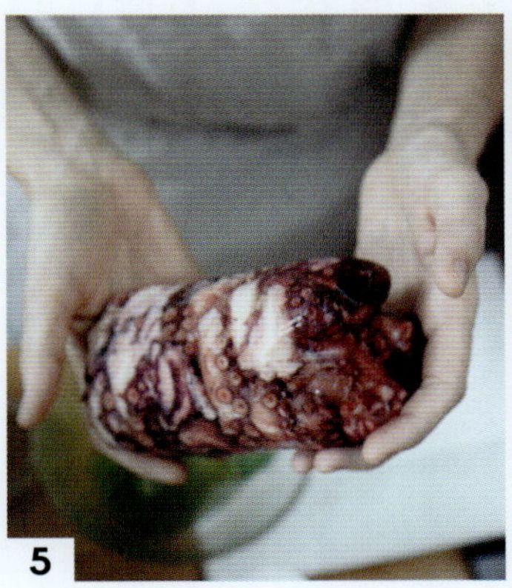
5

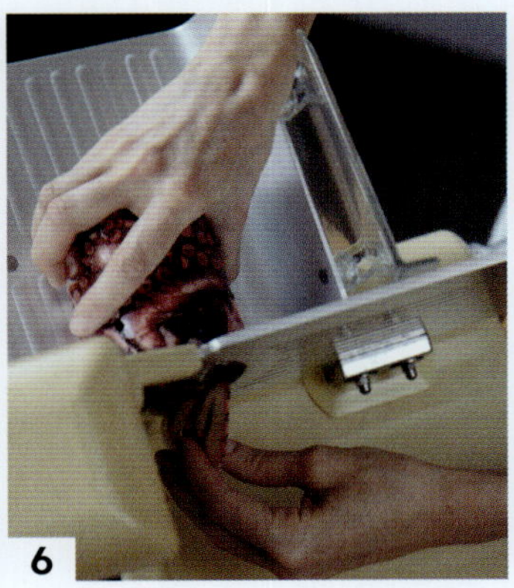
6

● Dica do chef

O cozimento do polvo leva cerca de 1 h por quilo. Se o polvo é muito grosso, bata nele com um martelo previamente, ou deixe- no congelador por 24 h.

Carpaccio de polvo ★★★

Carpaccio di polpo

Para 4 pessoas

Tempo de preparo: 30 minutos
Tempo de cozimento: 1 hora
Tempo de resfriamento: mínimo 24 horas

Ingredientes

1 talo de aipo
1 cenoura
1 cebola
1,2 kg de polvo
4 bagas de zimbro
7 grãos de pimenta-do-reino
4 folhas de louro

Temperos

1 dente de alho
Suco de 1 limão-siciliano
Salsinha picada
Sal, pimenta-do-reino
Tomilho

Utensílios

1 rolha de cortiça
1 garrafa de plástico

Lave e descasque os legumes. Limpe e enxágue bem os polvos em água fria. Encha uma panela com água e leve ao fogo com a cenoura, a cebola, o talo de aipo, o zimbro, a pimenta em grãos e o louro. Acrescente também uma rolha de cortiça à água (ela vai deixar o polvo mais macio).
Quando a água ferver, mergulhe os polvos gradual e lentamente e deixe cozinhar por 1 h **(1)**.

Retire os polvos cozidos da panela e escorra.
Corte ao meio uma garrafa de plástico, a parte de baixo será a parte utilizada. Faça pequenos furos no fundo. Arrume os polvos dentro da garrafa alternando com folhas de tomilho **(2)**. Pressione bem com um copo **(3)**; por exemplo, coloque um pires sob os polvos e, depois, prenda tudo com elástico ou barbante **(4)**.

Deixe a garrafa sobre uma tigela, na parte mais fria da geladeira, por 24 h, no mínimo. Depois, retire o cilindro de polvos da garrafa **(5)** e corte-o em fatias finas, como um salsichão (pode ser com um fatiador) **(6)**, disponha as fatias em uma travessa. Faça uma mistura com todos os ingredientes do tempero para acompanhar o carpaccio.

1

2

3

4

Carpaccio de lagostim ★

Carpaccio di scampi

Para 4 pessoas

Tempo de preparo: 20 minutos

Ingredientes

600 g de lagostim
Azeite de oliva, o suficiente
1 limão-siciliano
1 talo de aipo
Sal rosa
Pimenta-branca

Retire e descarte a casca, a cabeça e a cauda dos lagostins. Divida a carne em 4 pratos untados com óleo **(1)**. Cubra-os com filme plástico e amasse ligeiramente com um martelo de carne **(2)**. Reserve em geladeira. Prepare o citronnette (molho de limão) misturando o suco de limão, o sal e o azeite **(3)**. Pouco antes de servir, despeje o citronnette sobre os lagostins.
Corte o aipo em fatias bem finas e mergulhe por alguns minutos em um copo de água gelada (para que não murchem imediatamente). Decore os pratos com uma pitada de pimenta-branca moída na hora e algumas fatias de aipo **(4)**. Sirva imediatamente.

1

2

3

Caramujos à la diavola ★

Lumachine di mare alla diavola

Para 4 pessoas

Tempo de preparo: 20 minutos
Tempo de maceração: 1 hora
Tempo de cozimento: 30 minutos

Ingredientes

500 g de caramujos pequenos
400 g de tomate pelado
10 ramos de salsinha
3 dentes de alho
Azeite de oliva, o suficiente
1 ou 2 pimentas vermelhas (a gosto)
120 mℓ de vinho branco
1 colher (sopa) de tomilho picado
Sal

Enxágue bem os caramujos, deixe-os descansar por 1 h em água salgada. Amasse ligeiramente os tomates e reserve. Lave e pique a salsinha. Descasque o alho e pique-o. Em um pouco de azeite, refogue a pimenta, ¾ de salsinha e o tomilho picado **(1)**. Acrescente os caramujos escorridos **(2)**, cozinhe por 5 min e deglaceie com o vinho branco. Quando o vinho evaporar, adicione os tomates amassados e deixe cozinhar por 30 min **(3)**. Salpique o resto da salsinha picada. Sirva com pão grelhado e espetos para extrair os caramujos.

1

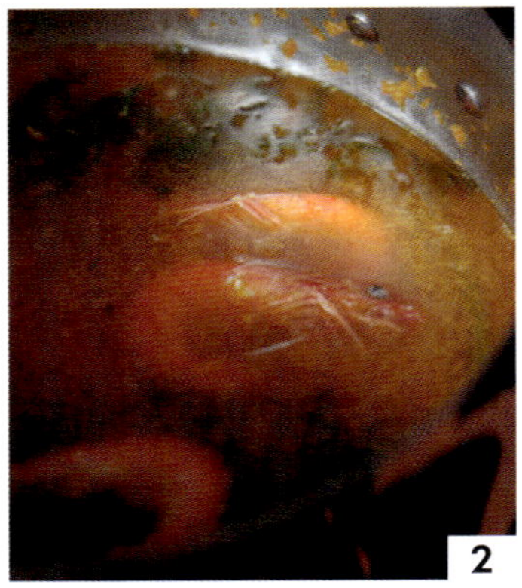
2

3

Sopa de peixe ★★★

Zuppa di pesce

Na Itália, a sopa de peixe, geralmente, é preparada com uma mistura de peixes, amêijoas, moluscos e crustáceos. O ideal é usar pequenos peixes de rochas (não servem para outras preparações), evitar os peixes azuis (anchovas, sardinhas, cavalas, bonitos, etc.) e os gordurosos (salmão).

Para 6 pessoas

Tempo de preparo: 1 hora
Tempo de cozimento: 1 hora

Ingredientes

Sopa de peixe

4 tomates bem maduros ou tomates pelados
1 talo de aipo
1 cenoura
1 cebola
Azeite de oliva, o suficiente
3 dentes de alho
1 folha de louro
5 ramos de salsinha
1 colher (sopa) de tomilho picado
200 mℓ de vinho branco
1 kg de peixes mistos e limpos (garoupa, capão, ruivo, peixe--aranha, lota, pescadinha, saint-pierre, linguado, etc.)
Sal

Guarnição

1 kg de lula
200 g de mexilhões
200 g de amêijoas
300 g de camarões grandes e pequenos e/ou lagostins
12 fatias pequenas de pão grelhado

4

5

Lave, descasque e pique os legumes. Refogue-os em uma panela com o azeite. Adicione um dente de alho sem casca, o louro, alguns ramos de salsinha e o tomilho. Deglaceie com 150 mℓ de vinho branco e deixe evaporar. Acrescente os tomates cortados em quatro **(1)** e 1,5 ℓ de água, salgue. Deixe ferver e junte os peixes bem lavados. Deixe cozinhar por 1 h.

Mergulhe os camarões no caldo por alguns minutos **(2)**. Retire as cascas de uma parte dos camarões e, depois que todos estiverem cozidos, reserve os que ficaram com casca. Passe a sopa por uma peneira de legumes, que permita misturar e filtrar ao mesmo tempo **(3)**.

Limpe e corte as lulas se forem grandes, ou deixe-as inteiras. Refogue-as em uma panela com o azeite e uma colher de salsa e um dente de alho picados **(4)**. Elas produzem muita água no início do cozimento. Depois que a água evaporar, deglaceie com 50 mℓ de vinho branco e deixe cozinhar por 5 min.

Em outra panela, leve as conchas para refogar com uma colher de azeite até que se abram **(5)**. Coe o caldo e junte à sopa. Retire a carne das conchas e reserve algumas inteiras para a decoração. Divida os frutos do mar em pratos quentes. Despeje a sopa de peixe sobre eles e decore com os camarões e as amêijoas inteiras e o pão friccionado em alho. Despeje um fio de azeite e sirva.

Escalopes

Escalopes e piccate

A vitela é inevitável na cozinha italiana tradicional. As receitas mais conhecidas no mundo são os escalopes e os piccate. Esses dois cortes de carne, muito semelhantes, são extraídos do contra-filé ou da alcatra. Os escalopes são finos (5 mm a 1 cm), mas a piccata é ligeiramente mais espessa e três vezes menor que um escalope. É preciso bater esses pedaços com um martelo ou amaciador de carne para abri-los. O escalope é mais achatado que a piccata. Geralmente, servimos um escalope ou três piccate por pessoa.

● É bom saber

Uma vitela de boa qualidade deve apresentar coloração bem clara e ligeiramente rosada.

É importante selar os escalopes ao mesmo tempo na frigideira, ou será preciso trocar a manteiga cada vez que selarmos um novo pedaço de carne.

Os escalopes são tradicionalmente feitos com a carne de vitela, que pode ser substituída por carne de porco, de aves (peru, frango) ou bovina.

1

Escalope ao limão

Scaloppine al limone

Para 4 pessoas

Tempo de preparo: 10 minutos
Tempo de cozimento: 10 minutos

Ingredientes

4 escalopes de vitela ou 12 piccate (cerca de 500 g)
50 g de farinha de trigo
80 g de manteiga
1 colher (sopa) de azeite de oliva
1 limão-siciliano
1 cubo de caldo de galinha
Alguns ramos de salsinha
4 rodelas de limão-siciliano
Sal, pimenta-do-reino

Cubra os escalopes com uma folha de filme plástico e amacie com um rolo de massa **(1)**. Apare ligeiramente as bordas para os pedaços não se deformarem com o cozimento **(2)**. Passe os escalopes na farinha **(3)** e salgue levemente.

2

3

4

5

Em uma panela, derreta a manteiga com o azeite. Sele os escalopes 2 min de cada lado. Deglaceie com o suco de limão **(4)** e reserve os escalopes. Leve a panela ao fogo e junte uma concha de caldo (se não tiver caldo, use água) para deglacear o fundo do molho **(5)**. Adicione uma bolinha de manteiga, a salsinha picada, as rodelas de limão e novamente os escalopes para terminar o cozimento (cerca de 2 min).
Sirva os escalopes regados com o suco do cozimento.

As variações

• **Escalopes ao marsala:** prepare os escalopes como na receita anterior, mas substitua o limão por vinho marsala e não use a salsinha.

• **Escalope ao vinho branco:** substitua o vinho marsala por vinho branco de boa qualidade.

• **Escalopes ao vinagre balsâmico Pavarotti:** prepare os escalopes como na receita anterior, mas substitua o caldo pelo vinagre balsâmico, acrescente 50 g de presunto de Parma cortado à julienne. Não use o limão.

• **Escalopes ao gorgonzola:** prepare os escalopes como na receita anterior, mas substitua o limão pela grappa. Com o caldo, misture 150 g de gorgonzola cortado em cubinhos. Não use a salsinha.

• **Escalope à pizzaiola:** em uma frigideira, aqueça o azeite com um dente de alho picado. Deposite os escalopes e deixe dourar dos dois lados. Acrescente 1 colher (sopa) de alcaparras e 1 colher (sopa) de azeitonas pretas. Junte 400 g de polpa de tomate, uma colher (café) de orégano, sal, pimenta-do-reino, e deixe cozinhar de 7 min a 8 min em fogo médio. Desligue o fogo e cubra com fatias finas de mozarela. Espere o queijo derreter um pouco. Sirva imediatamente.

Dica do chef

Sirva os escalopes e os piccate com salada verde, fritas, purê de batatas, feijão, feijão-verde, espinafre, polenta, etc.

Saltimbocca ★

A saltimbocca (literalmente, "salta à boca"!) é um dos pratos emblemáticos da cozinha romana. É preparado com um escalope muito fino de coxão mole de vitela coberto de presunto e linguiça presos com um palito. É um prato fácil e rápido de preparar, além de saboroso. A saltimbocca é erroneamente confundida com os involtini, que são escalopes de vitela enrolados e recheados (em geral com queijo).

Para 4 pessoas

Tempo de preparo: 10 minutos
Tempo de cozimento: 20 minutos

Ingredientes

300 g de escalope de vitela
120 g de presunto cru
80 g de manteiga
8 folhas de sálvia fresca
100 mℓ de vinho branco (de preferência de Castelli Romani)
Sal, pimenta-do-reino

Bata as fatias de carne para que fiquem bem finas, formando quadrados de mais ou menos 10 cm de lado, salpique levemente sal e pimenta **(1)**.
Coloque sobre cada pedaço uma fatia de presunto e uma folha de sálvia **(2)** que são presas com a ajuda de um palito de dente **(3)**.
Derreta em frigideira a metade da manteiga e sele em fogo alto por 2 min de cada lado, começando pelo lado onde está o presunto (atenção para não cozinhar demais o presunto, ou ele pode ficar muito seco) **(4)**.
Deglaceie com o vinho branco, termine o cozimento e reserve os saltimbocca aquecidos. Deglaceie o fundo do cozimento com 2 colheres (sopa) de água e adicione o resto da manteiga para servir de molho.
Sirva as saltimboccas regadas com esse caldo.

● Dica do chef

Acompanhe as saltimboccas com feijões-verdes, ervilhas, espinafre, batatas, etc.

1

2

3

4

1

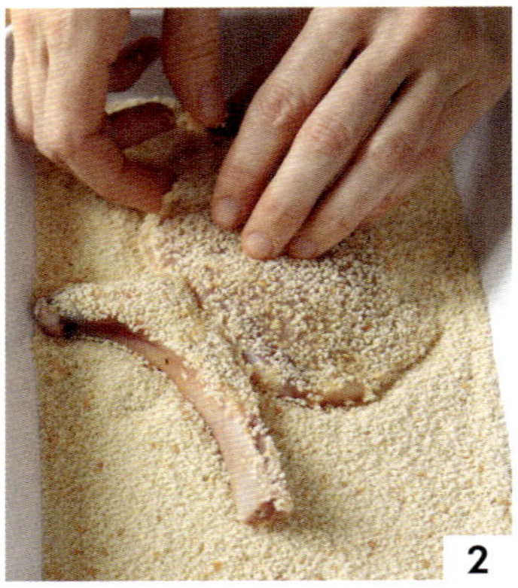

2

3

4

Costeleta à milanesa ★★★

Cotoletta alla milanese

O “milanesa” é o prato emblemático da capital lombarda. Vários historiadores do século XVII afirmam que ele apareceu no ano de 1134 no cardápio de uma refeição oficial para os eclesiásticos da igreja de Santo Ambrósio, com o nome de *lombos cum panitio*.

Para 4 pessoas
Tempo de preparo: 20 minutos
Tempo de cozimento: 15 minutos

Ingredientes
4 costeletas de vitela com osso de cerca de 2 cm de espessura
200 g de manteiga
1 ovo inteiro
Farinha de pão (rosca), o suficiente
Sal, pimenta-do-reino

Faça alguns cortes no contorno da carne para evitar que se deforme durante o cozimento. Limpe uma parte do osso para deixá-lo aparente.
Prepare a manteiga clarificada. Em uma panela, derreta em fogo baixo a manteiga cortada em cubos. Retire a espuma que se forma na superfície e deixe descansar alguns minutos. Com uma colher, retire a parte de gordura que resta na superfície e coloque em um recipiente. Descarte o leite que ficar no fundo da panela.
Bata o ovo e misture à pimenta moída. Ponha a farinha de rosca em uma travessa. Passe as costeletas no ovo **(1)**, depois na farinha **(2)**.
Leve a manteiga clarificada a uma frigideira **(3)** e frite as costeletas com ela, 2 minutos de cada lado **(4)**.
Salpique o sal e sirva imediatamente regadas com a manteiga do cozimento.

Dica do chef
Prepare a manteiga clarificada com antecedência e conserve em geladeira por vários meses em recipiente hermeticamente fechado. A manteiga clarificada tem a vantagem de resistir muito melhor a altas temperaturas sem queimar (180 °C).

● É bom saber
A receita original é bem desconhecida. Ela é feita com uma costeleta bem espessa servida com o osso. A receita simplificada é a mais difundida. Ela é preparada com um escalope de vitela, mais fino e mais crocante, também chamado de “orelha de elefante”.

As variações

• **Bolonhesa:** prepare à milanesa como na receita anterior, depois, leve ao forno a 210 °C por 4 min coberta com uma fatia de presunto e alguns pedaços de parmesão; sirva regada com molho de tomate bem quente.

• **Valdostana:** corte uma fenda na carne em sentido horizontal, como que para criar um bolso, e preencha-a com uma fatia fina de queijo fontina (ou outro tipo de queijo de leite de vaca) e algumas lâminas de trufa branca. Feche e bata ligeiramente com um peso. Passe a costeleta na farinha de trigo (principalmente na região da fenda para fechá-la), no ovo e na farinha de rosca. Prepare como na receita principal.

• **Modenese**: refogue cebolas cortadas em fatias com alguns cubos de pancetta em um pouco de manteiga, adicione as costeletas empanadas em farinha de rosca, deixe dourar bem, retire e reserve. Na mesma panela, deglaceie com o vinho branco, deixe evaporar e acrescente 1 ℓ de caldo, mais 100 g de polpa de tomate, sal e pimenta. Coloque as costeletas de novo na panela, tampe e deixe cozinhar 10 min em fogo médio.

● **É bom saber**

Acompanhe as costeletas à milanesa com fritas, salada, batatas ao forno, etc.

Você também encontra nos restaurantes italianos, sobretudo os estrangeiros, escalopes à milanesa acompanhados de espaguete ou tagliatelle ao molho de tomate, mas não é um hábito italiano. Na Itália, só encontramos esse binômio nos restaurantes turísticos.

Dicas de preparação

• Para a **costeleta à milanesa**, usamos tradicionalmente o entrecosto de vitela (reconhecido pelo pequeno osso central em forma de T). Ele é extraído do lombo. Por outro lado, para o **escalope à milanesa**, utilizamos a bisteca sem osso, noix de contrafilé e alcatra.

• Na maior parte das receitas preparadas à milanesa, encontramos uma fase de "batedura" da carne que permite abrir e estender ao máximo os pedaços. Bata a carne somente se for preparar escalope, assim pode-se obter um empanado bem fino e tão amplo quanto o prato. O entrecosto é um corte de carne muito macio que não serve para a prática da batedura.

• Para preparar um bom prato à milanesa, o cozimento é um fator essencial. É necessário que a carne cozinhe de maneira uniforme, rapidamente, e que fique bem crocante. Para isso, é preciso mergulhar a carne na gordura bem quente para fritá-la rapidamente. A manteiga clarificada se presta melhor a essa prática porque resiste bem às altas temperaturas.

No lugar da manteiga clarificada pode ser usada uma manteiga noisette com uma colher de azeite de oliva (que vai aumentar a resistência à temperatura elevada). Pode-se usar também óleo de girassol, mas o sabor não será o mesmo. É totalmente desaconselhável usar apenas azeite porque ele vai transmitir à carne um sabor muito pronunciado.

• Algumas receitas de milanesa aconselham passar a carne na farinha de trigo antes de passá-la no ovo para melhorar a aderência. Isso é verdade enquanto o preparo estiver frio, mas, durante o cozimento, a farinha tende a se desprender da carne e do empanado. Não acrescente sal aos ovos; o sal retira a umidade da carne durante o cozimento e solta o empanado.

• Certas receitas sugerem misturar parmesão ralado à farinha de rosca.

• O escalope à milanesa também pode ser saboreado frio (em sanduíches com uma folha de alface e um pouco de maionese!), mas é importante secar bem os escalopes depois de fritos.

• Para facilitar a degustação da costeleta, envolva o osso exposto com papel absorvente ou papel-alumínio.

• Deixe sempre a carne em temperatura ambiente antes de prepará-la, assim os resultados obtidos serão melhores.

WÜSTHOF

Sorvetes e sorbets

Sorvetes e sorbets

Os italianos contribuíram muito para a popularização dos sorvetes. No século XVI, o arquiteto florentino Bernardo Buontalenti criou uma receita de sorbet servida à mesa dos Médici. Então, Catarina de Médici, esposa de Henrique II, introduziu essa delícia na corte francesa. Aperfeiçoada na Inglaterra pelos confeiteiros de Charles I, os sorvetes fizeram formidável sucesso no século XVII em Paris.
No fim do século XVIII, imigrantes italianos abriram as primeiras lojas de sorvete nos Estados Unidos, e o sucesso reencontrado por esse doce incitou William Young a abrir a primeira sorveteria em 1800.
O sorvete (ou gelato) se diferencia dos sorbets e granitas pela presença de ovos, leite e creme de leite.

Dicas de preparação

Na preparação de sorvetes, é preciso levar em conta que o resfriamento enfraquece os perfumes, daí a necessidade de aumentar as proporções de açúcar em comparação a doces servidos em temperatura ambiente.

O uso de uma máquina de fazer sorvete é o ideal. No entanto, é possível preparar sorvetes sem esse tipo de aparelho: será preciso, nesse caso, levar o sorvete ao freezer e bater a cada meia hora até o endurecimento completo, ou deixar a preparação congelar em recipiente próprio e passar no processador no momento de servir.

Sorvetes

Sorvete de creme ★

Gelato alla crema

Para 4 pessoas
Tempo de preparo: 20 minutos
Tempo de resfriamento: 2 horas

Ingredientes
250 mℓ de leite
250 mℓ de creme de leite
½ fava de baunilha (ou 1 colher de café de essência de baunilha) ou zeste de ½ limão-siciliano
4 gemas de ovos
150 g de açúcar refinado

Utensílios
1 termômetro de cozinha
1 sorveteira ou batedeira

Em uma panela, ferva o leite e o creme de leite com a fava de baunilha cortada no sentido do comprimento e raspada **(1)**. À parte, bata as gemas de ovos com o açúcar **(2)** e despeje na mistura de leite ainda quente, mas fora do fogo **(3)**. Misture bem. Leve a panela de volta ao fogo e aqueça a mistura sem parar de mexer, a 85 °C por 2 min (sem deixar ferver). Retire do fogo e misture bem. Deixe esfriar na geladeira por 2 h, mais ou menos, misture de novo, depois, passe para a máquina de fazer sorvete **(4)** e siga as indicações do fabricante para os tempos de uso **(5)**. Conserve a preparação a -18 °C.

● **É bom saber**
Em função da cremosidade desejada, pode-se aumentar a quantidade de leite e diminuir, na mesma proporção, a quantidade de creme de leite, ou vice-versa. Com 400 mℓ de leite e 100 mℓ de creme de leite, o sorvete fica mais leve, porém menos cremoso.

● **Dica do chef**
Acrescente outros ingredientes para modificar o sabor do sorvete, como amêndoas trituradas ou pasta de amêndoa, café em pó, raspas de chocolate para a stracciatella, amarena Fabbri com sua calda para um sorvete de amarena, pasta de pistache, purês de frutas, chocolate, etc.

1

2

3

4

5

1

2

3

Sorbets

Sorbet de limão ★

Sorbetto al limone

Para 4 pessoas

Tempo de preparo: 20 minutos
Tempo de resfriamento: 2 horas

Ingredientes

250 g de suco de limão (ou laranja, tangerina...)
Zeste de ½ limão-siciliano
200 g de açúcar refinado
1 clara de ovo batida em neve com 2 colheres (sopa) de açúcar

Utensílio

1 sorveteira ou batedeira

Misture o suco coado de limão ou outro cítrico com o zeste **(1)** e o açúcar **(2)**. Deixe o açúcar derreter e resfrie a mistura em refrigerador por cerca de 2 h. Bata a mistura na sorveteira. Quando a mistura começar a solidificar, adicione a clara de ovo batida em neve com açúcar **(3)** e ligue novamente a sorveteira até o completo resfriamento. Leve ao congelador.

● É bom saber

Sirva também este sorbet em um copo com uma colher de vodca; é um digestivo tradicionalmente servido na Itália depois de uma refeição à base de peixe.
Sirva, e até mesmo conserve, o sorbet nas cascas dos cítricos limpas e previamente resfriadas.

● Dica do chef

Tradicionalmente, preparamos com água os sorbets de cítricos, maçã, kiwi, melão e melancia e, com leite, os sorvetes de frutas vermelhas, banana, pêssego e damasco. Podemos adicionar claras batidas em neve ou chantili à receita para obter um sorbet mais aerado, mais cremoso e que derreta mais rapidamente.

Sorbet de morango ★

Sorbetto alla fragola

Para 4 pessoas
Tempo de preparo: 20 minutos
Tempo de resfriamento: 2 horas

Ingredientes
200 g de açúcar refinado
200 mℓ de leite
400 g de morangos bem maduros (ou pêssegos, damascos, bananas)
1 clara de ovo batida em neve

Utensílio
1 sorveteria ou batedeira

Derreta o açúcar no leite quente e leve à geladeira para resfriar.
Lave os morangos, escorra-os e passe pelo mixer, peneire para remover parte dos grãos. Misture os morangos ao leite resfriado. Leve ao refrigerador por 2 h, mais ou menos. Bata a mistura na sorveteira. Quando a mistura começar a solidificar, adicione a clara batida em neve e ligue novamente a sorveteira até o completo resfriamento. Leve ao congelador.

● **É bom saber**
Acrescente algumas folhas de manjericão picado à mistura para obter um sabor mais fresco e original, ou cubra com vinagre balsâmico tradicional no momento de servir.

● **Dica do chef**
Para o preparo de um sorbet à base de bebida alcoólica, misture 400 g de açúcar com 400 mℓ de água e leve à sorveteira. Quando a mistura começar a se solidificar, acrescente 8 colheres (sopa) da bebida desejada (rum, Grand Marnier, Cointreau, vodca, etc.) e 1 clara de ovo batida em neve com 2 colheres (sopa) de açúcar.

Granita de amêndoa ★

Granita di mandorle

Para 6 pessoas
Tempo de preparo: 15 minutos
Tempo de resfriamento: 2 horas

Ingredientes
300 g de pasta de amêndoa
100 g de açúcar refinado
1 ℓ de água mineral morna
10 g de amêndoa em pó

Utensílios
1 sorveteira ou batedeira

Derreta a massa de amêndoas e o açúcar com a água morna **(1)**, adicione a amêndoa em pó **(2)**, misture com um mixer e leve à sorveteira **(3)**. Sirva imediatamente **(4)**.
A granita pode ser conservada em freezer, mas saiba que tenderá a endurecer.

● **É bom saber**
O consumo de granita é muito comum na Sicília, onde a encontramos principalmente "la Granita" feita em casa, preparada com diferentes sabores: café, limão, hortelã, figo, amora, melancia, etc. Os sicilianos a consomem no café da manhã acompanhada de um pão doce e, às vezes, de creme batido.

1

2

3

4

1

2

3

4

Semifreddo de café ★★★

Semifreddo al caffé

Os semifreddi são sobremesas geladas apresentadas em porções individuais ou na forma de bolo. São compostos principalmente de creme de confeiteiro acrescido de creme batido e merengue italiano.

Para 8 pessoas

Tempo de preparo: 45 minutos
Tempo de resfriamento: 6 horas

Ingredientes

Para 200 g de creme de confeiteiro
100 mℓ de leite
1 gema de ovo
50 g de açúcar refinado
1 colher (sopa) de farinha de trigo
1 colher (café) de fécula de batata
20 gotas de essência de café
1 colher (sopa) de rum
80 g de pasta de avelãs
Para 100 g de merengue italiano
2 claras de ovos
60 g de açúcar refinado
10 mℓ de água
Para 200 g de creme batido
170 g de creme de leite
30 g de açúcar de confeiteiro

Utensílio

1 termômetro de cozinha

Prepare o creme de confeiteiro
Leve o leite para ferver. Em um batedeira, bata a gema de ovo com o açúcar até ficar esbranquiçada, junte a farinha e a fécula peneiradas. Bata bem. Incorpore o leite quente progressivamente a essa preparação, sem deixar de mexer. Leve tudo de volta ao fogo e deixe ferver por 1 min. Retire do fogo e deixe esfriar, mexendo de vez em quando para evitar a formação de uma película na superfície.

Prepare o merengue à italiana
Bata as claras em neve com 20 g de açúcar.
Em uma panela, aqueça 40 g de açúcar com 10 mℓ de água e mexa até formar uma calda fina (115 °C). Despeje a calda sobre as claras em neve **(1)** sem deixar de bater até o resfriamento.

Prepare o creme batido
Em um recipiente fundo e bem fria, misture o creme de leite (previamente resfriado em geladeira) com o açúcar de confeiteiro e bata até obter um chantili bem firme.
Adicione a essência de café, o rum e a pasta de amêndoas ao creme de confeiteiro e mexa. Incorpore delicadamente o merengue italiano **(2)** à mistura com a ajuda de uma espátula, mexendo de baixo para cima **(3)**. Em seguida, acrescente o chantili da mesma maneira, com cuidado para não fazer a mistura baixar.
Despeje em ramequins individuais **(4)** ou em um recipiente de metal que será levado ao congelador por 6 h.
Para desenformar, basta molhar o exterior das fôrmas com um pano úmido. Decore com raspas de chocolate e pó de café.

Redução de vinagre balsâmico ★

Salsa di aceto balsamico

Tempo de preparo: 5 minutos
Tempo de cozimento: 30 minutos

Ingredientes

250 mℓ de vinagre balsâmico de Modane IGP
60 g de açúcar refinado
250 mℓ de vinho tinto

Leve o vinagre balsâmico, o açúcar refinado e o vinho tinto a uma panela, reduza o líquido à metade em fogo brando por mais ou menos 30 min.

● É bom saber
Essa calda original acompanha muito bem os sorvetes e sorbets, em especial o sorvete de baunilha e o sorbet de morango.

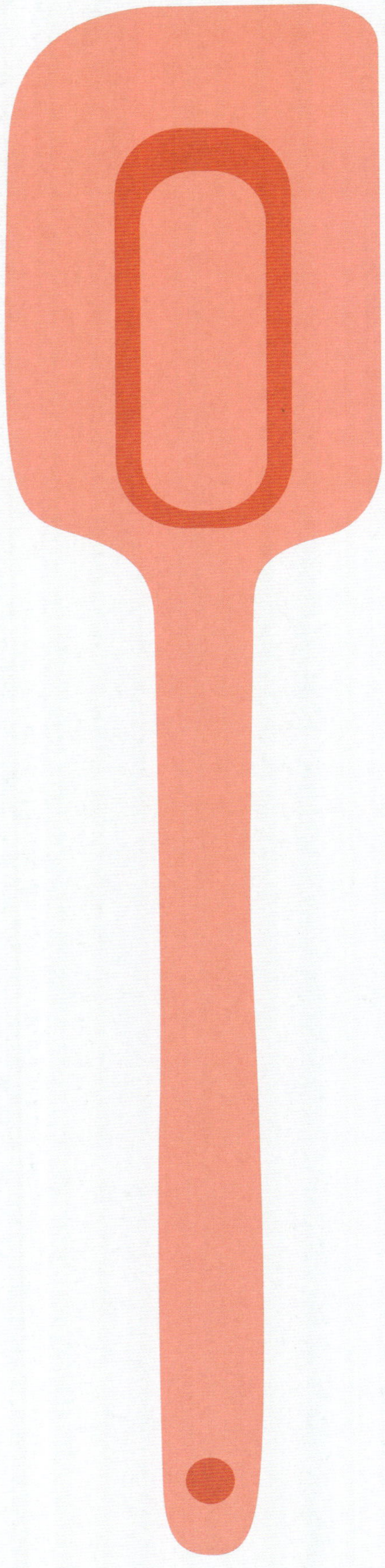

Caderno prático

1
2
3
4
5
6

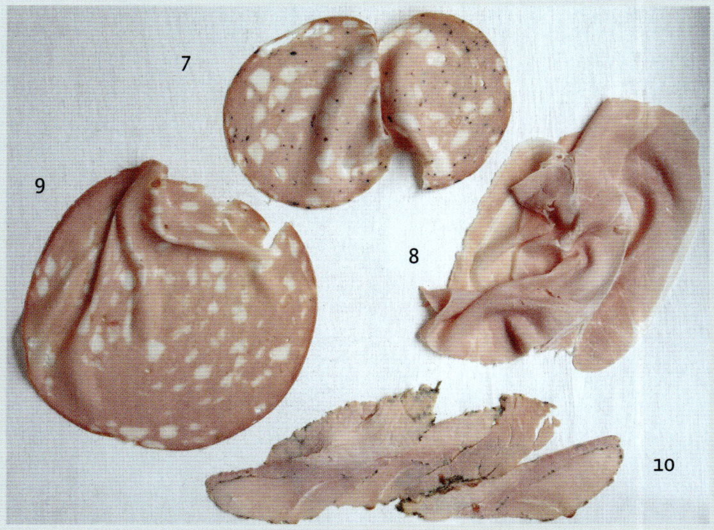

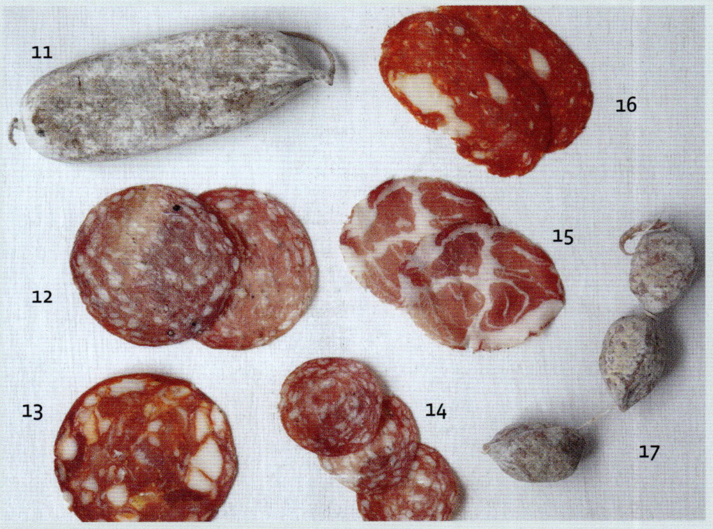

Charcutaria

Salumi

A charcutaria consiste na obtenção de produtos de origem animal, frescos ou curados, a partir do processamento, em sua maioria, de carne de porco (embora também inclua carne bovina e de aves, entre outras).

Ela é preparada a partir de peças inteiras ou de carnes cortadas, misturadas a aromas em receptáculos naturais ou artificiais.

Em seguida, as carnes são temperadas, salgadas, às vezes defumadas e, eventualmente, curadas ou cozidas.

Presuntos e Bresaolas

1. Presunto defumado *Speck*
2. Bresaola de boi *Bresaola della Valtellina*
3. Presunto de Parma *Prosciutto di Parma*
4. Bresaola de cavalo *Bresaola equina*
5. Presunto Vecchio Sauris *Prosciutto Vecchio Sauris*
6. Presunto sardo com pimenta-do-reino *Prosciutto sardo al pepe*

Presuntos cozidos, mortadela, zampone, cotechino

7. Mortadela com trufas negras *Mortadella al tartufo nero*
8. Presunto cozido *Prosciutto cotto*
9. Mortadela Bologna *Mortadella Bologna*
10. Presunto com ervas *Prosciutto cotto alle erbe*

Linguiças, copa

11. Linguiça com erva-doce e pimenta *Ventricina*
12. Linguiça com erva-doce *Finocchiona*
13. Salame abruzzese *Salame Abruzzese*
14. Salame felino *Salame felino*
15. Copa *Coppa*
16. Linguiça com pimenta *Spianata Calabrese*
17. Cacciatorino *Cacciatorino*

Banhas

18. Bochecha *Guanciale*
19. Banha curado de Colonnata *Lardo di Colonnata*
20. Banha curada com ervas de Arnad *Lardo di Arnad*
21. Pancetta enrolada *Pancetta arrotolata*

Queijos

Formaggi

Existem mais de 400 tipos diferentes de queijo na Itália, sendo que 45 deles têm denominação protegida. A maior parte é formada por queijos de origem bovina e ovina. Existem também alguns poucos tipos de queijos de cabra e os queijos feitos à base do leite de búfala típicos do sul do país (Mozzarella di Bufala Campana).

Parmesão – Parmigiano Reggiano (DOP)

Queijo de massa dura não prensado, o parmesão é elaborado a partir do leite cru de vaca tratado termicamente e livre de todo tipo de aditivo ou conservante. Uma vez que o leite coalhado esteja moldado, o molde é imerso em um banho de salmoura antes de seguir para uma longa maturação, entre 12 e 36 meses ou mais. Geralmente, admite-se que ele alcance sua maturação plena em torno do 24º mês, quando alcança seu aroma intenso caracterizado pelo odor cítrico, além de sua estrutura granulada. Utilizado de diferentes formas na culinária – ralado, escamado ou em pedaços – ele se apresenta igualmente solúvel. Três níveis principais de maturação foram determinados para atender a usos e consumos diferentes: 18 meses, 22 meses e 30 meses.

Parmesão
Parmigiano Reggiano

Mozarela de búfala da Campânia (DOP)

Queijo fresco de massa filada, é elaborado a partir do leite integral da búfala. Uma vez que o coalho esteja cozido, a massa é esticada ao se acrescentar água fervente, para assim se moldar às suas formas mais características: de bola ou em tranças. Em seguida, ela pode ser defumada por processos naturais tradicionais. Com brancura de porcelana e sabor delicado, ela exala um cortante cheiro de fermentos lácteos.

Gorgonzola (DOP)

Queijo azul de massa mole crua. É elaborado a partir do leite de vaca integral e pasteurizado ao qual são acrescentados os fermentos lácteos e linhagens bolorentas selecionadas que lhe dão a característica de veias azuis. Ele se apresenta em dois tipos – gorgonzola doce: cremoso e ao mesmo tempo suave, muito saboroso e sutilmente picante (cura de 2 meses, no mínimo); e gorgonzola picante: de massa consistente, mas fácil de cortar, possui muitas veias azuis e sabor picante bem característico (maturação de 3 meses, no mínimo).

Ricota

Trata-se de um capítulo à parte, já que a ricota não é um queijo propriamente dito. Ela é fabricada a partir do soro derivado da elaboração dos queijos. Esse soro é recozido e, assim, a ricota é produzida. Ela pode ser feita a partir do leite de vaca, de búfala, de ovelha ou de cabra, e contém menos gordura do que qualquer outro queijo. Entretanto, continua saborosa e faz parte de diversas receitas tanto doces quanto salgadas.

Queijos de massa filada

Queijos frescos
Ricota de ovelha
Ricotta pecorina
Stracchino
Mascarpone
Ricota fresca de leite de búfala
Ricotta frescca di Bufala
Robiola di Roccaverano
Ricota fresca de leite de vaca
Ricotta fresca di mucca

Queijos semifrescos
Gorgonzola
Raschera
Provolone
Primosale
Taleggio de cabra
Stracco
Taleggio
Asiago

Massas

Massas frescas simples ou recheadas à base de farinha de trigo

1. Reginette
2. Lasanha
3. Pici
4. Tortellini
5. Tagliatelle
6. Cappelletti
7. Maltagliati
8. Tagliolini
9. Ravióli
10. Pansotti
11. Pappardelle
12. Agnolotti del Plin
13. Quadrucci

Massas secas e curtas, à base de farinha de sêmola de grano duro

1. Conchiglioni
2. Farfalle
3. Nhoquinho sardo
4. Penne
5. Paccheri
6. Trofie
7. Fusilli bucati
8. Casarecce
9. Orecchiette
10. Fusilli
11. Fileja
12. Pennoni
13. Penne mezzani
14. Rigatoni

Massas secas longas e para sopa, à base de farinha de sêmola de grano duro

Massas longas
1. Bigoli
2. Ziti
3. Bucatini
4. Espaguete
5. Vermicelli
6. Mafalde
7. Linguine
8. Fettuccine
9. Trenette

Massas para sopa
10. Alfabeto
11. Lumachine
12. Risi
13. Filini
14. Stelline (estrelinha)
15. Ditalinirigati

Combinações de massas e molhos

As combinações entre os diferentes formatos de massa e os incontáveis molhos são uma arte. Não existem regras fixas, cada pessoa faz de acordo com seu gosto. Existem, no entanto, alguns princípios fundamentais.

As massas frescas recheadas, levando-se em conta a riqueza de cada recheio, são combinadas, em geral, com os molhos mais simples e delicados (manteiga e sálvia, creme de leite e manteiga, azeite e parmesão).

As massas finas (tagliolini, linguine, capellini) não suportam os molhos mais ricos que podem anular seu sabor.

As massas de sêmola de grano duro (com um sabor menos pronunciado) são mais fáceis de combinar do que as massas frescas feitas com ovos.

As massas para sopa (risi, stelline, tempestine), assim como as ruote (redondinhas), são utilizadas em geral para adornar as sopas e caldos, ou com manteiga e parmesão para as crianças.

Também é importante escolher o tipo de massa a utilizar em função do molho que se queira preparar.

MOLHOS / MASSAS	Bucatini	Caseracce	Espaguete	Farfalle	Fusilli	Linguine	Orecchiette	Paccheri	Penne	Rigatoni	Tagliatelle	Ziti
Alho, óleo e pimenta			*			*						
Arrabbiata					*			*	*	*		
Almôndegas			*	*	*			*		*	*	*
Amatriciana	*		*							*		
Ao forno		*			*			*	*	*		*
Bolonhesa			*						*	*	*	*
Boscaiola		*		*	*				*	*	*	
Carbonara	*		*		*					*		
Carrettiera		*			*			*	*	*	*	*
Espadarte	*		*	*				*				
Lagostim	*		*					*			*	
Marinara			*						*			
Mexilhões/vôngole			*					*				
Napolitano		*	*		*		*	*	*	*	*	*
Negro de sépia			*									
Norcina		*	*		*						*	
Norma	*	*	*	*	*		*	*	*	*		*
Ouriço-do-mar			*									
Pesto			*	*	*		*					
Presunto e ervilha					*			*	*	*	*	*
Puttanesca	*	*	*						*			
Scoglio			*					*				

Arroz

Riso

Carnaroli
(indicado para risoto)
Arborio
(indicado para risoto)
Negro venere
(arroz selvagem)
Parboilizado
(arroz pré-cozido)
Carnaroli afinado
(arroz de alta qualidade
indicado para risoto)

Azeites

Olio d'oliva

O azeite é a gordura extraída das azeitonas através de uma prensa própria para a extração de óleo.

Existem diversas categorias de azeite, mas, em geral, encontramos no comércio o azeite de oliva extravirgem, que se traduz por um óleo extraído por procedimento mecânico (e não químico) e exclusivamente na primeira prensagem. Os melhores azeites, que conservam o melhor de suas características nutricionais, são os extraídos a frio (a temperatura durante a fase de extração não passa de 27 °C). **Para a degustação, um bom azeite pode oferecer diferentes perfis:** frutado, floral, picante, amargo, herbáceo, maduro, redondo, doce, adstringente e/ou ácido.

É importante saber ler o rótulo, sobretudo para se informar sobre a origem.

Algumas embalagens podem ser enganosas. Verifique se o local de origem das azeitonas ou se a variedade delas são informados. Todas as outras menções, a saber: o local do engarrafamento, o local da distribuição, as características da embalagem (marca, foto, cores, desenhos), ou local de venda não fornecem prova alguma da origem das azeitonas.

Procure a menção do país de origem do produto e uma eventual denominação de origem (DOP, IGP, SLOW FOOD). A ausência dessa menção prova que se trata de uma composição sem origem definida.

Utilização do azeite na gastronomia:

- **Ponto de fumaça:** 210 °C (o melhor tipo de óleo para fritura)
- **1 litro de azeite = 915 g/919 g**
- **Conservação:** armazene o azeite em ambiente fresco e protegido da luz, em recipiente de aço inoxidável ou vidro fumê. Consumir entre 12 e 18 meses após sua fabricação (ver data na embalagem).

Denominação dos azeites italianos

Denominação	Designação	Zona geográfica
Alto Crotonese	DOP	Calábria
Aprutino Pescarese	DOP	Abruzos
Brisighella	DOP	Emília-Romanha
Bruzio	DOP	Calábria
Canino	DOP	Lácio
Cartoceto	DOP	Úmbria
Chianti Classico	DOP	Toscano
Cilento	DOP	Campânia
Collina di Brindisi	DOP	Apúlia
Colline di Romagna	DOP	Emília-Romanha
Colline Pontine	DOP	Lácio
Colline Salernitane	DOP	Campânia
Colline Teatine	DOP	Abruzos
Dauno	DOP	Apúlia
Garda	DOP	Lombardia-Trentino-Vêneto
Irpinia-Colline dell'Ufita	DOP	Campânia
Laghi Lombardi	DOP	Lombardia
Lametia	DOP	Calábria
Lucca	DOP	Toscana
Molise	DOP	Molise
Monte Etna	DOP	Sicília
Monte Iblei	DOP	Sicília
Penisola Sorrentina	DOP	Apúlia
Pretuziano delle Colline	DOP	Abruzos
Riviera Ligure	DOP	Ligúria
Sardegna	DOP	Sardenha
Seggiano	DOP	Toscana
Tergeste	DOP	Friul-Veneza Júlia
Terra d'Otranto	DOP	Apúlia
Terra di Bari	DOP	Apúlia
Terre Aurunche	DOP	Campânia
Terre Tarentine	DOP	Apúlia
Toscano	DOP	Toscana
Tuscia	DOP	Lácio
Umbria	DOP	Úmbria
Val di Mazara	DOP	Sicília
Valdemone	DOP	Sicília
Valle del Belice	DOP	Sicília
Valli Trapanesi	DOP	Sicília
Veneto Valpolicella	DOP	Vêneto
Vulture	DOP	Basilicata

Utensílios de cozinha

Agulha para introduzir pedaços de gordura ou carne
Agulha para costurar
telo para carne
Colher de servir sorvete
Pegador de massas
Prancha para polenta
Moldes cilíndricos para cannoli siciliano
Mandolim de trufas
Faca para queijo parmesão
Espremedor de alho
Fôrma para pandoro
Panela de cobre para risoto
Pá de pizza
Pedra refratária
Frigideira para massas

Trentino-Alto Ádige
Friul--Veneza Júlia
Vale d'Aosta
Lombardia
Vêneto
Piemonte
Emília-Romanha
Ligúria
Toscana
Marche
Úmbria
Abruzos
Lácio
Molise
Campânia
Apúlia
Basilicata
Sardenha
Calábria
Sicília

Estrutura de uma refeição italiana

A refeição italiana completa é composta por diversas etapas: aperitivo, antepasto, primeiro prato, segundo prato, contorno, doce, fruta e café!

Aperitivo **(aperitivo)**
Esse é um momento de degustação, no qual experimentamos um copo de vinho, uma bebida alcoólica, um coquetel ou uma bebida sem álcool (na Itália existem inúmeras delas concebidas para o aperitivo que se assemelham a coquetéis à base de vermute ou outras bebidas amargas com álcool). A bebida é sempre acompanhada de algum tira-gosto, tudo servido em porções bem pequenas (petit fours salgados, frutas secas salgadas, queijos, charcutarias, legumes, molhos, pães, massas, etc.). Esse momento pode se transformar em uma verdadeira refeição de acepipe. Pelos cafés do país, é um momento do dia de muita convivência.

Antipasto **(antepasto)**
É o prato que introduz a refeição. Trata-se de uma porção bem pequena em relação ao prato principal, que pode ser preparada com charcutarias, legumes, peixes, carnes, etc.

Primo **(primeiro prato)**
Massas, risoto, sopa, minestrone, polenta, são todos primi. É o primeiro prato da refeição servido antes do prato principal. Ele pode se tornar também um prato único caso seja servido em grande quantidade e seja rico e completo do ponto de vista nutricional.

Secondo **(segundo prato)**
É o prato principal, ou "da resistência", como se diz em italiano. Acompanhado de um contorno, ele é preparado com carne ou peixe.

Contorno **(acompanhamento)**
Trata-se do acompanhamento do secondo. É preparado com legumes, legumes secos, batatas ou polenta. Na Itália, tradicionalmente, não utilizamos nunca as massas ou pratos com arroz como contorno (uma única exceção: o ossobuco à milanesa com risoto de açafrão).

Dolce, frutta et caffé **(Doce, fruta e café)**
Uma refeição tradicional deve ser completada por uma sobremesa, seguida de uma cesta de frutas e de um imperdível café ristretto! Servir queijos ao fim da refeição se tornou um hábito completamente obsoleto na Itália.

Não é todo dia que se prepara uma refeição tão complexa. Essa sequência é reservada somente para grandes cerimônias. Nessas situações, se sucedem um aperitivo, várias entradas frias e quentes, dois primi, alguns secondi com seus contorni, queijos, sobremesas, frutas e café com digestivo (grappa, limoncello, vinho doce, amaro, etc.). As refeições cotidianas são compostas mais habitualmente por um primo seguido de um secondo com um contorno. Porém, atualmente, é cada vez mais comum termos as refeições servidas de um único prato!
Outra particularidade da refeição à italiana é a distinção clara e bem difundida entre pratos de terra e do mar. Com frequência, as refeições caseiras, assim como nos restaurantes, adotam essa distinção, servindo pratos à base de carnes, queijos e legumes ou pratos à base de peixes, crustáceos e legumes. É justamente em situações como grandes cerimônias que esses dois tipos podem se misturar.

Especialidades das regiões italianas

Piemonte e Vale d'Aosta

Trufa branca de Alba: trufa branca de tipo magnatum pico, de cor ocre pálida que pode chegar de 10 cm a 20 cm de diâmetro. Pode ser colhida entre outubro e novembro.

Grissini: pequenos pães compridos e crocantes de diferentes tamanhos que podem ser naturais ou aromatizados com azeite, azeitona, alecrim, pimenta, etc.

Amaretti: biscoitos pequenos e redondos ligeiramente amargos, secos ou suaves, à base de amêndoas doces e amargas.

Amaretto di Saronno: licor a 28 °C à base de amêndoas e ervas originárias da cidade de Saronno.

Savoiardi: biscoitos macios e compridos preparados com uma massa de ovos. Ingredientes indispensáveis para a preparação do tiramisu e da zuppa inglesa.

Chocolate gianduja: preparação de chocolate à base de cacau e avelãs. É a base para diferentes produtos piemonteses, tais como os giandujotti (pequenos fondants de chocolate na forma de trapézio) ou os cuneesi ao rum (bombom de gianduja e rum).

Biova: trata-se de pequenos pães redondos de 100 g a 500 g, com casca friável e com muito pouco miolo que se adapta perfeitamente aos pratos dessa região.

Salsa rubra: é um molho típico do Piemonte que provém de um molho tradicional chamado bagne rosso e que lembra muito o ketchup norte-americano. Acompanha sobretudo as carnes cozidas e assadas.

Tajarin: são os tagliatelle bem finos (em torno de 3 mm) de massa com ovo aromatizadas com parmesão. Elas são servidas de maneira mais frequente com o caldo da carne (al brucio), com manteiga e sálvia ou, na versão mais luxuosa, com trufa branca.

Fassone: bovino de raça piemontesa autóctone caracterizado por um alto rendimento para o matadouro, mas também por uma excelente qualidade de leite, o que o faz uma raça completa. O fassone está a caminho de receber a demarcação IGP (Indicação Geográfica Protegida).

Lombardia

Mostarda di Cremona: conserva preparada com frutas inteiramente cristalizadas (maçã, pera, cereja, abóbora, figo e raspas de laranja) e imersas em um suco à base de açúcar e mostarda. Ela é servida especialmente acompanhada de carnes cozidas e assadas.

Rosetta ou michetta: pão pequeno e redondo do tipo suflê (vazio em seu interior) em forma de flor. É servida como acompanhamento nas refeições, porém é mais conhecida na preparação dos panini.

Panettone e colomba: trata-se de dois grandes pães doces preparados com farinha, ovos, manteiga, açúcar e fermento, aos quais se acrescentam frutas cristalizadas picadas e uvas-passas. O panetone tem a forma de uma cúpula e é preparado para o Natal, enquanto a colomba tem a forma de uma pomba e é apreciada na Páscoa. Existem, no entanto, diversas variações das receitas originais, com chocolate, limoncello, zabaione, e outros.

Luganega: salsicha comprida preparada com carne magra da paleta de porco, fresca ou curada, e gordura conhecida notadamente por acompanhar a polenta ou o risoto alla luganega.

Vêneto, Trentino-Alto Ádige e Friul-Veneza Júlia

Baicoli: pequenos biscoitos pouco açucarados que mais se parecem com finas fatias de torrada e que acompanham os cremes da sobremesa e os vinhos doces ao fim da refeição.

Pandoro: bolo de massa alta típico de Verona com a forma de uma cúpula e base estrelar de oito pontas. É preparado principalmente para as festas de Natal.

Pinza: pão doce com mel preparado tradicionalmente para as festas da Páscoa.

Ligúria

Biscotti del Lagaccio: biscoitos aromatizados com o anis típico da região de Gênova.

Baci: pequenos doces à base de amêndoas em pó e avelãs modelados como duas esferas cortadas ao meio e coladas entre si com um creme à base de chocolate.

Salsa di noci: molho à base de nozes, alho, miolo de pão e azeite que acompanha os raviólis de borragem típicos do oeste da Ligúria.

Olive taggiasche: pequenas azeitonas muito perfumadas cultivadas nos arredores de Taggia. Elas são a base de diferentes preparações culinárias como o coelho ao San Remo ou o creme de azeitonas (patê de azeitona).

Gamberi Rossi di Sanremo: camarões de tamanho médio de cor vermelha brilhante cuja carne é muito saborosa. Podem também ser degustados crus e são pescados no leste o no oeste da Ligúria.

Emília-Romanha e Marche

Coppia ferrarese: trata-se de um pão constituído de dois pedaços de massa retorcida que são ligados em suas partes centrais formando um "X". O peso de cada pão pode variar entre 80 g a 250 g. Sua coloração é dourada com nuances mais claras, e seu odor é intenso e apetitoso.

O vinagre balsâmico tradicional, um tesouro incomum

Aceto balsamico tradizionale di Modena et aceto balsamico tradizionale di Reggio Emilia: o vinagre balsâmico tradicional é preparado com o mosto da uva branca, não fermentado, mas cozido para reduzir entre 30% a 70% (dependendo do ano). O mosto é, em seguida, filtrado, congelado e colocado para envelhecer nos barris. Durante um período mínimo de doze anos, o mosto é transferido a cada redução para barris de tamanhos cada vez menores, constituídos por diferentes tipos de madeira (carvalho, castanheira, cerejeira). São necessários 100 kg de mosto de uva para obter um máximo de 2 ℓ de vinagre! Para obter o vinagre balsâmico tradicional affinato é preciso esperar doze anos no mínimo; já para o extravecchio poder ser engarrafado e numerado, o tempo é de 25 anos. As garrafas (desenhadas pelo famoso Giugiaro) são as mesmas para todos os vinagres, norma estabelecida pelo sindicato do vinagre balsâmico tradicional. O rótulo muda e difere a cada produtor: 12 anos ou 25 anos para os de Modena e prata ou ouro para os de Reggio Emilia. Encontramos no mercado diferentes tipos de vinagre utilizando a denominação "balsâmico". Além do tradicional, há o vinagre balsâmico IGP, que tem qualidade, mas não é maturado e pode ser reconhecido por seu rótulo. Encontramos, sobretudo, um sem número de outros produtos que não passam de imitações.

Como reconhecer um vinagre balsâmico tradicional?
A garrafa é numerada e possui a sigla DOP no rótulo. O preço é alto (entre 70 e 150 euros). A garrafa é pequena e nunca contém mais que 100 mℓ.
Todas as empresas que produzem o vinagre balsâmico tradicional possuem tradição centenária e não fabricariam por nada no mundo um produto de qualidade inferior aos de seus concorrentes. É por isso que, nesse nível de excelência, eles se equivalem! Conserve seu "bálsamo" em temperatura ambiente e isolado de outros produtos que possam contaminar o aroma.
Em relação ao vinagre balsâmico de Modena IGP, a maneira mais simples de reconhecer sua qualidade é observar no rótulo a porcentagem do mosto e do vinagre no produto: quanto maior a quantidade de mosto, mais chances o produto terá de ser de qualidade. (Na apresentação dos ingredientes de um produto industrializado, os componentes são sempre colocados em ordem decrescente, segundo a proporção apresentada na sua composição).

Zampone e cotechino: eles são preparados com os pés de porco desossados e outras partes gordurosas, além da própria pele. Essa composição de carne é temperada com um conjunto de condimentos, incluindo notadamente o cravo-da-índia, a canela, a pimenta, a noz-moscada, o louro e o tomilho. Tudo isso é colocado dentro do pé do porco desossado (para o zampone) ou como uma linguiça (para o cotechino).

Amarena Fabbri: é uma especialidade italiana que fez sua marca ficar conhecida no mundo inteiro. São cerejas negras conservadas em um xarope muito aromático, que caracteriza esta receita, e são acondicionadas em um jarro de porcelana branca com uma decoração própria feita em azul. Elas acompanham sorvetes e sobremesas.

Toscana e Úmbria

Tartufo di Norcia e Tartufo di Spoleto: trufas negras do tipo Melanosporum vittadini de grande qualidade.

Bistecca alla fiorentina (bisteca à fiorentina): trata-se de uma bisteca de carne chianina (oriunda do vale de Chiana), preferencialmente um animal adulto, e fica maturando por, pelo menos, vinte dias. Ela possui um osso na forma de "T": de um lado, temos o filé, de outro, o contrafilé. Ela é assada, como churrasco, mas em fogo a lenha por 20 min de cada lado. É temperada somente com sal, azeite e, eventualmente, pimenta.

Olive sotto ranno: são azeitonas de sabor bem doce, quase açucaradas, preparadas com cinza e água.

Brigindi: biscoitos crocantes arredondados aromatizados com anis.

Copate: bolos redondos feitos à base de mel e de amêndoas cobertos por hóstias típicas de Siena.

Ricciarelli: biscoitos em forma de losango à base de massa de amêndoas, frutas cristalizadas e baunilha.

Cinta senese: raça de porco tipicamente italiana, de pele negra com uma mancha branca na parte frontal do dorso e que vai até as patas dianteiras.

Lácio, Abruzos e Molise

Zafferano dell'Aquila: este açafrão de Abruzos é muito renomado.

Porchetta: esta receita é típica de várias regiões do centro da Itália. Uma vez que o pernil e a paleta são separados para serem utilizados na charcutaria, o porco é esvaziado e recheado com uma grande quantidade de temperos, como alho e erva-doce, assim como os miúdos picados. Em seguida, ele é fechado de novo e assado lentamente no espeto no fogo a lenha. Depois, ele é, tradicionalmente, servido em pedaços nos sanduíches vendidos nas ruas dessas regiões pelos *porchettari*.

Olive di Gaeta: grandes azeitonas de cor rosada preparadas em salmoura e de onde se extrai o azeite homônimo.

Campânia

Sfogliatelle: doces de massa folhada em forma de conchas recheados de ricota e aromatizados com frutas cítricas e baunilha.

Colatura di Cetara: molho líquido cor de âmbar obtido da conserva de anchovas com sal marinho feita em barris de carvalho. Esse condimento é utilizado para temperar tanto massas quanto legumes.

Limoncello: bebida alcoólica à base de limão (originária das costas de Amalfi e Sorrento) servida, tradicionalmente, fresca e ao fim das refeições.

Apúlia e Basilicata

Lampascioni: pequenos bulbos da mesma família Asparagaceae (que parecem cebolas), de sabor ligeiramente amargo que são especialmente preparados em conserva com óleo e ervas aromáticas.

Miele di fichi: melado obtido do cozimento de figos bem maduros e utilizado como açúcar para as sobremesas locais.

Peperone di Senise: esses pimentões vermelhos e doces são secos no sol e enfileirados por barbantes. Em seguida, são fritos ou utilizados para temperar diferentes pratos e conservas. Eles são chamados localmente de cruschi (crocantes).

Castagnedde: doces em forma de castanhas à base de massa de amêndoa aromatizados com baunilha e limão e recobertos de chocolate.

Calábria

Nduja: linguiça macia em forma de pasta à base de carne de porco com pimenta.

Bergamotto: fruta cítrica muito difundida na região que é utilizada na confeitaria e na perfumaria.

Sicília

Zibibbo: uvas muito açucaradas com as quais se prepara o vinho passito e as uvas-passas.

Frutta dela Martorana: pequenos doces em forma de frutas à base de massa de amêndoa.

Bottarga di tonno: conserva à base de ovas de atum desidratadas.

Capperi di Pantelleria: são alcaparras de alta qualidade como as das Ilhas Eólias. As alcaparras podem ser classificadas por muito pequenas (puntine), normais ou grandes. Estas últimas são frutas do pé de alcaparra que podem ser preparadas em conserva com vinagre (cucunci).

Pistacchi di Bronte: esse pistache da região de Catânia é o mais renomado no mundo. Ele é utilizado para preparar o pesto de pistache siciliano, o sorvete de pistache e outras iguarias.

Cioccolato di Modica: chocolate à base de cacau e açúcar mascavo completo.

Cubbaita: torrone suave recoberto por sementes de gergelim.

Ossa di morto: pequenos doces aromatizados com cravo-da-índia.

Sardenha

Pane carasau ou carta musica: é uma folha de pão com massa feita à base de farinha de sêmola de grano duro sem fermento, tradicionalmente assado no forno a lenha. Ele é servido como pão ou temperado com azeite (pane guttiau) ou ainda preparado como uma espécie de lasanha (pane frattau). Este é o mesmo pão que, devido à boa conservação, os pastores costumavam levar para ser consumido durante as pastagens.

Fregola: pequenas massas à base de farinha de sêmola de grano duro que são assadas no forno. Elas são acompanhadas tradicionalmente de um molho à base de pequenas amêijoas (arselle).

Porcheddu: pequeno porco temperado com ervas (hortelã, alecrim, murta, louro, sálvia, etc.) e assado, tradicionalmente, em fogo a lenha em um buraco cavado na terra (carraxiu).

Mirto: a murta (em português) é uma planta muito cheirosa que produz bagas quase negras. Ela é utilizada na Sardenha para aromatizar diferentes preparações e para produzir o álcool de mesmo nome.

Produtos *Slow Food*

A Slow Food é uma associação internacional fundada em Bra (Piemonte) em 1986. Fundada por Carlo Petrini, ela foi concebida como uma resposta à difusão exponencial dos ***fast-food*** e do frenesi com que esse segmento se apoderou dos hábitos alimentares em todos os lugares do mundo. A Slow Food tem o objetivo de recuperar valores como o tempo das refeições e as tradições da enogastronomia no mundo inteiro. A associação se empenha na defesa da biodiversidade e nos direitos das populações à soberania alimentar enfrentando a globalização do paladar, o agronegócio e as manipulações genéticas.

A Slow Food instaurou duas denominações suplementares independentes das leis públicas: o Presidio (195 produtos) e a Arca del Gusto (412 produtos). Elas têm por vocação recuperar e salvaguardar as pequenas produções ameaçadas pela industrialização massiva, pela globalização e pela degradação ecológica.

Designação de produtos de denominação protegida

DOP 154 produtos de Denominação de Origem Protegida. Suas características estão estritamente ligadas ao *terroir* da produção levando em conta fatores como a geografia e o *know-how*.

IGP 95 produtos de Indicação Geográfica Protegida. Suas características dependem diretamente de uma zona geográfica de produção específica.

STG 2 produtos italianos são as Especialidades Tradicionais Garantidas. Suas características dependem diretamente de um método tradicional de fabricação específica.

AOP Os produtos de Apelação de Origem Protegida referem-se a produtos agrícolas de acordo com seu local de origem, produção e transformação.

Produtos com denominação protegida

Produtos agrícolas

Denominação	Descrição	Zona geográfica	Designação
Aglio bianco Polesano	Alho branco Polesano	Vêneto	DOP
Amarene Brusche di Modena	Cerejas amarenas de Modena	Emília-Romanha	IGP
Arancia rossa di Sicilia	Laranja vermelha da Sicília	Sicília	IGP
Asparago bianco di Bassano	Aspargo branco de Bassano	Vêneto	DOP
Basilico genovese	Manjericão genovês	Ligúria	DOP
Bergamotto di Reggio Calabria	Bergamota de Reggio Calabria	Calábria	DOP
Cappero di Pantelleria	Alcaparra de Pantelleria	Sicília	IGP
Carciofo romanesco del Lazio	Alcachofra romanesca do Lácio	Lácio	IGP
Carciofo spinoso di Sardegna	Alcachofra espinhosa da Sardenha	Sardenha	DOP
Castagna Cuneo	Castanha de Cuneo	Piemonte	IGP
Castagna del Monte Amiata	Castanha do Monte Amiata	Toscana	IGP
Cipolla rossa di Tropea	Cebola roxa de Tropea	Calábria	IGP
Fagiolo di Lamon della Vallata Bellunese	Feijão vermelho de Lamon do Vale de Belluno	Vêneto	IGP
Fagiolo di Sorana	Feijão de Sorana	Toscana	IGP
Farro della Garfagnana	Espelta de Garfagnana	Toscana	IGP
Fico bianco del Cilento	Figo branco de Cilento	Campânia	DOP
Fungo di Borgotaro	Cogumelo de Borgotaro	Emília-Romanha	IGP
Lenticchia di Castelluccio di Norcia	Lentilha de Castelluccio de Norcia	Úmbria	IGP
Limone Costa d'Amalfi	Limão da Costa de Amalfi	Campânia	IGP
Limone di Sorrento	Limão de Sorrento	Campânia	IGP
Liquirizia di Calabria	Alcaçuz da Calábria	Calábria	DOP
Marrone del Mugello	Castanha de Mugello	Toscana	IGP
Mela Alto Adige	Maçã do Alto Ádige	Trentino-Alto Ádige	IGP
Mela di Valtellina	Maçã de Valtellina	Lombardia	IGP
Melannurca Campana	Maçã da Campânia	Campânia	IGP
Mela Val di Non	Maçã do Vale de Non	Trentino	DOP
Nocciola del Piemonte	Avelã do Piemonte	Piemonte	IGP
Oliva Ascolana del Piceno	Azeitona de Ascoli Piceno	Marche	DOP
Peperone di Senise	Pimentão de Senise	Basilicata	IGP
Pistacchio verde di Bronte	Pistache verde de Bronte	Sicília	DOP
Pomodorino del Piennolo del Vesuvio	Tomate-cereja do Vesúvio	Campãnia	DOP
Pomodoro di Pachino	Tomate de Pachino	Sicília	IGP
Pomodoro San Marzano dell'Agro Sarnese-Nocerino	Tomate San Marzano dell'Agro Sarnese-Nocerino	Campânia	DOP
Radicchio di Chioggia	Radicchio de Chioggia	Vêneto	IGP
Radicchio Rosso di Treviso	Radicchio vermelho de Treviso	Vêneto	IGP
Radicchio Variegato di Castelfranco	Radicchio rajado de Castelfranco	Vêneto	IGP
Riso del Delta del Po	Arroz do Delta do Pó	Vêneto, Emília-Romanha	IGP
Riso di Baraggia Biellese e Vercellese	Arroz de Baraggia do Vale de Verceil e de Biella	Piemonte	DOP
Riso Vialone Nano Veronese	Arroz vialone nano de Verona	Vêneto	IGP
Zafferano dell'Aquila	Açafrão de Áquila	Abruzos	DOP
Zafferano di San Gimignano	Açafrão de San Gimignano	Toscana	DOP
Zafferano di Sardegna	Açafrão da Sardenha	Sardenha	DOP

PRODUTOS DERIVADOS DE QUEIJO E LATICÍNIOS

Denominação	Descrição	Zona geográfica	Designação
Asiago	Queijo de leite de vaca de massa semicozida, refinado, maturado por 6 meses a 2 anos.	Vêneto e Trentino	DOP
Caciocavallo Silano	Queijo de leite de vaca de massa filada e semidura, maturada por 2 meses a 2 anos.	Apúlia	DOP
Canestrato Pugliese	Queijo de leites mistos (vaca, cabra, ovelha) de massa dura e prensada, fresco ou maturado.	Apúlia	DOP
Castelmagno	Queijo de leite de vaca de massa crua e com veios, maturado por 2 a 5 meses.	Piemonte	DOP
Fiore Sardo	Queijo de leite de ovelha de massa crua e dura, maturada por 2 a 5 meses.	Sardenha	DOP
Fontina	Queijo de leite de vaca de massa semicrua, maturada por 3 a 5 meses.	Vale d'Aosta	DOP
Formaggio di Fossa	Queijo de leite de ovelha de massa crua, maturada por 3 meses em fossa debaixo de pedras.	Emília-Romanha e Marche	DOP
Gorgonzola	Queijo de leite de vaca de massa untuosa e com veios.	Lombardia e Piemonte	DOP
Grana Padano	Queijo de leite de vaca de massa dura e cozida, maturado por, no mínimo, 10 meses.	Lombardia, Piemonte, Emília-Romanha, Vêneto e Trentino	DOP
Montasio	Queijo de leite de vaca de massa dura e cozida, semicurado por 3 a 18 meses.	Friul-Veneza Júlia e Vêneto	DOP
Mozzarella	Queijo fresco de leite de vaca de massa filada.	Produção nacional	STG
Mozzarella di Bufala Campana	Queijo fresco de leite de búfala de massa filada.	Campânia, Lácio, Apúlia e Molise	DOP
Parmigiano Reggiano	Queijo de leite de vaca de massa dura e cozida, maturado por 12 a 36 meses.	Emília-Romanha e Lombardia	DOP
Pecorino Romano	Queijo de leite de ovelha de massa dura e cozida, maturado por 5 a 8 meses.	Lácio, Toscana e Sardenha	DOP
Pecorino Sardo	Queijo de leite de ovelha de massa dura e semicozida, maturado por, no mínimo, 20 dias para os mais amarelos e, no mínimo, 6 meses para os curados.	Sardenha	DOP
Pecorino Toscano	Queijo de leite de ovelha de massa suave ou semidura com diferentes tipos de maturação.	Toscana, Úmbria e Lácio	DOP
Provolone Valpadana	Queijo de leite de vaca de massa filada, maturado por, no mínimo, 3 meses.	Emília–Romanha, Lombardia, Vêneto e Trentino	DOP
Ricotta di Bufala Campana	Laticínio obtido do cozimento do soro do leite de búfala.	Campânia, Lácio, Apúlia e Molise	DOP
Ricotta Romana	Laticínio obtido do cozimento do soro do leite de vaca.	Lácio	DOP
Robiola di Roccaverano	Queijo fresco de leite de vaca de massa crua.	Piemonte	DOP
Squacquerone di Romagna	Queijo fresco de leite de vaca de massa mole.	Emília-Romanha	DOP
Taleggio	Queijo semifresco de leite de vaca de massa mole, maturado por 40 dias.	Lombardia, Piemonte e Vêneto	DOP
Toma Piémontese	Queijo de leite de vaca maturado por 15 a 60 dias.	Piemonte	DOP
Valtellina Casera	Queijo de leite de vaca de massa cozida, maturado por 70 dias.	Lombardia	DOP

PRODUTOS À BASE DE CARNE E CHARCUTARIA

Denominação	Descrição	Zona geográfica	Designação
Abbacchio Romano	Cordeiro Romano	Lácio	IGP
Agnello di Sardegna	Cordeiro da Sardenha	Sardenha	IGP
Bresaola della Valtellina		Lombardia	IGP
Capocollo di Calabria	Capocollo da Calábria	Calábria	DOP
Cinta Senese	Porco da Raça Cinta Senese	Toscana	DOP
Coppa di Parma		Emília-Romanha e Lombardia	IGP
Cotechino Modena	Cotechino de Modena	Emília-Romanha, Lombardia e Vêneto	IGP
Culatello di Zibello		Emília-Romanha	DOP
Lardo di Colonnata	Salame de Colonnata	Toscana	IGP
Mortadella Bologna		Emília-Romanha, Lombardia, Vêneto, Trentino Piemonte, Marche, Lácio e Toscana	IGP
Pancetta Piacentina	Panceta de Piacenza	Emília-Romanha	DOP
Porchetta di Ariccia	Leitão Assado de Ariccia	Lácio	IGP
Prosciutto di Modena	Presunto de Modena	Emília-Romanha	DOP
Prosciutto di Norcia	Presunto de Norcia	Úmbria	IGP
Prosciutto di Parma	Presunto de Parma	Emília-Romanha	DOP
Prosciutto di San Daniele	Presunto San Daniele	Friul-Veneza Júlia	DOP
Prosciutto Toscano	Presunto Toscano	Toscana	DOP
Prosciutto Veneto Berico-Euganeo	Presunto do Vêneto	Vêneto	DOP
Salame Cremona	Salame de Cremona	Emília-Romanha, Lombardia, Vêneto e Piemonte	IGP
Salame Felino	Salame Felino	Produção nacional	IGP
Salame d'oca di Mortara	Salame de Ganso de Mortara	Lombardia	IGP
Salamini Italiani alla Cacciatora	Salame Italiano à Caçadora	Produção nacional	DOP
Soppressata di Calabria	Salame Prensado Calabrês	Calábria	DOP
Sopressa Vicentina	Salsicha de Vicenza	Vêneto	DOP
Speck dell'Alto Adige	Speck Defumado de Alto Ádige	Trentino-Alto Ádige	IGP
Valle d'Aosta Jambon de Bosses	Presunto de Bosses do Vale d'Aosta	Vale d'Aosta	DOP
Valle d'Aosta Lard d'Arnad	Lardo d'Arnad do Vale d'Aosta	Vale d'Aosta	DOP
Vitellone Bianco dell'Appennino Centrale	Vitelo Branco dos Apeninos Centrais	Emília-Romanha, Marche, Toscana, Abruzos, Molise, Campânia, Lácio e Úmbria	IGP
Zampone Modena		Emília-Romanha, Lombardia e Vêneto	

PEIXES

Denominação	Descrição	Zona geográfica	Designação
Acciughe Sotto Sale del Mar Ligure	Anchova da Ligúria com sal marinho	Ligúria	IGP
Tinca Gobba Dorata del Pianalto di Poirino	Tenca de dorso dourado do planalto de Poirino	Piemonte	DP
Trote del Trentino	Truta de Trentino	Trentino Alto-Ádige	IGP

PRODUTOS DE CONFEITARIA, PÃES E DERIVADOS

Denominação	Descrição	Zona geográfica	Designação
Coppia Ferrarese	Pão de casal de Ferrara	Emília-Romanha	IGP
Focaccia di Recco col Formaggio	Fogazza de Recco com queijo	Ligúria	DOP
Pane di Altamura	Pão de Altamura	Apúlia	DOP
Pane di Matera	Pão de Matera	Basilicata	IGP
Pizza Napoletana	Pizza napolitana	Produção nacional	STG
Ricciarelli di Siena	Doce de amêndoas de Siena	Toscana	IGP

OUTROS PRODUTOS

Denominação	Descrição	Zona geográfica	Denominação
Aceto Balsamico di Modena	Vinagre balsâmico de Modena	Emília-Romanha	IGP
Aceto Balsamico Tradizionale di Modena	Vinagre balsâmico tradicional de Modena	Emília-Romanha	DOP
Aceto Balsamico Tradizionale di Reggio Emilia	Vinagre balsâmico de Reggio Emilia	Emília-Romanha	DOP
Pasta di Gragnano	Massa de Gragnano	Campânia	DOP
Sale Marino di Trapani	Sal marinho de Trapani	Sicília	DOP

Espinafre
Spinaci
Vagem
Fagiolini
Catalonha
Catalogna
Aspargo selvagem
Asparagi selvatici
Favas em vagem
Fave
Abobrinha italiana
Zucchine trombette
Repolho romano
Cavolo "mappa" romano
Aipo
Sedano
Rúcula
Rucola
Pimentão anão doce
Friggitelli

Legumes

Tomate de San Marzano
Pomodoro San Marzano
Radicchio de Treviso
Radicchio Trevisano
Cebola
Cipolla gialla
Pimenta
Peperoncini
Tomate coração de boi
Pomodoro cuore di bue
Alcachofra
Carciofo
Cebola roxa de Tropea
Cipolla di Tropea
Legumes

Azeitonas e alcaparras

Azeitonas pretas de Gaeta
Oliva nera di Gaeta

Azeitonas verdes tratadas no cal
Olive verde dolce alla calce

Azeitonas Ascolanas tenras
Oliva Ascolana tenera

Alcaparras no vinagre
Capperi sott'aceto

Alcaparras salgadas de Pantelleria
Capperi sotto sale di Pantelleria

Azeitonas verdes de Cerignola
Olive verdi di Cerignola

Frutos da alcaparra (alcaparrones)
Frutti del cappero "cucunci"

Azeitonas taggiasche
Olive taggiasche

Ervas
Tomilho
Timo
Hortelã
Menta
Alecrim
Romarino
Louro
Alloro
Orégano
Origano
Manjerona
Maggiorana
Salsinha
Prezzemolo
Sálvia
Salvia
Manjericão
Basilico

Temperos

Pimenta vermelha seca
Peperoncini secchi
Erva-doce
Finocchietto
Cominho
Coumino
Anis
Anice
Canela
Cannella
Noz-moscada
Noce moscata
Macis
Macis
Açafrão
Zafferano
Baunilha
Vaniglia
Baga de zimbro
Bacche di ginepro
Cravo-da-índia
Chiodi di garofano
Pimenta-do-reino preta
Pepe nero

Receitas

Enrico Crippa apresenta suas receitas

Piemonte Vale d'Aosta

Enrico Crippa

Uma terra abençoada pelos deuses: isto é, para mim, o Piemonte, uma região repleta de produtos de primeira qualidade. Para começar, a trufa branca de Alba, cidade onde se encontra meu restaurante, o Piazza Duomo. Mas também temos o fassone, raça de gado nativa, o cordeiro sambucano, as avelãs, isso sem falar nos excelentes vinhos e queijos. Uma verdadeira dádiva para quem trabalha no meu ramo.

A gastronomia está plenamente inserida na descoberta do território piemontês. O turismo enogastronômico é um fenômeno em amplo crescimento. Nós proporcionamos, por intermédio de nossa gastronomia, uma porta de entrada suplementar à beleza de nossa região.

No entanto, embora tudo esteja ligado ao terroir, minha gastronomia é atual, leve e muito pessoal. Eu defendo o equilíbrio entre a modernidade e a tradição. Um cozinheiro não deve se limitar a cozinhar, mas ser sensível à arte em todas as suas expressões, prestando atenção especialmente às formas e às cores. Esse é o ensinamento principal de meu mestre, o grande chef Gualtiero Marchesi.

Cordeiro sambucano assado, queijo de cabra, camomila e romã

Cordeiro

Cozinhe a peça do cordeiro em uma caçarola com manteiga, erva-doce e as flores de camomila. Ele deve ficar rosado por dentro; mantenha-o aquecido.

Queijo de cabra

Leve o leite de cabra com o ágar-ágar ao fogo. Quando o leite ferver, diminua o fogo, adicione o queijo e misture até ficar cremoso.

Chá de camomila

Leve a água ao fogo, quando atingir 90 °C, retire-a do fogo. Adicione a camomila e deixe em infusão por 4 min. Coe o chá e leve à geladeira para esfriar.

Redução de chá de camomila

Misture a farinha de tapioca com o chá e leve ao fogo até obter uma consistência melosa. Leve à geladeira para esfriar.

Redução de romã

Misture a farinha de tapioca com a romã e leve ao fogo até obter uma consistência melosa. Leve à geladeira até esfriar.

Montagem

Em 4 pratos individuais, coloque delicadamente uma colher do creme de queijo de cabra e cubra com pólen de camomila.

À direita do queijo, acrescente algumas gotas de redução de chá de camomila e de romã.

Coloque a peça do cordeiro sobre o queijo. Corte os corações de alcachofras em pedaços bem finos, tempere-as com azeite, sal de Maldon e coloque-as sobre o cordeiro. Termine com os brotos escaldados e uma colher do caldo do animal.

Para 4 pessoas

Tempo de preparo: 1 hora

Tempo de cozimento: 30 minutos

Ingredientes

4 peças de cordeiro sambucano

10 g de manteiga

1 pequeno ramo de erva-doce seca

6 flores de camomila secas

Sal, pimenta-do-reino

Queijo de cabra

100 mℓ de leite de cabra

1 g de ágar-ágar

50 g de queijo de cabra fresco

Chá de camomila

550 mℓ de água

10 g de camomila (ou "chá da felicidade")

Redução de chá de camomila

40 g de farinha de tapioca

Redução de romã

20 g de farinha de tapioca

6 romãs passadas na centrífuga para 250 g de suco coado

Montagem

Pólen de camomila, o suficiente

4 corações de alcachofras da Ligúria

40 g de brotos de lúpulo ou crisântemo

Sal de Maldon

Fondue de anchovas ★★

Bagna cauda

Este fondue é tradicionalmente servido no fojot: um recipiente individual composto por uma tigela de cerâmica sobre um suporte com aquecimento à vela. É nessa tigela que mergulhamos os pedaços de legumes crus e cozidos. Para ser degustado com os amigos, esse prato de inverno é comum também nos festivais de colheita.

Ingredientes

Molho

4 dentes de alho
150 g de anchovas em sal
80 g de manteiga
250 mℓ de azeite

Acompanhamentos

Legumes crus sortidos: pimentão, rabanete, endívias, erva-doce, aipo, radicchio, alho-poró, cebola, alcachofra, repolho, cenoura
Maçã
Suco de limão
Legumes cozidos: beterraba, cardo, batata, nabo, cebola, alcachofra-de-Jerusalém, couve, abóbora

Opcional

Polenta (ver p. 101)

Utensílios

1 caçarola de cerâmica difusor de calor
O tradicional "fojot" ou um réchaud de mesa

Referências técnicas

Anchovas em sal >> p. 26
Crudités >> p. 15
Polenta >> p. 101

Para 4 pessoas

Tempo de preparo do molho: 30 minutos
Tempo de imersão do alho no leite: 1 hora
Tempo de preparo dos legumes: de 20 a 30 minutos

Descasque os dentes de alho e retire o miolo. Para que eles sejam mais digestíveis, deixe-os de molho em leite durante 1 h. Corte em tiras e, depois, amasse.
Dessalgue as anchovas e retire suas espinhas.
Descasque e corte em fatias ou em pedaços os legumes que serão cozidos no vapor.
Retire a casca e corte os legumes crus. Mergulhe aqueles que têm tendência a escurecer (erva-doce, alcachofra, cardo, etc.) alguns minutos em água com o suco de limão e, em seguida, seque-os bem.

Na caçarola de cerâmica, esquente a manteiga e o azeite em fogo brando (para que eles não queimem) e deixe o alho refogar lentamente durante 15 min. Quando ficar cremoso, adicione a anchova e misture com uma espátula até que ela se desmanche (em 5 min).

Sirva esse molho em potinhos ou em fojots ou até em uma frigideira sobre um réchaud para mantê-lo quente. Mergulhe os pedaços de legumes no molho para comer.

● Sugestão de vinho

Barbera, tinto, d'Alba ou d'Asti DOC.

● Dica do chef

Quem não gosta de alho pode diminuir a quantidade ou utilizar os dentes sem esmagá-los, apenas para aromatizar o molho, retirando-os antes de servir. Nessa versão mais suave, escove e limpe com um pano úmido uma trufa branca e corte-a em tiras bem finas para acrescentar ao molho. Atualmente, a tendência é acrescentar também algumas colheres de creme de leite fresco.

● É bom saber

Sirva pedaços de polenta junto com os legumes (ver p. 101).

Tartar de vitela com trufa branca ★

Carne all'Albese

All'Albese significa proveniente da cidade piemontesa de Alba.
É uma das receitas que mais valoriza a famosa trufa branca da região.
A carne ideal para este prato é a de vitela.

Ingredientes

2 dentes de alho
1 limão-siciliano
1 trufa branca de Alba
350 g de carne de vitela
Azeite, o suficiente
Sal, pimenta moída na hora

Utensílios

1 mandolim para trufas

Para 4 pessoas

Tempo de preparo: 20 minutos
Tempo de marinada: 1 hora

Descasque os dentes de alho, retire o miolo e pique o dente. Esprema o suco de limão. Escove a trufa com uma escova bem seca para retirar a terra e, se necessário, use uma faca para ajudar. Em seguida, limpe-a com um pano úmido e seque bem.

O açougueiro pode preparar o tartar "batido na ponta da faca". Caso contrário, corte a vitela em pedaços pequenos. Em seguida, utilize, ao mesmo tempo, duas facas bem afiadas, uma em cada mão, para cortar a carne bem miúda.

Prepare um molho com o alho picado, o azeite, o sal e a pimenta e misture com a carne de maneira uniforme para temperá-la. Deixe marinar por cerca de 1 h.

Acrescente o suco de limão somente na hora de servir para evitar que ele cozinhe a carne, que deve continuar malpassada.

Reparta o tartar em pratos. Espalhe fatias de trufa branca cortadas com um mandolim específico para elas.

● Sugestão de vinho

Barbaresco, tinto, DOCG.

● Dica do chef

Segundo uma antiga receita, pode-se misturar ao molho anchovas sem espinhas e amassadas, com sal ou azeite. Quem não gosta de alho, pode amassar somente um dos dentes (descascado e sem o miolo) com um garfo e misturar à carne no momento em que for temperá-la: vai valorizar o sabor ligeiramente semelhante ao alho que a trufa branca tem.

● É bom saber

A trufa branca perde seu sabor com o tempo. É preciso, portanto, consumi-la rapidamente, em 5 dias no máximo. Enrole-a em papel absorvente, seque-a por inteiro e guarde-a dentro de um recipiente de vidro junto com os demais legumes na geladeira.
A trufa branca não suporta o cozimento.

Ingredientes

1 cenoura
1 talo de aipo
1 cebola
¼ de limão-siciliano
3 cravos-da-índia
2 folhas de louro
5 grãos de pimenta-do-reino
250 mℓ de vinho branco
660 g de vitela assada (noix de contrafilé, lombo ou alcatra)
200 g de atum em óleo
4 filés de anchova em óleo
2 colheres (sopa) de alcaparra
Sal

Maionese

2 gemas de ovo
1 colher (café) de mostarda
250 mℓ a 350 mℓ de azeite de oliva
2 colheres (sopa) de vinho branco
Sal

Utensílios

1 chinois

Vitelo assado ao molho de atum ★

Vitel tonné (Vitello tonnato)

Para 4 pessoas

Tempo de preparo: 20 minutos
Tempo de cozimento: cerca de 1h30

Descasque e lave os legumes. Corte o limão. Deixe ferver, em 1 ℓ de água salgada, a cenoura, o aipo, a cebola, os cravos-da-índia, o louro, a pimenta, o limão e o vinho. Acrescente a vitela para que ela cozinhe por cerca de 1h30. Depois, deixe esfriar em seu próprio caldo.

Prepare a maionese

Bata as gemas do ovo com uma pitada de sal e a mostarda. Adicione, pouco a pouco, o azeite até obter uma consistência espessa, que ficará mais fluida com a adição de vinho branco.
Despedace o atum. Pique as anchovas e 1 colher (sopa) de alcaparra. Misture delicadamente à maionese.

Corte a vitela em fatias bem finas, coloque-as em pratos individuais e cubra com o molho. Decore com as alcaparras que ficaram inteiras. Cubra os pratos com filme plástico e leve-os à geladeira até a hora de servir.

● Sugestão de vinho

Langhe, branco DOCG.

● Dica do chef

Faça como na receita antiga, que data do século XVII, na qual o molho é preparado com o caldo da vitela reduzido e temperado com gemas de ovo cozido, alcaparras, anchovas e atum passados na chinois.

● É bom saber

Sirva este prato como antepasto ou como prato principal.

Ravióli piemontês com recheio de carne ★★★

Agnolotti del Plin

Para 4 pessoas
Tempo de preparo: 1h30
Tempo de cozimento: 2h10

Ingredientes

Massa

1 receita de massa de macarrão (ver p. 69)
1 colher (sopa) de azeite de oliva

Recheio

1 dente de alho
1 cenoura
1 talo de aipo
1 cebola
300 g de escarola
50 g de queijo parmesão
1 noz-moscada
300 g de vitela
200 g de carne de porco (lombo ou paleta)
200 g de carne de coelho
20 g de manteiga
1 colher (sopa) de azeite
1 ramo de alecrim
125 mℓ de vinho tinto
1 ℓ de caldo de legumes (ver p. 94)
2 ovos
Sal, pimenta-do-reino

Molho

O caldo do cozimento do recheio
Manteiga
Queijo parmesão

Na véspera, de preferência
Prepare um caldo de legumes (ver p. 94)

Prepare a massa de macarrão (ver p. 69), adicionando uma colher de sopa de azeite. Depois, deixe repousar.

Para preparar o recheio dos raviólis, descasque o dente de alho, retire o miolo e amasse-os. Descasque, lave e corte em brunoise a cenoura, o aipo e a cebola. Lave a escarola. Rale o queijo parmesão e a noz-moscada.

Em uma panela, doure as 3 carnes com a manteiga e um pouco de azeite. Em seguida, adicione os legumes e o alecrim e refogue-os por 5 min antes de adicionar o alho amassado. Acrescente o sal e deglaceie com o vinho. Deixe evaporar o vinho e regue com um pouco do caldo. Tampe e cozinhe em fogo brando por cerca de 2 h, adicionando mais caldo se necessário. Cozinhe a escarola em água, esprema e salteie com uma colher de manteiga. Em seguida, pique-a.

Uma vez que as carnes estejam cozidas, retire-as da panela e reserve o caldo que sobrou para temperar o ravióli. Passe as carnes no processador, em baixa velocidade, para avaliar a consistência do recheio. Acrescente a escarola, o alho, os ovos, o parmesão e a noz-moscada. Verifique a quantidade de sal e de pimenta.

Abra a massa em uma folha fina e corte-a em tiras de 5 cm de largura. Em cada tira, coloque, no centro, pequenas porções de recheio deixando um espaço de 2 cm entre as porções. Quando toda a extensão da tira estiver pronta, dobre um lado sobre as porções de recheio. Pressione a massa entre as porções para eliminar as bolhas de ar e, depois, feche os raviólis dobrando o outro lado por cima, como um pacote. Aperte cuidadosamente a massa entre as porções de recheio para que ela possa aderir sem gerar bolhas de ar. Quando terminar de usar todo o recheio, corte os raviólis com uma carretilha de cortar massas no local onde a massa foi fechada. Os raviólis devem ter 3 cm x 1,5 cm. Arrume-os sobre um recipiente coberto por um pano de cozinha ou sobre uma bandeja.

Para preparar o molho: adicione uma colher de manteiga ao molho coado que sobrou das carnes e, se necessário, dilua com um pouco do caldo de legumes. Ferva a água e cozinhe os raviólis durante 4 min, retire-os da água com uma escumadeira e deixe escorrer bem.

Tempere com o molho e o queijo parmesão ralado.

● Sugestão de vinho
Dolcetto d'Alba, tinto DOC.

● Dica do chef
Para melhor apreciar o recheio, esses raviólis são servidos "à la serviette" (na toalha) em alguns restaurantes, ou seja, fervidos na água e simplesmente enrolados em um guardanapo de linho aquecido. A escarola pode ser substituída por espinafre ou repolho.

● É bom saber
Plin é como chamamos esse tipo de ravióli.

Ingredientes
1 ℓ de caldo de carne (ou de vitela ou de frango, mas não use o caldo industrializado, em geral em forma de cubos)
1 trufa branca de Alba
40 g de queijo parmesão
1 cebola
100 g de manteiga
400 g de arroz para risoto (carnaroli, arborio, vialone nano)
80 mℓ de vinho branco
Sal

Utensílios
1 mandolim para trufas

Referências técnicas
Risoto ao espumante >> p. 93

Risoto de trufa branca de Alba ★★

Risotto al tartufo

Para 4 pessoas
Tempo de preparo: 20 minutos
Tempo de cozimento: 20 minutos

Prepare o caldo de carne (ver p. 93)

Limpe a trufa. Para retirar a terra, use uma escova bem seca e, se necessário, a ponta de uma faca. Limpe-a com um pano úmido e, depois, seque-a. Rale um quarto da trufa e guarde o restante para a finalização do prato.

Rale o parmesão. Descasque e corte a cebola.

Coloque a manteiga em uma caçarola de fundo grosso. Refogue a cebola em fogo brando sem deixá-la dourar. Quando ela ficar translúcida, adicione o arroz. "Toste" os grãos remexendo-os no fundo da panela. Deglaceie com o vinho branco.

Quando o álcool evaporar, adicione o caldo de carne quente, concha por concha, sem deixar que o arroz fique completamente coberto por ele. E, cada vez que o caldo for adicionado, misture bem para que haja um cozimento homogêneo em toda a panela. Calcule um tempo de cocção total de 16 min a 18 min. Prove e adicione sal se necessário.

Desligue o fogo e adicione o queijo parmesão com a trufa ralada. Misture bem. Coloque nos pratos para servir. Com a ajuda do mandolim, finalize fatiando o pedaço restante da trufa, de preferência na mesa, na frente dos convidados.

Sugestão de vinho:
Langhe, branco DOC.

É bom saber
Substitua a trufa branca por uma trufa negra.

Carne assada ao barolo ★★

Brasato al barolo

A carne bovina faz parte da tradição do Piemonte. No dialeto local, *brasato* significa que esse prato era cozido em um caldeirão sobre as brasas da lareira.

Para 6 pessoas

Tempo de preparo: 1 hora
Tempo de marinada: de 6 a 24 horas
Tempo de cozimento: 3 horas

Ingredientes

2 dentes de alho
Ramos de sálvia
Ramos de alecrim
2 cebolas
1 cenoura
1 talo de aipo
80 g de toucinho em tiras
1 garrafa de vinho barolo
1 kg de carne (alcatra ou pedaços grandes)
2 folhas de louro
1 pitada de noz-moscada
1 canela em pau
Farinha de trigo, o suficiente
40 g de manteiga
1 colher (sopa) de azeite

Descasque os dentes de alho, retire o miolo e pique-os junto com a sálvia e o alecrim. Lave, seque e descasque os legumes, cortando-os em pedaços.

Amarre as fatias de toucinho no pedaço de carne e deixe marinar de 6 a 24 horas no vinho com os legumes, o louro, a noz-moscada e a canela.

Retire a carne da marinada, deixe escorrer bem, passe na farinha e doure-a em uma caçarola com manteiga e um pouco de azeite. Adicione os legumes e doure-os também.

Despeje a marinada na panela, adicione o sal e a pimenta, tampe e cozinhe por 3 h em fogo muito baixo. Ao fim do cozimento, quando o molho estiver bem reduzido, retire a carne e corte-a em fatias largas. Coe o molho e jogue-o sobre a carne.

● Sugestão de vinho
Barolo, tinto, semelhante ao Borgonha, DOCG.

● Dica do chef
Como acompanhamento, sirva polenta (ver p. 101) ou purê de batatas.
Utilize os restos do caldo de cozimento do brasato para temperar massas frescas à base de ovo (tagliatele, tagliolini, etc.).

● É bom saber
Asse o brasato no forno durante 3 h a 130 °C. E substitua o barolo por um vinho da mesma cepa, o niebbolo.

Enguia à "carpione" ★★

Carpione d'anguille

Esta marinada é muito antiga. Ela teve sua origem nos arrozais e ganhou o nome de um peixe de lago, da família dos salmões, que era preparado desta maneira, permitindo seu consumo durante vários dias.

Para 4 pessoas

Tempo de preparo: 1 hora
Tempo de cozimento: 20 minutos
Tempo de marinada: 1 a 2 dias

Ingredientes

2 dentes de alho
4 cebolas
800 g de enguia (sem pele)
150 g de farinha de trigo
Óleo para fritura
2 colheres (sopa) de azeite
2 folhas de louro
2 folhas de sálvia
10 grãos de pimenta-do-reino
500 mℓ de vinagre de vinho tinto de boa qualidade
1 colher (café) de orégano fresco
Sal

Descasque os dentes de alho, retire o miolo e pique-os. Corte as cebolas em fatias.

Lave as enguias e retire sua pele, caso o peixeiro não tenha feito isso. Enxágue-as bem, corte-as em pedaços grandes de 6 cm a 10 cm de comprimento, passe na farinha e frite-as no óleo. Coloque-as em papel absorvente e adicione sal.

Em uma panela, refogue, com um pouco de azeite, a cebola e o alho picado, adicione o louro, a sálvia e os grãos de pimenta. Quando a cebola branquear, adicione o vinagre e deixe por 10 min em fogo médio.

Enquanto a cebola esfria, coloque os pedaços de enguia fritos em um prato fundo. Reparta as cebolas frias por cima. Polvilhe com orégano e cubra.
Deixe marinar durante 1 ou 2 dias antes de servir frio.

● **Sugestão de vinho**
Grignolino, tinto DOC.

● **Dica do chef**
Faça esta receita em "carpione" com outros ingredientes como abobrinha, escalope de vitela, peixes de água doce (carpa, tenca, truta), etc.

● **É bom saber**
Conserve este prato durante vários dias em ambiente fresco. Sirva-o como antepasto ou prato principal. É uma receita bem interessante para um piquenique.

Ingredientes

600 g de queijo fontina
350 mℓ de leite
Pão, o suficiente
80 g de manteiga
6 gemas de ovo
Pimenta-do-reino

Opcional

1 trufa branca
Conserva em vinagre (picles, pequenas cebolas, etc.)

Fondue à valdostana ★

Fonduta valdostana

Este é o prato mais típico da saudável cozinha do Vale d'Aosta. É feito com o fontina, delicioso queijo de vaca AOC de textura macia.

Para 6 pessoas

Tempo de preparo do queijo: 4 horas
Tempo de preparo do fondue: 30 minutos

Corte o fontina em fatias finas e deixe marinar no leite durante cerca de 4 h.

Corte o pão em fatias e grelhe-as. Depois, corte em cubos para serem mergulhados no fondue.

Derreta a manteiga em uma panela (de barro, se possível). Adicione o queijo com a metade do leite que foi usado para marinar. Misture até que o queijo esteja completamente derretido.

Bata os ovos com o restante do leite marinado. Junte-os à preparação e misture até obter um creme homogêneo. Coloque a pimenta.

Sirva em um ramequin ou em uma panela própria para fondue sobre réchaud no centro de mesa.

Use os garfos de fondue para mergulhar os pedaços de pão no queijo.

● **Sugestão de vinho**

Valle d'Aosta, tinto seco DOC.
Valle d'Aosta, pinot grigio DOC.

● **Dica do chef**

Para dar um aroma diferente ao fondue, adicione algumas fatias de trufa branca (após escová-la para retirar a terra, limpe-a com um pano úmido e seque bem) ou de cogumelo fresco.

● **É bom saber**

Sirva a fonduta valdostana como antepasto ou como prato único e suas sobras podem ser usadas para preparar a polenta pasticciata, que é um prato gratinado montado com camadas de polenta (ver p. 109).

Pimentões com molho de anchova ★

Peperoni all'acciugata

Ingredientes
4 pimentões amarelos
100 g de anchova em sal
2 dentes de alho
30 g de manteiga
50 mℓ de azeite
3 colheres (sopa) de leite

Para 4 a 6 pessoas

Tempo de preparo: 30 minutos
Tempo de cozimento: 30 minutos

Lave os pimentões, corte-os em quatro pedaços e retire as sementes e as partes brancas.
Lave as anchovas para dessalgá-las, retire a espinha e pique-as.
Descasque os dentes de alho, retire o miolo e pique-os.

Coloque a manteiga e o azeite em uma panela em fogo brando, refogue o alho e as anchovas picadas (as anchovas não podem escurecer). Adicione leite e misture. Acrescente os pimentões e cozinhe por cerca de 30 min.

Sirva quente ou frio. Sirva também sobre fatias de pão tostado.

● Sugestão de vinho
Grignolino d'Asti, tinto DOC.

● Dica do chef
Para deixar o prato mais suave, retire a pele dos pimentões com um descascador de legumes sem dentes (para legumes de pele fina, como o tomate). Pode-se também tostá-los sobre a chama do fogão, em seguida, colocá-los em um recipiente hermeticamente fechado até esfriar e, então, retirar a pele.

● É bom saber
Presente em todas as mesas do Piemonte, esta receita simples é servida, sobretudo, como antepasto, mas pode também acompanhar um prato de carne ou peixe.

Referências técnicas
Anchovas em sal >> p. 26

Panna cotta ★★

Panna cotta

Ingredientes
4 folhas de gelatina sem sabor
400 mℓ de creme de leite
150 mℓ de leite
175 g de açúcar de confeiteiro
1 colher (sopa) de rum

Calda de caramelo
150 g de açúcar
120 mℓ de água

Calda de chocolate
100 g de chocolate amargo ou meio amargo
800 mℓ de leite

Coulis de frutas
Frutas vermelhas, kiwi, manga, etc.
Açúcar de confeiteiro
1 limão-siciliano

Utensílios
6 ramequins com 6 cm a 8 cm de diâmetro e com cerca de 3 cm a 6 cm de altura
1 peneira
1 liquidificador

Para 6 pessoas
Tempo de preparo: 20 minutos
Tempo de refrigeração: 8 horas

Prepare a panna cotta
Unte o interior dos ramequins para desenformar a panna cotta com facilidade posteriormente.
Reidrate a gelatina com um pouco de água fria.
Em uma panela, coloque o creme de leite, o leite e o açúcar de confeiteiro, para aquecê-los em fogo brando sem deixar ferver. Adicione a gelatina hidratada. Misture e recoloque mais um instante em fogo brando.
Passe na peneira e adicione o rum. Misture. Despeje nos ramequins e leve à geladeira por 8 h.
No momento de servir, desenforme e acompanhe com a calda escolhida.

Prepare a calda de caramelo
Em uma panela, coloque o açúcar e 50 mℓ de água. Leve ao fogo (180 °C) para obter um caramelo escurecido, mexa a panela e monitore: a cor passará rapidamente do claro para o escuro. Resfrie imediatamente a panela colocando-a em uma tigela com água fria para interromper o cozimento (cuidado para não deixar espirrar, pois pode queimar). Deixe resfriar e adicione os 70 mℓ restantes de água. Leve ao fogo até que tudo esteja derretido. Desligue o fogo e espere resfriar: o caramelo está pronto.

Prepare a calda de chocolate
Derreta o chocolate cortado em pedaços no banho-maria. Uma vez que esteja derretido, adicione o leite bem quente e misture.

Prepare o coulis de frutas
Lave, seque e descasque as frutas: morangos, framboesas, kiwis, mangas, etc. Bata no liquidificador com o açúcar de confeiteiro e algumas gotas de limão. Passe na peneira se necessário para separar as sementes de framboesa, por exemplo.

● Sugestão de vinho
Borgo Maragliano, Loazzolo Vendemmia Tardivia DOC.
Cosseti, Brachetto d'Acqui DOCG.

● É bom saber
Há cinquenta anos, a panna cotta era servida em albergues no sul do Piemonte, somente com calda de caramelo ou chocolate.
Suas versões com coulis de frutas são recentes.

Nadia e Giovanni Santini apresentam suas receitas

Lombardia

Nadia e Giovanni Santini

Nossa cozinha é uma história de família. Foi com a avó de seu marido, Antonio, que Nadia aprendeu o ritual do preparo das massas, a técnica ancestral do risoto, o respeito e a manipulação dos produtos do terroir.

Atualmente, trabalhamos juntos, mãe, pai e filhos. Alberto (irmão de Giovanni) acompanha Antonio na seleção de vinhos e na recepção de nossos clientes. Nosso restaurante possui um tamanho médio: são trinta lugares, não mais que isso, pois cada prato aqui é preparado com o coração. Nós tivemos a sorte de ganhar muitos prêmios nos últimos anos, embora nunca tenhamos buscado por isso. Estamos muitos felizes e vamos continuar a trabalhar com essa paixão. É a busca pelo sabor e o desejo de realizar cada detalhe com perfeição que nos inspira.

Risoto de açafrão com alcachofras crocantes

Para 4 pessoas
Tempo de preparo: 30 minutos
Tempo de infusão: 1 hora
Tempo de cozimento: 20 minutos

Ingredientes
2 g de açafrão em pistilos
2 alcachofras roxas
2 colheres (chá) de manteiga para as alcachofras
1 ramo de alecrim
1,5 ℓ de caldo de carne
1 cebola pequena
250 g a 300 g de arroz vialone nano
30 g de manteiga para o risoto
40 g de queijo parmesão ralado
Sal

Deixe os pistilos de açafrão em infusão durante 1 h em um pequeno recipiente com água quente.

Prepare as alcachofras

Corte os talos e retire as folhas grandes. Corte as alcachofras na metade no sentido longitudinal. Retire os pelos e pique os corações em pequenos pedaços. Coloque as 2 colheres (chá) de manteiga e o alecrim em uma panela e adicione as alcachofras picadas. Frite até obter uma bela coloração dourada e uma textura crocante.

Prepare o risoto

Aqueça o caldo de carne. Coloque 15 g de manteiga em uma caçarola. Doure a cebola picada. Em seguida, retire a cebola e adicione o arroz de uma só vez, fazendo com que ele doure lentamente, mexendo com uma colher de pau.

Adicione a cebola reservada. Coloque uma concha de caldo fervente e cozinhe o arroz em fogo alto, adicionando caldo regularmente cada vez que o arroz absorver o caldo colocado. Alguns minutos antes de atingir o ponto ideal de cozimento, despeje a infusão de açafrão. Termine de cozinhar acrescentando o resto da manteiga e do parmesão.

Mexa bem e, em seguida, despeje o arroz em um prato. Coloque sobre o risoto as alcachofras crocantes. Saboreie imediatamente.

Risoto à milanesa ★★

Risotto alla milanese o riso giallo

Como ocorre com todas as receitas italianas mais renomadas, o risoto à milanesa é, desde 2007, uma receita protegida por uma Denominação Comunal (De.Co.) da cidade de Milão.

Para 6 pessoas

Tempo de preparo: 30 minutos
Tempo de cozimento: 14 a 18 minutos

Descasque a cebola e pique-a finamente. Corte o tutano em pedaços. Rale o queijo.

Derreta 50 g de manteiga e o tutano em uma caçarola de fundo grosso. Em seguida, adicione a cebola picada e deixe dourar em fogo baixo.

Adicione o arroz e mexa de modo que todos os grãos absorvam os condimentos de maneira uniforme. Deixe tostar levemente em fogo médio.

Aumente o fogo e adicione o caldo (uma concha por vez), misturando o arroz com a ajuda de uma colher de pau, de maneira delicada e regular.

À medida que o líquido for absorvido, adicione mais caldo até o fim do cozimento: 14 a 18 minutos, dependendo do arroz utilizado, com o tempo de cozimento sendo calculado a partir da retomada da ebulição após a primeira concha do caldo. O arroz precisa ficar al dente.

Se utilizar o açafrão em pó, acrescente-o no final do cozimento para preservar a fragrância.

Caso tenha optado por utilizar o açafrão em pistilos, misture-os com um pouco do caldo a dois terços do tempo do cozimento.

Uma vez que o cozimento esteja terminado, desligue o fogo, acrescente o restante da manteiga e misture até ela derreter.

Adicione o queijo ralado e, novamente, misture com a colher, delicadamente, para não quebrar os grãos de arroz. Corrija o sal, se necessário.

O risoto deve estar ligeiramente líquido, *all'onda* (isto é, umedecido), com os grãos bem separados, mas envolvidos pelo creme.

Para um resultado perfeito, não cozinhe mais de 7 ou 8 porções de risoto por vez.

Sirva o risoto em pratos quentes. Leve um pouco mais de grana padano ralado à mesa para que as pessoas se sirvam à vontade.

Ingredientes

1 cebola
30 g de tutano de boi
60 g de queijo grana padano
75 g de manteiga
550 g de arroz para risoto (carnaroli, arborio ou vialone nano)
2,5 ℓ de caldo de carne (ver p. 93)
2 g de açafrão em pistilos ou em pó
Sal

● Sugestão de vinho

Ca'del Bosco, Curtefranca rosso – Terre di Franciacorta DOC.

● Dica do chef

O risoto deve ser servido imediatamente depois de pronto. São os convidados que esperam pelo risoto e jamais o contrário!

Referência técnica
Risoto ao espumante >> p. 93

Ingredientes

Massa

300 g de farinha de trigo sarraceno
100 g de farinha de trigo (T55)
220 mℓ a 240 mℓ de água
2 ovos (opcional)
1 colher (sopa) de azeite
Sal

Molho

50 g de queijo casera, fontina ou tomme de vache
20 g de queijo parmesão
1 cebola
150 g de batata
200 g de acelga ou de repolho verde ou espinafre
30 g de manteiga
Folhas de sálvia
1 dente de alho
Sal, pimenta-do-reino moída na hora

Utensílios

1 rolo para abrir massas
1 secador de massas

● **Sugestão de vinho**

Rainoldi, Sassella Riserva – Valtellina superiore DOCG.

● **Dica do chef**

Alternativa com trufa: adicione o creme de trufas negras ao molho e decore com pequenas fatias de trufa.
Alternativa no forno: em vez de saltear os pizzochieri com este molho, cozinhe-os e, depois, gratine com fatias finas de queijo por cima; e polvilhe queijo parmesão antes de servir.

Tagliatelle com trigo sarraceno à valtellina ★★

Pizzoccheri della valtellina

O pizzochieri é um tipo de tagliatelle preparado com farinha de trigo sarraceno, tradicionalmente acompanhados pelos legumes e queijos da região.

Para 4 pessoas

Tempo de preparo: 1 hora
Tempo de descanso: 30 minutos
Tempo de cozimento: 25 minutos

Prepare a massa

Peneire as farinhas sobre uma superfície lisa (de preferência de madeira) formando um monte único ou coloque-as em uma tigela. Cave um buraco no meio e despeje a água quente e/ou os ovos, o azeite e o sal (nesta ordem). Incorpore gradualmente os líquidos na farinha, certificando-se de que ela não transborde, se estiver utilizando a tigela. Quando toda a farinha estiver incorporada, sove bem a massa. Ela deve ser trabalhada até ficar bem lisa e homogênea (por cerca de 10 min). Embrulhe-a em filme plástico, protegendo-a bem do ar. Deixe repousar por meia-hora.

Depois do tempo de repouso, abra a massa sobre uma superfície (de preferência de madeira) com a ajuda de um rolo de abrir massa, em um movimento do centro para fora. Vire sem parar a massa em um ângulo de 90 graus e faça o mesmo movimento novamente. Continue o movimento até que a massa fique bem fina (3 mm) e uniforme. Corte-a na forma de pequenos tagliatelles com cerca de 6 cm x 1 cm.

Se não tiver um secador de massas, estenda um pano seco sobre uma superfície, enfarinhe-o e coloque a massa sobre ele para secar.

Prepare o molho

Corte os queijos em cubos. Descasque e corte a cebola. Descasque as batatas e corte-as também em pequenos cubos. Lave a acelga (ou o repolho ou o espinafre) e corte em tiras.

Coloque água com sal para ferver. Coloque a acelga para cozinhar por 8 min a 10 min. Adicione os cubos de batata e deixe cozinhando por mais 3 min. Adicione os pizzochieri e cozinhe mais 4 min.

Em uma frigideira, coloque a manteiga e refogue a cebola, a sálvia e o alho.

Escorra o macarrão e os legumes (reserve uma concha da água do cozimento). Adicione à frigideira os cubos de queijo e a água do cozimento reservada. Sirva bem quente com uma pitada de pimenta-do-reino moída na hora.

Fricassê de timo de vitela ★★

Animelle in fricassea

A denominação *fricassea* faz, tradicionalmente, referência a um prato de carne branca ou de timo de vitela em que acrescentam-se ovos e suco de limão ao molho.

Ingredientes
750 g de timo de vitela
1 cebola
60 g de manteiga
2 ovos
1 limão-siciliano
125 mℓ de caldo de carne (ver p. 93)
Sal, pimenta-do-reino

Para 6 pessoas

Tempo de molho do timo: mínimo 4 horas
Tempo de preparo: 30 minutos
Tempo de cozimento: 30 minutos

Coloque o timo de molho em água fria por, no mínimo, 4 h. A água precisa ser trocada constantemente.

Ferva a água para branquear o timo de vitela durante 5 min. Depois, retire sua pele. Enxágue-a na água fria e corte em pedaços.

Descasque a cebola e pique. Doure-a com manteiga em uma frigideira, junte os pedaços do timo, adicione sal e pimenta e deixe cozinhar em fogo brando por 15 min.

Em uma tigela, misture os ovos, o caldo de carne e o suco de limão com um fouet. Coloque sobre o timo e misture, evitando que ferva. Quando o molho ficar espesso o suficiente, sirva bem quente.

● **Sugestão de vinho**
Ca' del Bosco, Chardonnay – Curtefranca DOC.

● **Dica do chef**
Prepare esta receita com carne de frango, vitela ou cordeiro, ajustando-se os tempos de cozimento. Ela pode ser incrementada adicionando-se alcachofras picadas, já branqueadas. Ou, também, prepare uma versão vegetariana somente com alcachofras.

Ingredientes
100 g de feijão-branco
300 g de tomate pelado, fresco ou em conserva
1 talo de aipo
1 cebola
1 cenoura
1 kg de bucho bovino
50 g de manteiga
Folhas de sálvia
250 mℓ de caldo de carne (ver p. 93)
Queijo parmesão ralado
Sal, pimenta-do-reino

Dobradinha com feijão-branco ★

Trippa alla milanese

Para 4 pessoas

Tempo de molho do feijão-branco: 1 noite
Tempo de preparo: 30 minutos
Tempo de cozimento: 4 horas

Prepare na véspera
Deixe o feijão de molho na água fria durante toda a noite.

Prepare no mesmo dia
Escorra o feijão e o cozinhe na água sem sal (1h30 a 2 h de cozimento, ou 40 min a 50 min na panela de pressão).

Se necessário, retire a pele dos tomates (após tê-los mergulhado alguns segundos em água fervente e, depois, em água fria) e amasse-os. Lave e descasque o aipo, descasque a cebola e a cenoura e, em seguida, pique-as em pequenos pedaços.

Corte o bucho em pedaços pequenos.

Sue os legumes em uma panela com a manteiga e a sálvia.

Adicione os pedaços de bucho. Após 10 min, acrescente o tomate amassado e temperado com sal e pimenta.

Deixe cozinhar por 2 h em fogo brando. Regue com o caldo, é necessário para que o prato não seque.

Faltando 10 min para o fim da cocção, acrescente o feijão cozido. No final, o líquido da panela deverá estar bem reduzido. Sirva com o queijo parmesão ralado.

● Sugestão de vinho
Balgera, Grumello riserva – Valtellina superiore DOCG.

● Dica do chef
Para engrossar o molho, acrescente à receita um pé de vitela ou 2 colheres (sopa) de farinha de trigo (dissolvidas com um pouco de caldo quente).
Acompanhe o prato com pão ou polenta grelhada (ver p. 106).

● É bom saber
Esta receita pode ser preparada sem o feijão.

Referência técnica
Polenta ›› p. 106

Ossobuco de joelho de vitela ★★

Ossobuco

Ossobuco, que significa, literalmente, "osso esburacado", é um prato de tradição milanesa desde o século XV. Ele é servido tradicionalmente com uma espécie de espeto usado para extrair o tutano do osso com mais facilidade. Esse instrumento se chama *esattore* em italiano ("coletor de impostos").

Ingredientes

1 cebola
Zeste de 1 limão-siciliano
Ramos de salsinha
1 dente de alho pequeno
1 filé de anchova em óleo
4 pedaços de ossobuco de vitela (joelho posterior baixo, cortado em fatias de 3 cm a 4 cm, cerca de 300 g cada)
Farinha de trigo, o suficiente
80 g de manteiga
250 mℓ de vinho branco
150 g de tomate pelado
500 mℓ de caldo de carne (ver p. 93)
Sal, pimenta-do-reino

Utensílios

Pequenos espetos

Para 4 pessoas

Tempo de preparo: 30 minutos
Tempo de cozimento: 1h30

Descasque a cebola e pique-a. Faça o zeste de limão.

Para preparar a gremolada, retire o talo da salsinha, descasque o alho e retire o miolo. Pique a salsinha, o alho e a anchova e misture com o zeste de limão.

Com uma faca, faça cortes na borda externa dos joelhos. Enfarinhe levemente e doure em uma panela com manteiga. Deglaceie com o vinho branco, deixe evaporar e adicione sal, pimenta e a cebola. Deixe cozinhar alguns minutos, adicione os tomates sem pele e acrescente o caldo de carne.

Deixe cozinhar por 1h30. No fim do cozimento, o molho deve permanecer fluido, mas não líquido, e a carne deve se soltar facilmente do osso. Adicione, por fim, a gremolada.

● Sugestão de vinho
Frecciarossa, Giorgio Odero – Oltrepo' Pavese pinot nero DOC.

● Dica do chef
O acompanhamento mais clássico do ossobuco é o risoto à milanesa (ver p. 214). Varie acompanhando-o com polenta, purê, ou ervilhas, cenouras e vagens salteadas na manteiga.

● É bom saber
Se fizer na panela de pressão, a duração do cozimento não vai passar de 45 min.

Referências técnicas
Polentas >> pp. 101 a 106
Tomates pelados >> p. 42

Ingredientes

2 maçãs reinettes ou boskoop (cerca de 250 g)
1 galinha d'angola de cerca de 1,2 kg, incluindo o fígado
50 g de manteiga
3 bagas de zimbro
Canela em pau ou em pó
250 mℓ de vinho branco bem aromático
1 limão-siciliano
Caldo de carne, o suficiente (ver p. 93)
120 g de uva verde fresca
4 figos
Sal, pimenta-do-reino

Galinha d'angola ao vinho ★★

Faraona alla vignaiola

Para 4 pessoas

Tempo de preparo: 20 minutos
Tempo de cozimento: 1h15 (1 hora por quilo)

Raspe 1 maçã. Corte em fatias o fígado.

Coloque sal e pimenta no interior da ave e espalhe por dentro a maçã (para manter a carne úmida durante o cozimento).

Em uma caçarola, doure a galinha com metade da quantidade de manteiga e as bagas de zimbro. Adicione as fatias de fígado, acrescente o sal e a pimenta. Coloque um pau ou uma pitada de canela e deglaceie com o vinho. Deixe evaporar e adicione o suco de limão. Continue o cozimento (durante 1 h por quilo) adicionando o caldo de carne quando necessário.

Enquanto isso, corte as uvas ao meio e retire as sementes. Descasque a segunda maçã e corte-a em fatias.

Em outra panela, refogue o restante da manteiga, as uvas e as fatias de maçã.

Sirva a galinha d'angola regada com o caldo de cozimento dessa preparação e um figo fresco para cada convidado.

● Sugestão de vinho

Rainoldi, Sfurzat di Valtellina DOCG.

● Dica do chef

Alternativa: uma receita antiga bem típica da Lombardia é da galinha d'angola cozida em crosta de argila. Aromatize o interior da galinha com toucinho picado, alecrim, tomilho, zimbro, canela, cravo, noz-moscada e folhas de louro, além de sal e pimenta.
Enrole-a primeiro com fatias finas de panceta, depois com 2 folhas de papel-manteiga e, por fim, cubra com a pasta de argila (argila misturada com água). Asse por 3 h no forno em uma temperatura bem quente (250 °C). Assim que a galinha sair do forno, quebre a camada de argila com um martelo e sirva.

● É bom saber

Se não tiver figos frescos, substitua por figos secos que podem ser reidratados para cozinhar com a maçã e as uvas.

Aspargos com parmesão ★

Asparagi al parmigiano

Ingredientes
1,5 kg de aspargos verdes frescos
60 g de manteiga
4 ovos
Queijo parmesão ralado
Sal

Para 4 pessoas
Tempo de preparo: 10 minutos
Tempo de cozimento: 15 minutos

Limpe os aspargos. Amarre-os na forma de um buquê e coloque-os na posição vertical em uma panela com água fria e sal cheia até a metade. Cozinhe por 10 min a 15 min.

Enquanto isso, frite os ovos em uma frigideira com manteiga.

Quando os aspargos estiverem cozidos, deixe-os escorrer em um papel absorvente ou em um pano de prato. Em seguida, coloque-os em um prato.

Salpique o parmesão ralado sobre os aspargos. Coloque os ovos fritos sobre eles (o calor dos ovos vai fazer o queijo derreter) e sirva.

● **Sugestão de vinho**
Cavalleri, Rampaneto – Terre di Franciacorta DOC.

● **Dica do chef**
Uma vez que os aspargos estejam cozidos, também podem ser gratinados no forno em várias camadas, com manteiga e queijo parmesão.

Ingredientes

200 g de uva-passa
80 mℓ de leite
250 g de manteiga
1 laranja
1 limão-siciliano
70 g de laranja e cidra, ambas cristalizadas
25 g de fermento biológico fresco
700 g de farinha de trigo (T45)
2 ovos inteiros
5 gemas de ovos
250 g de açúcar
10 g de sal
1 fava de baunilha ou essência de baunilha
2 colheres (sopa) de rum

Utensílios

1 fôrma de panetone de 25 cm de diâmetro

● Sugestão de vinho

Ceretto, Moscato d'Asti DOCG (combinação tradicional!).

● Dica do chef

Substitua as uvas-passas e frutas cristalizadas por frutas secas inteiras ou picadas (amêndoa, avelã, pistache, etc.), ou por gotas de chocolate (amargo, branco ou ao leite) ou ainda por outras frutas cristalizadas (melão, framboesa, kiwi, etc.).

● Variações

Para fazer a colomba pascal, é quase a mesma receita. A diferença é que a colomba tem o formato de uma pomba, e a adição de um glacê feito com claras de ovos batidas em neve misturadas com açúcar de confeiteiro, amêndoas e avelãs em pó. Sobre esse glacê são colocadas amêndoas picadas.

● É bom saber

Para levedar a 30 °C, utilize o forno apenas com a luz acesa. Se a massa secar muito, troque o pano por um plástico para isolá-la.

Panetone ★★★

Panettone

Não sabemos se o panetone nasceu de um grande erro ou de um grande amor, mas o certo é que essa história começou em Milão no século XV. Também é quase certo que devemos essa invenção a um homem chamado Toni, razão pela qual o famoso doce recebeu o nome de "pão de Toni" (panettone).

Para 10 pessoas

Tempo de preparo: 1 hora
Tempo de molho: 15 minutos
Tempo de fermentação da massa: 8h50
Tempo de cozimento: 1 hora

Deixe as uvas-passas de molho em água por 15 min. Utilize o leite em temperatura ambiente. Faça zeste com a laranja e o limão. Corte as frutas cristalizadas em pequenos cubos.

Dilua o fermento em 80 mℓ de leite e misture com 100 g de farinha. Faça um corte em forma de cruz sobre a massa que formar. Enfarinhe uma tigela, coloque essa massa e cubra com um pano de prato. Deixe crescer em ambiente com temperatura em cerca de 30 °C (protegendo-a de correntes de ar) durante 1h30.

Quando a massa dobrar de volume, coloque 300 g de farinha sobre a superfície de trabalho formando um monte. Cave um buraco no meio desse monte e coloque a bola de massa crescida, adicione 100 g de manteiga em temperatura ambiente, os ovos, 100 mℓ de água e sove bem. Deixe a massa crescer, protegida de correntes de ar por um pano, em ambiente com temperatura de 30 °C durante 3 h (até que dobre de volume).

Coloque os outros 300 g de farinha sobre a superfície de trabalho formando um monte, cave um buraco, coloque novamente a bola de massa crescida no meio, adicione os outros 125 g de manteiga em temperatura ambiente e amasse. Escorra as uvas-passas. Bata as gemas de ovos com o açúcar até formar um creme claro e adicione à massa. Insira 100 mℓ de água e amasse. Incorpore a baunilha, o rum, os zestes, as uvas-passas e as frutas cristalizadas.

Unte a fôrma de panetone com manteiga e enfarinhe ou utilize papel-manteiga, coloque a massa na fôrma (ela não pode passar de ⅔ da altura da fôrma). Deixe crescer, sob um pano, em ambiente com temperatura de cerca de 30 °C (livre de correntes de ar) durante 4 h até que a massa dobre de tamanho (desbordando a fôrma ligeiramente). Retire o pano e deixe repousar em ar fresco por cerca de 20 min. Faça um corte em forma de cruz sobre a superfície da massa e coloque uma colher (sobremesa) de manteiga bem no meio.

Coloque em forno preaquecido a 200 °C.
Depois de 10 min, baixe a temperatura do forno para 180 °C. Termine de assar em cerca de 50 min.
Sirva frio.

Massimiliano Alajmo apresenta suas receitas

Vêneto
Trentino-Alto Ádige
Friul-Veneza Júlia

Massimiliano Alajmo

Meu terroir é feito de terra, de mar e de história.
Amo trabalhar com produtos como o bacalhau, a salada de radicchio, as galinhas caipiras, a enguia, o arroz, os peixes de água doce, ou ainda os famosos feijões de Lamon, de casca branca e estrias vermelhas...
Toda a verdade de um prato está contida em seus ingredientes. Quem quiser encontrar a essência de minha cozinha deve fazer essa viagem até essa matriz bem escondida de onde surgem maravilhas. Em seguida, vem a técnica, mas ela não passa de um meio e, em nenhum caso, um fim em si.

A cozinha do meu restaurante, o Calandre, é baseada em três fundamentos: a leveza, a profundidade e a fluidez. Nós trabalhamos muito com os sentidos. Entre os cinco conhecidos, o olfato é o mais deslumbrante, aquele que nos transporta instantaneamente para o sabor. Nós estamos também à procura de uma espécie de sexto sentido que deve ser desenvolvido para captar plenamente o mistério da gastronomia.

Aspargos frescos aos ovos mimosa

Prepare a polpa de aspargo branco e verde

Com a ajuda de um ralador, rale delicadamente as duas variedades de aspargos em recipientes separados, para extrair a polpa. Pressione a polpa dos aspargos brancos para extrair o suco, filtre e reserve. Tempere as polpas com o azeite, sal, pimenta, o vinagre e a mostarda.

Prepare o sumo dos aspargos brancos e o pão temperado

Em um recipiente, misture o sumo de aspargos brancos, o azeite, o vinagre e sal. Umedeça o pão cortado em pequenos cubos nesse sumo. Escorra o excesso e reserve.

Prepare a maionese de estragão

Ferva a água e o vinagre. Pegue o ramo de estragão e faça uma infusão de 15 min. Misture as gemas de ovo com o molho de soja, adicione a água da infusão e uma pitada de açúcar. Despeje o óleo de semente de uva em um filete aos poucos e bata até virar uma maionese. Coloque sal e pimenta. Transfira a maionese para um sifão de chantili a gás. Agite e conserve fresco para ser utilizado posteriormente.

Prepare o ovo mimosa

Cozinhe o ovo por 7 min em água fervente, descasque e amasse com um garfo. Tempere com azeite, sal, pimenta, estragão, mostarda e maionese. Misture delicadamente para obter um creme homogêneo.

Faça a montagem

Distribua em círculos uma colher de polpa de aspargo branco, ½ colher de polpa de aspargo verde, depois, uma colher do ovo mimosa em um prato. Acrescente uma colher do pão temperado com o sumo do aspargo. Coloque um pequeno buquê de salada de ervas no centro, temperado com azeite e vinagre de estragão. Decore com a maionese no sifão, uma pitada de estragão e uma de alcaçuz. Regue com um fio de azeite, coloque sal e pimenta.

Para 4 pessoas
Tempo de preparo: 30 minutos
Tempo de cozimento: 10 minutos

Ingredientes

Polpa de aspargo branco e verde
300 g de aspargo branco
250 g de aspargo verde
6 g de azeite de oliva extravirgem
3 g de sal
2 gotas de vinagre de vinho tinto
Mostarda de Dijon, o suficiente
Pimenta-do-reino moída na hora

Sumos de aspargos e pão temperado
80 g do sumo do aspargo branco (ralado)
80 g de pão de fermentação natural
4 g de azeite de oliva extravirgem
2 gotas de vinagre de vinho tinto
1 pitada de sal

Maionese de estragão
100 g de óleo de semente de uva
22 g de gema de ovo
10 g de água
5 g de vinagre de vinho tinto
1 ramo de estragão
Sal, pimenta-do-reino
1 pitada de açúcar
2 gotas de molho de soja

Ovo mimosa
1 ovo
3 g de azeite extravirgem
3 g de sal
Pimenta-do-reino moída na hora
1 pitada de estragão em flocos
Uma pequena quantidade de mostarda de Dijon
1 pequena colher da maionese do sifão

Montagem
Estragão fresco moído
Alcaçuz em pó
Azeite extravirgem
Pimenta-do-reino

Sardinha marinada ★

Sarde in saor

Sardinhas marinadas constituem um dos pratos mais antigos e típicos do Vêneto. Simples e fáceis de preparar como um verdadeiro prato popular.

Para 8 pessoas

Tempo de preparo: 40 minutos
Tempo de molho: 15 minutos
Tempo de marinada: 2 dias

Ingredientes

2 colheres (sopa) de uvas-passas
4 cebolas
500 g de sardinha (de preferência pequenas)
Farinha de trigo, o suficiente
Azeite de oliva, o suficiente
1 colher (sopa) de açúcar
1 copo de vinagre de vinho tinto de boa qualidade
2 colheres (sopa) de pinolis
Folhas de louro
Grãos de pimenta-do-reino
Bagas de zimbro
Sal e pimenta-do-reino moída na hora

Deixe as uvas-passas de molho em água fria por 15 min. Descasque as cebolas e corte-as em lâminas.

Limpe as sardinhas e prepare-as em filés sem separá-los. Passe na farinha de trigo e frite no azeite. Quando elas ficarem douradas, escorra em papel absorvente e, depois, salgue-as.

Em uma panela, refogue, em fogo médio, as cebolas em lâminas, coloque sal, pimenta e o açúcar. Quando a cebola estiver transparente, retire do fogo, espere esfriar e acrescente o vinagre.

Disponha sobre uma bandeja ou um prato uma camada de sardinhas e cubra com uma camada de cebolas, os pinolis, as folhas de louro, a pimenta em grãos, as bagas de zimbro e as uvas-passas. Adicione outra camada de sardinhas e, em seguida, outra de cebolas com os condimentos. Continue dessa forma até o final com todos os ingredientes.

Deixe as sardinhas marinando 1 ou 2 dias em ambiente fresco. Sirva como antepasto em temperatura ambiente.

● **Sugestão de vinho**
Maculan, Bidibi – Brêganze DOC.

Ingredientes
1 dente de alho
1 ramo de salsinha
40 g de queijo parmesão
40 g de farinha de pão (rosca)
8 vieiras frescas (abertas e preparadas pelo peixeiro com suas conchas vazias)
Farinha de trigo, o suficiente
40 g de manteiga
60 mℓ de vinho branco
Sal, pimenta-do-reino

Vieiras gratinadas ★

Capesante gratinate

O termo italiano *capesante* remonta à Idade Média, quando as conchas vazias eram utilizadas para derramar água benta sobre as crianças no batismo.

Para 4 pessoas

Tempo de preparo: 20 minutos
Tempo de cozimento: 15 minutos

Descasque o alho, retire o miolo e pique-o. Lave, retire o talo da salsinha e pique as folhas. Rale o parmesão e misture-o com a farinha de pão. Enxágue as conchas das vieiras e coloque-as em um papel absorvente. Lave as vieiras.

Passe as vieiras na farinha de trigo e doure-as alguns minutos em uma panela com 10 g de manteiga, reserve.

Em uma frigideira, derreta 30 g de manteiga, refogue rapidamente a salsinha e o alho e deglaceie com o vinho.

Coloque cada vieira em uma concha. Tempere com o molho preparado, coloque sal, pimenta e polvilhe com a farinha de pão misturada ao parmesão ralado. Gratine no forno (função grelhar) até que a superfície esteja bem dourada (8 a 10 minutos).

● **Sugestão de vinho**

Bastianich, Friulano – Colli Orientali del Friuli DOC.

● **Dicas do chef**

Enriqueça o molho com cebola picada; ou misturando a ele um bechamel com ovo e camarões cozidos e picados.
Na receita "à veneziana", as vieiras são passadas para a panela com o azeite, o alho e a salsinha, depois deglaceadas com um pouco de suco de limão e servidas em suas conchas.

● **É bom saber**

Sirva as vieiras como antepasto ou como prato principal.

Linguine com molho negro de sépia ★

Linguine al nero di seppia

As preparações com molho de tinta de sépia remetem à tradição culinária de Veneza. A seguir, há três variações impressionantes desses pratos.

Ingredientes

1 dente de alho
1 ramo de salsinha
1 cebola
500 g de sépia fresca (ou lula)
2 colheres (sopa) de azeite
120 mℓ de vinho branco
500 g de linguine ou espaguete
Sal, pimenta-do-reino

Para 4 pessoas

Tempo de preparo: 20 minutos
Tempo de cozimento da massa: veja a indicação dos fabricantes (em caso de ser artesanal)/embalagem (em caso de ser industrial)

Descasque o alho, retire o miolo e pique-o. Lave, retire o talo da salsinha e pique as folhas. Descasque a cebola e corte em fatias finas.

Lave as sépias e conserve as bolsas de tinta (ver p. 125). Corte o corpo das sépias em lâminas, mas conserve seus tentáculos inteiros.

Refogue a cebola na panela com o azeite. Quando a cebola ficar translúcida, adicione o alho, as sépias e tempere com sal e pimenta. Deixe evaporar a água que se soltar no cozimento e deglaceie com o vinho branco.

Adicione as bolsas de tinta na panela, pressione-as com uma espátula desmanchando-as.

Enquanto isso, cozinhe a massa, escorra e adicione ao molho da panela. Salpique a salsinha e deixe os sabores se misturarem de 1 min a 2 min na panela. Sirva imediatamente.

● Sugestão de vinho
Bertani, Sereole – Soave DOC.

● Dica do chef
Se o molho secar, acrescente uma pequena concha de água do cozimento da massa para diluí-lo.

Referência técnica
Limpeza e extração da tinta >> p. 125

Risoto com molho negro de sépia ★★

Risotto al nero di seppia

Ingredientes
Caldo de peixe (ver caldo de crustáceos p. 96)
1 cebola
1 dente de alho
1 ramo de salsinha
600 g de sépia (ou lula)
Azeite de oliva
280 g de arroz para risoto
100 mℓ de vinho branco

Referências técnicas
Risoto ao espumante >> p. 93
Limpeza e extração da tinta >> p. 125

Para 4 pessoas
Tempo de preparo: 1 hora
Tempo de cozimento: 20 minutos
Tempo de preparo e cozimento do caldo: 30 minutos

Prepare o caldo de peixe (ver p. 96). Substitua as cascas e cabeças de camarões pelas carcaças (espinhas e cabeças) de peixes.

Descasque e pique a cebola. Retire a casca e o miolo do alho e pique-o. Lave e retire o talo da salsinha e pique as folhas.

Limpe as sépias conservando suas bolsas de tinta (ver p. 125). Corte as sépias em pequenos quadrados.

Em uma panela, em fogo médio, refogue a cebola com um pouco de azeite. Adicione o dente de alho, a salsinha picada e a lula picada. Misture bem.

Adicione o arroz e deixe-o fritar durante alguns minutos em fogo médio. Deglaceie com o vinho branco e adicione as bolsas de tinta. Cozinhe o risoto adicionando um pouco de caldo de peixe a cada vez que o arroz começar a secar (ver p. 91).

Retire do fogo e sirva imediatamente. Não deixe de acrescentar salsinha fresca picada.

● **Sugestão de vinho**
Bertani, Sereole – Soave DOC.

Sépias ao molho negro ★

Seppie al nero

Ingredientes
600 g de pequenas sépias (ou lula)
1 cebola
1 dente de alho
Salsinha
100 mℓ de vinho branco
2 colheres (sopa) de molho de tomate

Para 4 pessoas
Tempo de preparo: 20 minutos
Tempo de cozimento: 20 minutos

A preparação é idêntica às duas receitas anteriores acrescentando-se o molho de tomate, mas sem cortar as sépias, por isso elas devem ser pequenas, e sem acrescentar o arroz ou a massa, evidentemente.

● **Sugestão de vinho**
Bertani, Sereole – Soave DOC.

Ingredientes

Bigoli

300 g farinha de trigo (T55)
300 g de farinha de sêmola de grano duro
3 ovos de tamanho médio
160 mℓ de água
1 pitada de sal

Molho

2 cebolas
2 cenouras
2 talos de aipo
Queijo parmesão ralado
1 pato
60 g de manteiga
Azeite de oliva
1 ramo de alecrim
2 folhas de sálvia
3 bagas de zimbro
250 mℓ de vinho branco
3 cravos-da-índia
Sal, pimenta-do-reino

Utensílios

1 bigolaro ou uma máquina de moer carne

● **Sugestão de vinho**

Maculan, Pinot Nero Breganze DOC.

● **Dica do chef**

Adicione suco de romã ao molho.
Variação: Bigoli in salsa, uma outra receita muito difundida que consiste em refogar a cebola no azeite, acrescentando filés de anchovas em óleo e temperar os bigoli com esse molho e salsinha picada.

Bigoli com molho de pato ★★

Bigoli in salsa d'anatra

A receita de Bigoli com molho de pato nasceu entre Thiene e Zanè (regiões de Vicenza) e atualmente é difundida por toda a região do Vêneto.

Para 8 pessoas

Tempo de preparo: 30 minutos
Tempo de descanso: 1 hora
Tempo de cozimento: 1h35

Prepare o bigoli

Misture as duas farinhas e abra um buraco no centro. Adicione os ovos, a água, o sal e sove bem até a obtenção de uma massa lisa e homogênea. Cubra-a com filme plástico e deixe repousar por 1 h (em temperatura ambiente).

Prepare o molho

Enquanto isso, lave, descasque os legumes e corte-os na metade. Rale o parmesão. Desosse o pato e corte sua carne em pequenos cubos (ou coloque-a em uma máquina de moer carne). Coloque a carcaça, o fígado (ou outros miúdos da ave) em uma panela, cubra de água, adicione 1 cebola picada, os cravos, 1 cenoura, 1 talo de aipo, sal e prepare um caldo, cozinhando durante 1h30 em fogo brando.

Remova a lâmina do moedor de carne e coloque uma grade de 4 mm de diâmetro.

Passado o tempo de descanso da massa do bigoli, separe-a em 3 bolas de tamanhos iguais e passe-as no moedor. Tome cuidado para separar bem os fios de bigoli na saída da grade para que eles não fiquem colados entre si. Jogue farinha sobre eles e coloque-os sobre um pano seco.

Leve a carne do pato para dourar em fogo médio em uma panela com a manteiga e azeite; adicione os legumes cortados, o alecrim, a sálvia e as bagas de zimbro. Quando os legumes ficarem translúcidos, adicione o fígado picado e deglace com o vinho branco. Quando o vinho tiver evaporado, umedeça com um pouco de calda e deixe cozinhar entre 1 h a 1h30.

Coe o caldo (alongue-o com um pouco de água, se necessário) e coloque o bigoli para cozinhar (5 min). Tempere a massa com o molho e salpique o parmesão ralado.

● **É bom saber**

A versão original do molho para bigoli era preparada com os miúdos (fígado, estômago, coração, etc.) de um pato que costumava-se cozinhar e servir inteiro no prato. O bigoli era cozido no caldo da gordura do pato.
Atualmente, os hábitos alimentares mudaram; é mais difícil comprar um pato inteiro com todas as suas partes. Portanto, a receita foi simplificada e passou a ser preparada só com a carne do pato.

Carpaccio de Cipriani ★

Carpaccio di Cipriani

Este prato foi criado em 1960 por Giuseppe Cipriani em seu restaurante, o Harry's Bar, de Veneza. Ele pretendia preparar um prato especial para um de seus clientes que não podia comer carne cozida. Assim, preparou uma receita com carne crua de primeira qualidade, cortada em fatias bem finas, que ele temperou com seu molho "universal" e adicionou um pouco de rúcula. Por fim, deu ao prato o nome de um famoso pintor veneziano que era tema de uma grande exposição na época. Assim nasceu o carpaccio!

Ingredientes

400 g de carne bovina crua em fatias finas (contra-filé, patinho, alcatra, etc.) levemente temperada com salsinha e alho picados, de acordo com sua preferência
40 g de rúcula

Molho

1 gema de ovo em temperatura ambiente
1 colher (sopa) de vinagre de vinho branco
2 colheres (sopa) de mostarda
200 mℓ de azeite
1 colher (sopa) de suco de limão
1 colher (café) de molho inglês
2 colheres (sopa) de leite
Sal, pimenta-do-reino

Para 4 pessoas

Tempo de preparo: 30 minutos

Prepare o molho

Prepare a maionese. Bata a gema do ovo com uma pitada de sal, uma pitada de pimenta, o vinagre e a mostarda. Coloque o azeite pouco a pouco em pequenos fios sem parar de bater até formar a maionese.

Tempere-a com o suco de limão, o molho inglês e o leite, para obter um creme fluido.

Disponha as fatias da carne sobre os pratos, tempere com 2 colheres (sopa) do molho e adicione algumas folhas de rúcula por cima.

Sirva em temperatura ambiente.

● Sugestão de vinho

Conte Brandolini, Vistorta – Friuli Grave DOC.

● Dica do chef

Tempere o carpaccio com apenas citronette (azeite, sal, pimenta-do-reino, suco de limão) e espalhe um pouco do parmesão e/ou cogumelos cortados em fatias bem finas por cima.

● É bom saber

Utilize um fatiador de frios para fatiar mais facilmente um pedaço de carne crua, previamente congelada, em fatias de carpaccio bem finas.

Referência técnica

Carpaccio de polvo >> p. 131

Ingredientes

1,2 kg de cebola (de preferência as de Chioggia)
4 fatias de fígado de vitela (500 g)
2 colheres (sopa) de azeite
30 g de manteiga
Folhas de sálvia
120 mℓ de vinho branco ou de caldo (de legumes ou de galinha; ver pp. 93-94)
Sal, pimenta-do-reino

Fígado à veneziana ★★

Fegato alla veneziana

Ao substituir os figos pelas cebolas em uma receita que remonta aos romanos, os venezianos criaram, com o fegato alla veneziana, um prato emblemático da cozinha do Vêneto.

Para 4 pessoas

Tempo de preparo: 30 minutos
Tempo de cozimento: 20 minutos

Prepare o caldo (ver pp. 93-94).

Descasque as cebolas e corte-as em fatias finas. Corte o fígado em pequenas lâminas.

Cozinhe as cebolas em fogo brando, na panela, com o azeite, a manteiga e 150 mℓ de água. Ao final de 20 min, elas devem estar cozidas e a água completamente evaporada. Aumente o fogo, deixe esquentar e adicione algumas folhas de sálvia e o fígado. Regue com o vinho branco ou o caldo, coloque sal, pimenta, misture bem e deixe cozinhar por 5 min.

O fígado de vitela não deve estar no ponto. Sirva polenta ou purê de batatas como acompanhamento.

● Sugestão de vinho

Speri, Saint' Urbano Valpolicella Classico Superiore – Veneto DOC.

● Dica do chef

Com as sobras do fígado à veneziana, prepare um patê de fígado para ser servido em fatias ou sobre torradas, como rege a tradição. Bata as sobras de fígado em um liquidificador até ficar uma pasta bem lisa e misture-a com a mesma quantidade de manteiga.
Coloque em uma fôrma de terrine e leve à geladeira.

● É bom saber

O fegato alla veneziana é uma receita com muitas variações: podemos substituir a sálvia por salsinha, o vinho por vinagre ou suco de limão, o fígado de vitela pelo fígado do porco, etc.

Referência técnica
Polenta ›› pp. 101 a 106

Jarret de porco assado ★★★

Stinco al forno

Trata-se de um prato nutritivo e agradável para ser degustado nos chalés de montanha do Trentino-Alto Ádige e do Friul, acompanhado de polenta ou de batatas assadas.

Para 4 pessoas

Tempo de preparo: 30 minutos
Tempo de cozimento: 2 a 3 horas

Ingredientes

2 a 4 canelas (jarret) de porco (de 1,5 kg a 2 kg)
2 colheres (sopa) de azeite
3 g de manteiga
Ramos de alecrim
Ramos de tomilho
Dentes de alho com casca
250 mℓ de vinho branco
Folhas de sálvia
1 ℓ de caldo (de legumes, de galinha, ver p. 93-94)
Sal, pimenta-do-reino

Referência técnica
Polenta >> p. 101 a 106

Prepare o caldo (ver p. 93-94). Preaqueça o fogo a 180 °C.

Evite usar garfos ao manipular as canelas (jarret), pois é muito importante que a carne não seja furada, mantendo o sangue no interior para deixá-la mais suculenta.
Doure bem a carne em uma assadeira com azeite e manteiga sobre o queimador do fogão.

Acrescente o alecrim, o tomilho, o alho com casca e a sálvia. Deglaceie com vinho branco.
Adicione sal, pimenta e coloque para assar no forno por cerca de 2 h.

Durante o cozimento, regue a carne com o caldo quando for necessário. O fundo da assadeira jamais pode ficar seco, mas a carne também não deve ficar mergulhada no molho.

Uma vez que as canelas estejam assadas, recoloque a assadeira sobre o queimador do fogão para terminar de dourar a carne; deixe-a dourar por todos os lados sem deixar de regar com o molho.

● Sugestão de vinho
Cantina Cortaccia, Lagrein – Trentino-Alto Adige DOC.

● Dica do chef
Este prato deve ser acompanhado de polenta ou de batatas assadas no forno com a canela (adicione as batatas cortadas em pedaços na metade do tempo para assar a carne).
Substitua o vinho branco por cerveja.

● É bom saber
Em algumas localidades, este prato é preparado com joelho de vitela, que demanda um tempo de cozimento um pouco maior.

Bacalhau à vicentina ★★★

Stoccafisso alla vicentina

O bacalhau foi introduzido na cozinha do Vêneto no século XV, como uma alternativa ao peixe fresco. Foi em 1890 que a dona do restaurante Polenta e Baccalà, de Vicenza, criou este prato, que se tornou popular rapidamente. Uma associação foi criada mais tarde para proteger a receita original.

Ingredientes

1 kg de bacalhau seco
500 g de cebola
50 g de queijo parmesão
2 colheres (sopa) de salsinha picada
500 mℓ de azeite
3 anchova em sal (ver p. 26)
500 mℓ de leite
Farinha de trigo, o suficiente
Sal, pimenta-do-reino

Utensílios

1 caçarola de barro ou alumínio

● Sugestão de vinho

Bertani, Le Lave – Veneto IGT.

● Dicas do chef

Ao comprar o bacalhau seco, pergunte ao peixeiro se ele foi batido. Caso contrário, será necessário fazê-lo com uma marreta de madeira para amaciar as fibras.
Caso você não possa contar com o bacalhau seco, prepare este prato com o bacalhau salgado que vai dessalgar deixando de molho por 48 horas em água fria, que deve ser trocada o mais frequentemente possível.

● É bom saber

Este prato fica mais saboroso se for servido no dia seguinte de sua preparação.
Reduza o tempo de cozimento para 1h30 utilizando uma panela de pressão em fogo baixo.

Para 8 pessoas

Tempo de molho: 3 a 4 dias
Tempo de preparo: 30 minutos
Tempo de cozimento: 4h30

Prepare com antecedência

Deixe o bacalhau de molho em água fria por 3 a 4 dias (dependendo da espessura do peixe), renovando a água a cada 4 h.

Prepare no dia de servir (ou, de preferência, na véspera)

Abra o peixe, retire sua pele e as espinhas e corte-o em pedaços.
Descasque e pique as cebolas. Rale o parmesão. Lave e retire o talo da salsinha e pique o equivalente a 2 colheres (sopa) de suas folhas.
Doure a cebola em uma panela com metade da quantidade de azeite.
Adicione as anchovas e deixe-as desmanchar. Diminua o fogo e adicione a salsinha.

Divida essa preparação de cebola em duas metades. Coloque a primeira em uma caçarola de barro ou de alumínio.
Enfarinhe os pedaços de peixe, coloque-os sobre a camada de cebola e cubra com a outra metade das cebolas.

Adicione o leite, o parmesão ralado, o sal, a pimenta e o resto do azeite.
Os pedaços de peixe devem ficar totalmente cobertos pelo azeite.

Deixe cozinhar em fogo brando durante 4h30, virando a caçarola sobre o fogo sem jamais deixar as camadas se misturarem.

Sirva com uma polenta cremosa (ver pp. 101 a 106).

Referências técnicas
Anchovas em sal ›› p. 26
Polenta ›› p. 101 a 106

Salada de radicchio assado ★

Radicchio alla trevisana

Ingredientes
1 kg de radicchio
Azeite de oliva
Sal

Existem muitas variações de saladas que têm como nome as cidades do Vêneto em torno das quais elas são cultivadas. Existem duas variedades de radicchio, a precoce (curta) e a tardia (longa), que só é colhida a partir de novembro.

Para 6 pessoas

Tempo de preparo: 10 minutos
Tempo de cozimento: 10 a 15 minutos

Preaqueça o forno a 180 °C.

Limpe e lave os radicchios. Deixe-os escorrer bem e corte-os na metade. Coloque as metades em uma assadeira. Regue com azeite, coloque sal e leve para assar por 10 min a 15 min.

● Sugestão de vinho

Conte Brandolini, Pinot Grigio – Friuli Grave DOC.

● Dica do chef

Grelhe o radicchio (ver p. 16) ou frite-o após passá-lo na farinha de trigo, ou em uma massa de beignet muito suave.
É possível também saborear o radicchio em uma salada temperada com panceta cortada em pequenos cubos refogados por alguns minutos.

Referência técnica
Legumes grelhados >> p. 16

Tiramisù ★

Tiramisù

O tiramisù foi criado no início dos anos 1970 no restaurante Le Beccherie de Treviso. Uma invenção do confeiteiro Roberto Linguanotto, que mistura o mascarpone, o biscoito champanhe e o café, com uma receita popular, o sbatudin, uma gemada tradicionalmente oferecida para as crianças, pessoas convalescentes e idosos.

Ingredientes

4 ovos
4 xícaras (café) de café forte
10 + 2 colheres (sopa) de açúcar
2 colheres (sopa) de rum ou de conhaque (opcional)
400 g de mascarpone
250 g de biscoitos champanhe
Cacau em pó

Utensílios

1 travessa de 20 cm x 30 cm

● Sugestão de bebidas

1 café para o tiramisù clássico
1 copo de limoncello para o tiramisù de limão

● Dica do chef

Prepare o tiramisù com vários outros ingredientes: adicionando frutas frescas (abacaxi, framboesa, morango, etc.) mudando a combinação de bebidas que aromatizam o creme; ou substituindo os biscoitos champanhe por sobras de panetone, biscoitos amaretto, pavesini ou biscoito de chocolate (sem recheio), entre outros.

● É bom saber

O biscoito ideal para o tiramisù é o champanhe. Ao colocá-lo com o lado da crosta para cima, evita-se que o creme o amoleça demais.
O tiramisù pode ter uma ou mais camadas.

Para 12 pessoas

Tempo de preparo: 20 minutos
Tempo de repouso: 1 dia
Tempo de refrigeração: 12 horas

Prepare na véspera

Separe as gemas das claras de ovos. Bata as claras em neve até ficarem bem firmes. Prepare 4 xícaras de café forte.

Bata as gemas dos ovos com as 10 colheres de açúcar. Adicione a bebida alcoólica e misture mais um pouco. Incorpore delicadamente o mascarpone até a obtenção de um creme homogêneo.

Em seguida, incorpore as claras em neve, misturando delicadamente de baixo para cima. Prepare uma calda fervendo 100 mℓ de água e as 2 colheres restantes de açúcar.

Retire do fogo, misture com o café e deixe resfriar.

Umedeça rapidamente os biscoitos nessa mistura. Arrume-os em uma única camada, com o lado da crosta para cima, em uma travessa ou em taças para sobremesa individuais.

Cubra com uma camada do creme, proteja com filme plástico e leve à geladeira. Deixe repousar ao menos por 12 h. Dependendo do tamanho do recipiente, faça várias camadas.

Prepare no dia de servir

No momento de servir o prato, polvilhe a superfície com cacau em pó.

Variação: Tiramisù com limão

Substitua o café utilizado para umedecer os biscoitos por suco de limão. Substitua também a bebida alcoólica que aromatiza o creme com ovos pelo limoncello e/ou por zeste de 1 limão orgânico.

Flavio Costa apresenta suas receitas

Ligúria

Flavio Costa

Nós temos a sorte de viver em uma região particularmente fértil, principalmente no que se refere às matérias-primas locais, aos peixes ou às carnes.
Os legumes das hortas são originários, em sua maioria, da planície de Albenga, onde podemos encontrar alcachofras roxas, tomates da Ligúria, aspargos roxos, todos os tipos de legumes verdes e ervas aromáticas, feijões de Pigna – classificados como Slow Food – ou ainda o manjericão de Prà.
O nosso mar, preservado e de baixa temperatura, é repleto de peixes de alto-mar (atuns, espadarte), peixes das profundezas (robalos, dourados, pargos), crustáceos (lagostas de San Remo ou Santa Margherita), moluscos, etc. Temos também uma tradição culinária de pratos com carnes como o coelho, o cordeiro, a cabra e outros animais de caça.

Minha cozinha é instintiva.
Amo fazer as compras todas as manhãs.
É a melhor maneira de sentir as matérias-primas. Adoro acompanhar os pescadores de madrugada, ocasião na qual sempre tenho boas ideias. Trabalho muito com óleos, inclusive na testagem de meus ingredientes, e raramente coloco mais de três em um mesmo prato. Utilizo pouco creme e manteiga, sem muita pimenta também, para permitir que os sabores se exprimam plenamente. Meu paladar foi formado na infância no contato com minha mãe, excelente cozinheira que me ajuda atualmente no restaurante. Se eu não tivesse escolhido esta profissão, teria, certamente, me tornado camponês ou enólogo.

Creme de abobrinha, sépia na tinta e zeste de limão cristalizado

Para 4 pessoas
Tempo de preparo: 40 minutos
Tempo de cozimento: 30 minutos

Ingredientes

1 kg de abobrinha (trombette, de preferência)
2 chalotas
400 g de sépias (ou lula)
1 alho-poró
500 g de azeite de oliva extravirgem
1 limão-siciliano orgânico
200 g de água
100 g de açúcar
1 concha de caldo de peixe
1 ramo de dill fresco
Flores de alecrim
Sal

Limpe e corte as abobrinhas em pequenos cubos. Mergulhe-as na água fervente com sal, junto com as chalotas, e deixe ferver até ficarem cozidas. Reserve um pouco da água do cozimento.

Limpe e corte as sépias em pequenos cubos e misture as bolsas de tinta com o caldo de peixe.
Pique o alho-poró em fatias finas e refogue em uma frigideira com uma colher (sopa) do azeite. Junte as sépias, deixe-as dourar de maneira uniforme por alguns minutos e adicione o caldo de peixe misturado com a tinta de sépia. Salgue e deixe cozinhar por 15 min a 20 min.

Para preparar o zeste cristalizado, ferva um pouco de água em uma pequena panela e mergulhe as cascas cortadas em julienne. Ferva por 3 min (elas devem ficar ligeiramente amargas) e deixe escorrer. Prepare um caldo, ferva a água com o açúcar, mergulhe as cascas escorridas e deixe cozinhar até que elas fiquem translúcidas (cerca de 5 min). Retire da calda e deixe escorrendo.

Conclua a preparação do creme misturando (com um mixer) as abobrinhas cozidas com uma parte da água de seu cozimento e adicione o restante do azeite em fio.

Sirva o creme de abobrinhas em um prato fundo. Acrescente uma colher de sépia, o zeste cristalizado, um ramo de dill e flores de alecrim em cada prato.

Panqueca de grão-de-bico ★★

Farinata

A farinata é um prato popular muito antigo que remonta aos gregos e romanos da Antiguidade. À base de grão-de-bico, ela surgiu como uma alternativa à farinha de trigo, que era muito cara.

Ingredientes

500 g de farinha de grão-de-bico
100 mℓ de azeite de oliva
Sal

Utensílios

1 assadeira para farinata em cobre ou com papel-manteiga

Para 8 pessoas

Tempo de preparo: 5 minutos
Tempo de repouso: mínimo de 4 horas
Tempo de cozimento: 30 minutos

Aproximadamente 5 h antes da refeição, misture, em uma tigela, com um fouet, a farinha de grão-de-bico junto a 1,5 ℓ de água até obter uma massa lisa e homogênea. Deixe-a descansar por pelo menos 4 h. Retire a espuma que se forma na superfície e coloque sal.

Preaqueça o forno a 200 °C.

Caso não tenha uma assadeira de cobre, cubra uma assadeira de borda baixa com papel-manteiga. Unte o papel e esquente a assadeira no forno por 5 min.

Coloque o azeite na massa e misture bem com o fouet. Espalhe a massa na assadeira quente, deixando-a com espessura de cerca de 1 cm. Volte a assadeira ao forno por mais 30 min, até que forme uma crosta dourada.

Sirva imediatamente com pimenta moída na hora levada à mesa.

● **Sugestão de vinho**
A combinação mais clássica é com o Spuma (refrigerante popular à base de açúcar, água e caramelo) ou o Durin Ormeasco di Pornassio – Ligúria DOC.

● **Dica do chef**
Antes de assar, decore a farinata salpicando sua superfície com pequenas cebolas frescas cortadas em fatias bem finas (à Oneglia), alecrim (à Savona) ou ainda com fundos de alcachofras roxas cortados em tiras finas.
A melhor farinata é a assada em forno a lenha, embora o resultado também possa ser satisfatório com o forno a gás. O mais importante é servi-la bem quente, logo que sair do forno.

● **É bom saber**
Um pouco em todo lugar, a farinata é um prato único, que pode ser apreciado tanto como aperitivo quanto na refeição, no lanche da tarde ou simplesmente pelo impulso do prazer.

Torta pascal ★★

Torta pasqualina

A torta pascal é um prato tradicional – considerado saudável – que se prepara para a Páscoa em Gênova desde a Idade Média.

Para 8 pessoas

Tempo de preparo: 40 minutos
Tempo de descanso: 1 hora
Tempo de cozimento: 50 minutos

Ingredientes

500 g + 1 colher (sopa) de farinha de trigo (T55)
280 mℓ de água
8 colheres (sopa) de azeite de oliva
3 maços novos de acelga
100 g de queijo parmesão ralado
Ramos de manjerona
500 g de ricota
8 ovos
Manteiga
Sal, pimenta-do-reino

Utensílios

1 fôrma de torta com borda alta
1 pincel

● Sugestão de vinho
BioVio, Aimone Vermentino – Riviera Ligure di Ponente DOC.

● Dica do chef
Substitua a acelga por alcachofras roxas acompanhadas de um pouco de cebola.

● É bom saber
A receita tradicional utiliza o queijo quagliata ou o preciseua, mas sua produção limitada faz com que sejam substituídos atualmente pela ricota.

Misture os 500 g de farinha, água, sal e 4 colheres (sopa) de azeite e amasse até obter uma massa lisa e homogênea.
Divida em 6 bolas iguais, cubra-as com um pano de prato e deixe descansar por 1 h em temperatura ambiente.

Ferva a água com sal em uma caçarola.
Desfolhe e lave as acelgas, branqueie na água fervente, escorra e as corte em tiras finas. Misture com a colher (sopa) de farinha, metade da quantidade de parmesão e a manjerona.

Em outro recipiente, misture a ricota com 4 colheres (sopa) de azeite, 2 ovos, sal e o restante do parmesão.

Abra as bolas de massa em folhas bem finas (a tradição manda que devem ser 33 folhas – como a idade de Cristo – mas, atualmente, é possível adaptar a receita ao frenesi dos tempos modernos e reduzir o número de folhas para 6 a 8).

Unte a fôrma. Coloque a primeira folha de massa, que deve ultrapassar o tamanho do fundo da assadeira em cerca de 1 cm. Essa borda que sobra deve ser dobrada para cima. Passe azeite com o pincel sobre ela e coloque uma segunda folha por cima. Repita o procedimento mais duas vezes, tomando cuidado para que as camadas de massa fiquem, o mínimo possível, coladas umas às outras.

Coloque a mistura de acelgas na fôrma e espalhe bem. Em seguida, coloque por cima, cuidadosamente, a mistura de ricota. Com uma colher de sopa, cave 6 buracos nessa mistura e coloque um ovo cozido inteiro, sal e uma colher (chá) de manteiga em cada um deles.

Abra as bolas de massa restantes e cubra o recheio da torta do mesmo modo como foi feito no fundo. Uma vez que todas as folhas forem colocadas, enrole bem as bordas para criar uma bainha em torno da torta.

Fure a superfície com um garfo (preste atenção para não perfurar as gemas dos ovos), pincele com azeite e coloque para assar no forno em 200 °C por 50 min.

Essa torta pode ser consumida logo depois de sair do forno, mas fica mais gostosa depois que esfria.

Trofie fresco ao pesto ★★

Trofie al pesto

O trofie, massa em forma de saca-rolhas, é típico da região de Recco.

Para 4 pessoas

Tempo de preparo: 1 hora
Tempo de descanso: 1 hora
Tempo de cozimento da massa: 3 a 5 minutos

Ingredientes

400 g de farinha de trigo (T65)
220 mℓ a 240 mℓ de água
1 dente de alho
2 maços de manjericão
1 colher (sopa) pinoli
50 g de queijo parmesão ralado
50 g de queijo pecorino sardo ralado
Azeite de oliva
Sal grosso
Sal

Utensílios

1 almofariz de pedra com pilão de madeira

Sugestão de vinho

Lunae Bosoni, Lunae vermentino – Colli di Luni DOC.

Referência técnica
Massa de macarrão >> p. 69

Prepare o trofie

Misture a farinha, a água e pitadas de sal e amasse até formar uma massa bem consistente, lisa e homogênea. Divida em pedaços do tamanho de pequenos feijões. Pressione levemente por cima rolando os pedaços com a mão em diagonal sobre a superfície de trabalho, enrole os rolinhos que se formarem como o espiral de um saca-rolhas com 4 cm de comprimento. Deixe descansar por 1 h.

Prepare o pesto

Enquanto isso, descasque o alho e retire o miolo. Lave e seque cuidadosamente o manjericão, desfolhando com a mão para retirar as hastes mais fibrosas. Pile o alho com sal grosso no almofariz. Continue com um movimento rotativo e junte as folhas de manjericão. Adicione, em seguida, os pinolis e os queijos ralados. Misture. Depois adicione azeite em fios até a obtenção de um creme liso e homogêneo.

Antes da refeição

Ferva uma grande caçarola de água, adicione sal e coloque os trofie para cozinhar. Quando eles estiverem prontos (3 min a 5 min de cozimento), escorra-os, mas reserve 2 colheres (sopa) da água do cozimento. Adicione essa água para alongar o pesto.

Tempere os trofie com o molho ao pesto e sirva imediatamente.

Dica do chef

Para conseguir um pesto de verdade, coloque na água do cozimento da massa pequenos pedaços de feijão-verde e de batatas.
Como variação do pesto, utilize nozes ou outras frutas secas (amêndoas, avelãs, castanhas de caju, etc.) no lugar dos pinolis e substitua o manjericão por outros ingredientes como cerefólio, rúcula, hortelã, tomates secos, etc.
Para conservar o pesto por vários dias na geladeira, coloque o molho em um pote hermético de vidro e cubra-o com azeite antes de fechar. De preferência, não misture os queijos até a hora de servir o prato.

É bom saber

O manjericão tem uma fragrância muito delicada e se oxida rapidamente em contato com o metal. Portanto, é mais recomendável preparar o pesto em um almofariz de pedra com pilão de madeira. É possível fazer o molho utilizando uma faca ou um liquidificador, mas, dessa maneira, ele perderia seu aroma. Evite também o manjericão tailandês, cujo gosto mentolado não combina com esta receita.

Ingredientes

20 g de cogumelo porcini seco
200 g de feijão
150 g de ervilhas frescas
150 g de favas frescas
1 batata
1 cebola
1 dente de alho
2 abobrinhas
6 folhas de repolho
200 g de vagem
6 folhas de acelga, escarola ou borago
1 cenoura
2 tomates
3 colheres (sopa) de azeite
Queijo parmesão
Queijo pecorino
Pesto (ver p. 262)
Sal

Utensílios

1 caçarola
1 processador de alimentos (opcional)

Minestrone ★

Minestrone

Para 4 pessoas

Tempo de preparo: 20 minutos
Tempo de cozimento: 2 horas

Hidrate os cogumelos secos por 10 min em água morna, depois escorra e pique-os.

Lave o feijão, as ervilhas, as favas (caso elas estejam grandes, retire a primeira pele delas).

Descasque e retire o miolo do dente de alho e pique-o. Retire a casca, lave e corte os legumes em pequenos pedaços: a batata, a cebola, as abobrinhas, o repolho, as vagens, a acelga e a cenoura.

Ferva 2 ℓ de água em uma panela. Mergulhe por alguns segundos os tomates, assim será mais fácil para retirar a pele. Coloque sal na água e coloque os tomates sem a pele, a vagem, os cogumelos e todos os outros legumes.

Acrescente o azeite e deixe cozinhar por 2 h em fogo baixo.

Rale os queijos e sirva o minestrone acompanhado dos queijos ralados e do pesto.

● Sugestão de vinho

Fontanacota, Sciac-tra' – Ormeasco di Pornassio DOC.

● Dica do chef

Quando o minestrone estiver pronto, adicione macarrão para sopa ou arroz e deixe cozinhar de acordo com o tempo de cozimento indicado na embalagem. Para obter uma textura mais aveludada, passe os legumes do minestrone por um processador de alimentos.

● É bom saber

Esta receita popular combina bem com os legumes da primavera, cuja fragrância se casa com a do pesto.

Coelho à San Remo ★★

Coniglio alla sanremese

A cozinha tradicional da Ligúria utiliza principalmente carnes brancas, como o coelho e o frango, mas também, em menor frequência, a vitela, o carneiro, o cabrito e o porco.

Ingredientes

1 coelho em pedaços com o fígado
250 mℓ de vinagre de vinho
2 cebolas
2 colheres (sopa) de nozes
Azeite de oliva
8 dentes de alho
1 ramo de tomilho
1 ou 2 folhas de louro
1 ramo de alecrim
1 ℓ de vinho tinto
20 azeitonas riviera (ou niçoises)
Sal

Para 8 pessoas

Tempo de preparo: 20 minutos
Tempo de marinada: 30 minutos
Tempo de cozimento: cerca de 1h30

Quando comprar o coelho, peça ao açougueiro para cortá-lo em pedaços e desossá-lo.

Em uma tigela, coloque 250 mℓ de vinagre em 750 mℓ de água, adicione os pedaços de coelho e deixe marinar por 30 min.

Enquanto isso, prepare um caldo cozinhando a cabeça e o resto do coelho em 400 mℓ de água salgada durante 15 min, no mínimo, em fogo médio. Assim que estiverem cozidos, pique-os e volte para o caldo, que será utilizado para regar o coelho durante o cozimento.

Descasque as cebolas e pique-as. Pique grosseiramente as nozes.

Retire o coelho da água e deixe escorrer para eliminar o excesso de água. Leve-os ao fogo em uma panela sem gordura, para que a água contida na carne se evapore.

Em outra panela, doure os pedaços de coelho no azeite. Adicione a cebola, os dentes de alho com casca, as nozes trituradas, as especiarias e sal. Uma vez que as cebolas estejam bem douradas, adicione o vinho e deixe cozinhar por cerca de 1 h em fogo brando. Conforme os líquidos forem secando, regue com um pouco do caldo de miúdos.

Adicione as azeitonas 5 min antes do fim do cozimento.

● Sugestão de vinho
Maccario Dringenberg, Rossese di Dolceacqua Posaù superiore – Rosse DOC.

● Dica do chef
Acompanhe o coelho com um purê de legumes ou batatas assadas. Utilize o caldo do cozimento, sem as azeitonas, para temperar massas.

Salmonete à genovesa ★★

Triglie alla genovese

Ingredientes
4 colheres (sopa) de passata de tomate (industrializada; ou ver p. 44)
15 g de cogumelo porcini seco
2 colheres (sopa) de alcaparras em sal
2 anchovas em sal ou em azeite
1 cenoura pequena
1 talo de aipo
1 cebola
Azeite de oliva
1 dente de alho
Alguns ramos de salsinha
2 colheres (sopa) de pinolis de pin
120 mℓ de vinho branco
600 g de salmonete
Farinha de pão (rosca), o suficiente
Sal, pimenta-do-reino

Para 4 pessoas
Tempo de preparo: 40 minutos
Tempo de forno: cerca de 20 minutos

Preparar com antecedência
Preparar a passata de tomate (ver p. 44).

Hidrate os cogumelos secos em água morna durante 10 min.
Se necessário, dessalgue as alcaparras e as anchovas enxaguando-as sob água corrente.

Descasque a cenoura, o aipo e a cebola e pique-os. Doure-os em uma frigideira com azeite, acrescente as anchovas.

Descasque, retire o miolo e pique o alho. Lave e pique a salsinha. Pique as alcaparras e os pinolis.

Quando os legumes ficarem translúcidos, adicione os cogumelos escorridos, o alho, as alcaparras, os pinolis e a salsinha. Deglaceie com o vinho branco. Acrescente a passata de tomate e salgue.

Preaqueça o forno em 200 °C.

Lave e escorra o salmonete. Coloque-o em um refratário e cubra com o molho. Polvilhe com a farinha de rosca e leve ao forno. Calcule cerca de 20 min a 30 min o tempo de cozimento (dependendo do tamanho, os peixes estarão cozidos assim que o olho ficar completamente esbranquiçado).

● Sugestão de vinho
Ottaviano Lambruschi, Costa Marina – Colli di Luni Vermentino DOC.

● Dica do chef
Prefira os peixes de superfície, como o salmonete, aos peixes de águas mais profundas: seu sabor é melhor e a carne é mais fina. Eles podem ser reconhecidos por meio da barbatana dorsal colorida (e não transparente), pelas cores mais vivas e a cabeça mais arredondada.

● É bom saber
Este prato "à genovesa" pode também ser preparado com outros peixes, como o tamboril, o espadarte, o pargo, a pescada, a cavala, etc.

Referências técnicas
Anchovas em sal >> p. 26
Passata de tomates >> p. 44

Polvo do inferno ★★

Polpo all'inferno

O polpo all'inferno é o nome que damos na Ligúria à receita de polvos cozidos na água fervente com batatas.

Para 4 pessoas

Tempo de preparo: 20 minutos
Tempo de cozimento: 1h30

Ingredientes

2 ou 3 polvos (entre 1,2 kg e 1,5 kg)
5 dentes de alho
1 cebola
1 cenoura
1 kg de batata
4 tomates
1 ramo de alecrim
1 folha de louro
1 pimenta vermelha (opcional)
Azeite de oliva
Sal, pimenta-do-reino moída na hora

Utensílios

1 rolha de cortiça

Limpe e lave o polvo em água corrente.

Descasque e retire o miolo do alho. Descasque a cebola, a cenoura e as batatas. Lave os tomates.

Encha uma panela com água e leve-a ao fogo com a cenoura, a cebola, os tomates inteiros, as ervas e, se preferir, a pimenta.

Em seguida, para que os polvos fiquem macios, acrescente também uma rolha de cortiça.

Quando a água ferver, mergulhe os polvos gradual e lentamente e deixe cozinhar por 1 h.

Adicione as batatas e cozinhe por cerca de 20 min ou até que estejam macias.

Escorra o polvo e as batatas (descarte os outros ingredientes) e sirva-os regados com um bom azeite e pimenta moída na hora.

● Sugestão de vinho
Poggio dei Gorleri, Pigato Albium – Riviera Ligure di Ponente DOC.

● Dica do chef
Prefira os polvos de águas rasas. Eles podem ser identificados pela fila dupla de ventosas sobre seus tentáculos, que, por sua vez, devem ser maiores que sua cabeça.

● É bom saber
O polvo pode ser comprado congelado.

Referência técnica
Limpeza do polvo ›› p. 126

Ingredientes
Caldo de legumes (ver p. 94)
10 g de cogumelo porcini seco
30 g de miolo de pão
Leite, o suficiente
2 dentes de alho
Ramos de salsinha
4 alcachofras roxas, incluindo os caules
Ramos de manjerona
30 g de queijo parmesão ralado
2 colheres (sopa) de azeite
120 mℓ de vinho branco
1 colher (sopa) de farinha de pão (rosca)
Sal, pimenta-do-reino

Alcachofras recheadas ★

Carciofi ripieni

Os legumes recheados são comuns na Ligúria. Abóboras, abobrinhas, cebolas, cogumelos e alcachofras são preparados como aperitivos ou antepastos.

Para 4 pessoas

Tempo de preparo: 10 minutos
Tempo de cozimento: 30 minutos

Prepare com antecedência

Prepare o caldo de legumes (ver p. 94)

Para fazer no mesmo dia

Deixe os cogumelos secos de molho na água e o miolo de pão no leite. Descasque e retire o miolo do alho. Lave a salsinha e retire os caules mais grossos.
Limpe bem as alcachofras. Remova as folhas mais duras e corte-as a um terço da parte superior. Role as alcachofras sobre uma superfície pressionando por cima para que o buquê se abra o máximo possível.

Prepare o recheio

Corte os caules das alcachofras, seque os cogumelos com um pano ou papel absorvente, esprema o miolo do pão. Pique a salsinha e o alho e misture com os cogumelos e o pão picado. Adicione o parmesão, a manjerona, sal e pimenta.

Preencha as alcachofras com esse recheio, polvilhe com a farinha de pão, coloque-as em uma panela e regue com 2 colheres (sopa) de azeite. Leve ao fogo brando e adicione o vinho branco. Deixe evaporar, adicione uma concha de caldo de legumes, tampe e deixe cozinhar em fogo brando por 30 min.

● **Sugestão de vinho**
Terre Bianche, Arcana bianco – Pigato RLP – DOC.

● **Dica do chef**
As alcachofras da Ligúria são tão macias que podem ser comidas cruas, na salada. Lave bem as alcachofras, corte-as em tiras bem finas e tempere com azeite, suco de limão, sal e pimenta.

● **É bom saber**
Se preferir, cozinhe as alcachofras recheadas durante 30 min no forno a 180 °C.

Crostata ★★

Crostata

Trata-se de uma receita de avó que se prepara rapidamente com as geleias de casa.

Para 8 pessoas

Tempo de preparo: 20 minutos
Tempo de descanso: 30 minutos
Tempo de cozimento: 30 minutos

Ingredientes

100 g de manteiga
200 g de farinha de trigo (T55)
100 g de açúcar
1 colher (café) de água de flor de laranjeira ou vinho marsala
1 ovo
1 gema de ovo
Sal
300 g de geleia

Utensílios

1 fôrma de torta (de borda canelada) de 28 cm de diâmetro
carretilha serrilhada para cortar massas

Prepare a massa frolla

Corte a manteiga em pequenos pedaços para que ela amoleça em temperatura ambiente e misture com a farinha. Adicione o açúcar, a água de flor de laranjeira, o ovo inteiro, mais uma gema de ovo e uma pitada de sal. Trabalhe rapidamente a massa para obter uma massa lisa e homogênea sem derreter a manteiga por completo com o calor das mãos. Faça uma bola com a massa e enrole em filme plástico. Leve à geladeira por meia hora.

Unte com manteiga e farinha uma fôrma redonda com borda canelada (a crostata).

Divida a massa em duas bolas de tamanhos diferentes (2/3 e 1/3). Sobre a superfície de trabalho, abra a bola maior até chegar a 0,5 cm de espessura. Cubra o fundo da fôrma com essa massa, com a ajuda de um rolo. Corte a massa que sobrou e fure o fundo com um garfo.

Espalhe a geleia de maneira uniforme sobre a massa. Preaqueça o forno a 200 °C.

Abra a bola de massa menor sobre a superfície de trabalho no tamanho da torta. Corte-a em tiras de 2 cm de largura com uma carretilha serrilhada para cortar massas. Coloque essas tiras sobre o doce, desenhando quadrados, aperte bem as bordas para que as tiras fiquem bem aderidas.

Asse por cerca de 30 min, ou até que a massa fique dourada.

● **Sugestão de vinho**

Bisson, Sciacchetrà passito – Cinque Terre DOC.

● **Dica do chef**

Polvilhe amêndoas picadas sobre a torta.
Substitua a geleia por creme de confeiteiro ou creme de chocolate (ver a sopa inglesa na p. 295); por ricota misturada com açúcar, por mascarpone batido com açúcar e ovos, ou por arroz-doce feito com ovos e zeste de limão.

Massimo Bottura apresenta suas receitas

Emília-Romanha Marche

Massimo Bottura

Foi debaixo da mesa da cozinha, local onde eu costumava me abrigar quando era pequeno, que nasceu meu desejo de virar cozinheiro. Enquanto, sobre a mesma mesa, minha mãe, minha tia e minha avó trabalhavam a massa para fazer o tortellini, eu experimentava uma sensação de profundo bem-estar. Muitos anos depois, ao responder a um poderoso comando estreitamente ligado a essa lembrança de infância, abandonei meus estudos de direito para me consagrar à gastronomia. Não existe contradição entre a modernidade e o terroir. A cozinha moderna é a expressão acabada de um território. Esquecemos com frequência que a tradição não é estática, mas o resultado de uma evolução.

Na Osteria Franciscana, nós ainda observamos o mundo por debaixo de uma mesa. Tentamos projetar o melhor do passado para o futuro, por intermédio de uma filosofia crítica desprovida de qualquer nostalgia. O cozinheiro moderno deixa o ego de lado e tenta apurar a matéria-prima. Ele a observa, a toca, a estuda e a interpreta. É assim que se torna possível perceber, bem antes do cozinheiro, os papéis essenciais dos criadores, dos pescadores, dos agricultores e dos queijeiros.

Tortellini de creme com parmigiano reggiano

Para 4 pessoas

Tempo de preparo: 45 minutos
Tempo de descanso: 30 minutos
Tempo de cozimento: 35 minutos

Ingredientes
1 ℓ de caldo de frango

Massa
500 g de farinha de trigo
5 ovos

Recheio
200 g de carne de porco
200 g de carne de vitela
2 colheres (sopa) de azeite de oliva extravirgem
50 g de linguiça
200 g de presunto de Modena curado por 24 meses
50 g de tutano
300 g de queijo parmigiano reggiano

Creme
50 mℓ de água
200 g de queijo parmigiano reggiano

A massa
Peneire a farinha sobre a superfície de trabalho e adicione os ovos. Trabalhe a massa durante 15 min sem parar, até ela ficar lisa e homogênea. Cubra com um pano e deixe descansar por cerca de 30 min. Divida a massa em partes iguais e abra-a com um rolo de modo que a folha fique o mais fino possível.

O recheio
Corte em pedaços as carnes de porco e de vitela e refogue em uma panela com um pouco de azeite extravirgem. Adicione a linguiça já frita separadamente e termine de cozinhar. Retire do fogo e deixe resfriar. Adicione o presunto cortado em pequenos cubos. Misture bem e adicione o tutano. Passe as carnes duas vezes no moedor e adicione o queijo parmigiano. Misture bem e reserve. Corte a massa na forma de pequenos quadrados de 3,5 cm e coloque uma pequena colher de recheio no centro da massa. Dobre a massa para fechar os tortellini.

Cozinhe a massa no caldo de frango.

O creme
Em um processador com regulagem térmica, coloque a água a 80 °C e adicione pouco a pouco o queijo parmigiano. Mexa bem e vá aumentando a velocidade e a temperatura até entrar em ebulição. Diminua a temperatura até 60 °C e continue a mexer. Despeje o creme obtido em um prato fundo e, por cima, os tortellinis cozidos.

Piadina ★

Piadina romagnola

A piadina é uma maneira muito simples de se alimentar rápido e bem com a farinha de trigo.

Para 8 a 10 pessoas

Tempo de preparo: 5 minutos
Tempo de descanso: 1 hora
Tempo de cozimento: 4 a 6 minutos

Ingredientes

1 kg de farinha de trigo (T55)
150 g de banha de porco derretida ou azeite de oliva
250 mℓ de leite
150 mℓ a 250 mℓ de água
Sal

Utensílios

1 frigideira para crepe

Misture todos os ingredientes para obter uma massa consistente. Cubra-a com um pano e deixe-a descansar por 1 h.
Divida a massa entre 8 e 10 bolas. Abra cada uma delas com um rolo de massa deixando-as na forma de discos de 25 cm a 30 cm de diâmetro e com 2 mm a 6 mm de espessura, de acordo com sua preferência (sabendo que elas vão encorpar durante o cozimento).

O cozimento da piadina deve ser rápido: frite a massa de 2 min a 3 min de cada lado, em fogo alto, revirando-a várias vezes em uma frigideira plana (frigideira para crepes, por exemplo). Ela vai formar bolhas na superfície, uma característica dessa massa; fure-as com um garfo para obter um cozimento mais homogêneo.

● **Sugestão de vinho**
Rinaldini, Vecchio Moro – Lambrusco dell'Emilia IGT.

● **Dica do chef**
Recheie a piadina com presunto, salame, queijo fresco ou derretido, vegetais salteados no alho (acelga, espinafre, cogumelos frescos, alcachofras, etc.). É importante degustá-la bem quente.

● **É bom saber**
Acrescente 4 g de fermento ou de bicarbonato de sódio à massa para fazê-la crescer ligeiramente.

Azeitonas verdes recheadas ★★★

Olive ascolane

Essas azeitonas podem ser servidas como aperitivo ou fazer parte do fritto all'ascolana, uma fritura mista típica da região.

Ingredientes
500 g de azeitonas verdes ascolane (azeitonas de tamanho grande)
1 cebola
1 cenoura
1 talo de aipo
220 g de carne de vitela
100 g de carne de porco magra
30 g de peito de frango
Noz-moscada
120 g de queijo parmesão
Azeite de oliva
1 ramo de alecrim
120 mℓ de vinho branco
2 ovos
Óleo para fritar
Farinha de trigo, o suficiente
Farinha de pão (rosca), o suficiente
Sal, pimenta-do-reino

Utensílios
1 descaroçador
1 batedeira

Para 8 pessoas
Tempo de preparo: 1 hora
Tempo de repouso: 30 minutos
Tempo de cozimento: 25 minutos

Prepare as azeitonas
Lave as azeitonas, retire os caroços com um descaroçador. Se não tiver um, corte-as em forma de espiral em torno do caroço com uma faca. Deixe-as de molho em água salgada para evitar que escureçam.

Prepare o recheio
Corte as carnes em pequenos cubos. Descasque a cebola e a cenoura, lave e descasque o aipo e, em seguida, pique-os. Rale um pouco de noz-moscada e de parmesão.
Doure de maneira uniforme os cubos de carne em uma panela com um pouco de azeite. Adicione o alecrim e os legumes cortados. Quando eles ficarem translúcidos, deglaceie com o vinho branco, deixe evaporar, salgue e cozinhe por 10 min acrescentando um pouco de água se necessário.

Em um processador de alimentos, bata as carnes com os legumes. Adicione 1 gema de ovo, a noz-moscada ralada, a pimenta e o parmesão ralado. Leve à geladeira por cerca de 30 min.

Retire uma pequena quantidade de recheio e coloque no interior das azeitonas. Ou, no caso das azeitonas descaroçadas com a faca, use o recheio para reconstruí-las.

Bata o que sobrou dos ovos (a gema e as duas claras). Esquente o óleo em uma frigideira.

Prepare 3 pratos, um com a farinha de trigo, outro com os ovos batidos e o terceiro com a farinha de pão. Será nessa ordem que as azeitonas recheadas serão empanadas.

Agora, as azeitonas estão prontas para fritar no óleo até ficarem bem douradas. Escorra-as em papel absorvente.

● **Sugestão de vinho**
Umani Ronchi, Vellodoro – Terre di Chieti Pecorino IGT.

● **É bom saber**
Está cada vez mais na moda substituir a carne por peixe.

Lasanha ao forno ★★

Lasagne e vincisgrassi

A lasanha é um tipo de massa cortada em forma de retângulos, cozida no forno com um molho feito com carne e tomates, além de bechamel e parmesão.

Para 6 pessoas

Tempo de preparo: 1h15
Tempo de cozimento: 1 hora

Ingredientes
3 colheres (sopa) de parmesão ralado

Massa
400 g de massa fresca com ovos (ver p. 69)

Molho à bolonhesa
800 g de molho à bolonhesa (ver p. 52)

Molho bechamel
100 g de manteiga
100 g de farinha de trigo
1 ℓ de leite
Noz-moscada
Sal, pimenta-do-reino

Prepare com antecedência a massa para macarrão
Siga a receita da página 69. Abra-a em folhas finas e corte na forma de retângulos com cerca de 10 cm x 14 cm.

Prepare o molho à bolonhesa
Siga a receita da página 52.

Prepare o molho bechamel
Em uma panela, derreta a manteiga, em fogo baixo, adicione a farinha e misture para obter um roux branco. Retire do fogo, despeje um pouco de leite e misture. Adicione o restante do leite e mexa até a obtenção de uma mistura lisa, homogênea e sem grumos. Recoloque no fogo e, sem parar de mexer, deixe ferver. Cozinhe por alguns minutos até a obtenção de uma consistência um pouco fluida (porque ela ainda vai engrossar mais quando estiver no forno). Coloque sal, rale o queijo parmesão com um pouco de noz-moscada e misture.

Prepare a massa
Se a massa fresca for preparada em casa, depois de aberta e cortada, ela deve ser pré-cozida antes da montagem da lasanha. Umedeça um pano de prato e coloque-o sobre a superfície de trabalho. Prepare uma tigela com água gelada, um pouco de sal e um pouco de óleo para cada litro de água. Em uma panela, ferva a água nas mesmas proporções do sal e do óleo. Mergulhe de 3 a 5 retângulos de massa por vez durante 3 seg, depois, escorra com uma escumadeira e mergulhe-os imediatamente na bacia de água gelada sem deixá-los secar. Escorra e coloque-os lado a lado no pano úmido.

Monte a lasanha
Preaqueça o forno a 180 °C. Unte com bastante manteiga a travessa em que vai montá-la e que vai ao forno. Rale o parmesão. Na travessa, coloque uma fina camada de bechamel; em seguida, sobreponha, na seguinte ordem e em camadas leves (é esse detalhe que dará a textura da lasanha): uma camada de retângulos de massa ligeiramente sobrepostos, molho bechamel, molho bolonhesa e parmesão ralado. Siga essa sequência até os ingredientes acabarem. Termine com uma camada de massa e uma de bechamel polvilhado com parmesão. Verifique que tenha bechamel suficiente nos cantos da travessa para evitar que a massa se resseque na região. Acrescente, eventualmente, um pouco de água ao molho. Leve ao forno por cerca de uma hora.

● Sugestão de vinho
Umani Ronchi, Cumaro – Tinto Conero DOCG.

● Dica do chef
Se quiser perfumar o molho, adicione cogumelos porcini secos hidratados. Se quiser um prato mais leve, prepare o bechamel pelo molho velouté (com caldo de legumes no lugar do leite. Se quiser uma lasanha verde, adicione espinafre na massa fresca (ver tabela p. 79).

● É bom saber
Se preferir, prepare a massa da lasanha com antecedência: ela se conserva muito bem, crua ou cozida, tanto na geladeira quanto no congelador.

Referências técnicas
Massa de macarrão >> p. 69
Molho à bolonhesa >> p. 52

Ingredientes

Caldo de galinha

1 carcaça de frango
1 cebola
1 cenoura
1 talo de aipo
Sal

Galantina

1 frango desossado, com o fígado (1,2 kg a 1,5 kg)
Manteiga
1 colher (sopa) de conhaque
2 ovos cozidos (opcional)
100 g de pistache picado
1 pata de vitela
Sal, pimenta-do-reino

Recheio

100 g de presunto de Parma
100 g de mortadela
100 g de carne de linguiça
200 g de carne de vitela picada
1 ovo
Noz-moscada
2 colheres (sopa) de vinho doce (passito, marsala, vin santo, etc.)
Sal, pimenta-do-reino

Utensílios

1 pedaço de musselina de algodão (ou pano fino)
Barbante de cozinha
1 prato oval

● Dica do chef

Se quiser uma galantina sofisticada, limpe uma trufa (ver tartar de vitela com trufa branca, p. 192) e corte-a em cubos pequenos, junto com o fígado. Para deixar a galantina ainda mais sofisticada, troque o fígado de frango pelo foie gras.

Galantina de frango com pistache ★★★

Galantina di pollo con pistacchi

Esta receita existe em Bolonha desde o Renascimento e faz parte dos pratos tradicionais das festas de família.

Para 8 pessoas

Tempo de preparo: 45 minutos
Tempo de cozimento: 2 horas
Tempo de resfriamento: 12 horas

Prepare o caldo com antecedência

Coloque a carcaça de frango, a cebola e a cenoura descascadas, o talo de aipo e o sal para cozinhar em uma panela com 2,5 ℓ com água. Deixe cozinhar por 1h30, coe e volte ao fogo muito baixo.

Prepare a galantina

Refogue o fígado em uma caçarola com um pouco de manteiga, coloque sal e pimenta e regue com conhaque. Quando estiver pronto, pique-o em pequenos cubos.
Prepare dois ovos cozidos (cozinhe por 10 min em água fervente, resfrie em água fria e, em seguida, descasque-os).

Prepare o recheio

Corte o presunto e a mortadela em pequenas tiras. Misture-os com a carne que recheia as linguiças e a carne de vitela picada. Adicione 1 ovo, 1 pitada de noz-moscada, sal, pimenta e o vinho doce. Misture.

Monte a galantina

Apoie o frango desossado, pela parte das costas, sobre a superfície de trabalho. Espalhe dentro do frango o recheio, o fígado e o pistache. Coloque os ovos cozidos no meio. Feche o frango novamente e costure-o bem apertado. Envolva-o com a musselina, feche bem as extremidades com um barbante de cozinha e coloque-o para cozinhar com a pata de vitela no caldo de galinha preparado por cerca de 2 h. Quando retirar o frango do caldo, coloque-o em um prato oval para esfriar por pelo menos 12 h. Uma vez frio, a pele do frango pode ser retirada.

Enquanto o frango esfria, coe o caldo de seu cozimento, coloque-o em um recipiente fundo, cubra-o com filme plástico e leve-o à geladeira para que ele se transforme em uma gelatina. Antes de servir a galantina, corte essa gelatina em cubos.

No momento de servir, fatie a galantina, disponha alguns cubos da gelatina sobre ela e acompanhe o prato com uma salada.

● Sugestão de vinho

Enrico Vallania, Malago'colli – Bolognesi DOC.

Cotechino in galera ★★★

Cotechino in galera

O cotechino tem origem na planície do rio Pó.
A lenda conta que, em 1511, durante o cerco à cidade de Mirandola, vizinha de Modena, seus habitantes eram obrigados a consumir todas as partes do porco. Com as massas e o acréscimo de alguns temperos, eles acabaram criando uma linguiça.

Para 6 pessoas

Tempo de preparo: 30 minutos
Tempo de cozimento: cerca de 25 minutos

Ingredientes
150 g de caldo (ver pp. 93-94)
1 cotechino de 500 g
1 kg de espinafre
1 cebola
1 cenoura
1 talo de aipo
1 dente de alho
40 g de manteiga
1 pedaço de carne bovina (alcatra) de cerca de 400 g (peça para o açougueiro abrir como se fosse um grande bife)
80 g de fatias de presunto de Parma
2 folhas de louro
150 mℓ de vinho Lambrusco
Sal

Utensílios
1 martelo de carne
Barbante de cozinha

Prepare com antecedência
Prepare o caldo (ver p. 93 e 94) e escolha o seu cotechino

Prepare no mesmo dia de servir
Cozinhe o cotechino como como estiver indicado nas instruções do fabricante.

Separe e lave o espinafre. Descasque e lave a cebola, a cenoura e o aipo e pique-os.

Em uma panela, refogue o espinafre com uma colher (sobremesa) de manteiga e o dente de alho descascado. Deixe esfriar e retire o alho.

Na superfície de trabalho, abra a carne com a ajuda de um martelo e coloque o presunto e os espinafres por cima. Em seguida, coloque o cotechino cozido no centro.
Enrole como um rocambole e amarre com um barbante de cozinha.

Em uma caçarola com a manteiga doure o rocambole. Adicione os legumes picados e o louro, o vinho e o caldo, coloque sal e cozinhe por cerca de 20 min em fogo médio.

Ao fim do cozimento, retire o barbante e corte o rocambole em fatias.
Reserve o caldo do cozimento para servir com a carne.

● **Sugestão de vinho**
Moro Rinaldini, Vigna del Picchio rosso – Emília-Romana IGT.

● **Dica do chef**
Substitua a carne de boi por vitela, ou faça o prato sem o espinafre.

Ingredientes

20 g de cogumelo porcini seco
1 chalota
2 limões-sicilianos
4 trutas
200 mℓ de azeite
50 g de amêndoa laminada
100 mℓ de vinho branco seco
1 ramo de alecrim
Manteiga
Sal, pimenta-do-reino

Truta à montanara ★

Trota alla montanara

Para 4 pessoas

Tempo de marinada: 1 a 2 horas
Tempo de preparo: 20 minutos
Tempo de cozimento: 25 a 30 minutos

Prepare com antecedência

Deixe o cogumelo de molho na água durante 10 min. Em seguida, pique-o.
Descasque e pique a chalota. Esprema os limões para fazer um suco. Limpe e eviscere as trutas. Deixe-as marinar por 1 h a 2 h, na geladeira, com o azeite, sal e suco de limão.

Em uma panela, refogue com 1 colher (sobremesa) de manteiga, a chalota, o cogumelo e as amêndoas laminadas. Deglaceie com o vinho branco e deixe evaporar.

Preaqueça o forno a 180 °C.

Abra sobre a superfície de trabalho 4 folhas separadas de papel-manteiga, unte-as com manteiga e coloque as trutas no centro. Coloque 1 colher (sobremesa) de manteiga no ventre das trutas e, depois, coloque os ramos de alecrim nos flancos. Espalhe sobre cada uma ¼ da preparação com amêndoas. Coloque sal, pimenta e feche bem cada um dos papéis fazendo pacotes.

Leve ao forno e deixe-os assar por 25 min a 30 min e sirva-os logo em seguida.

● Sugestão de vinho

Tre Monti, Vigna Rocca – Albana di Romagna DOCG.

● É bom saber

Tradicionalmente, utilizamos para esse prato as trutas de rio da espécie fario, originárias da região e reconhecidas pelos pontos negros, vermelhos e violetas sobre a pele. Eventualmente a truta salmonada (de origem americana e muito mais fácil de ser criada) também serve para preparar este prato típico das terras altas de Parma.

Fava à bolonhesa ★

Fave alla bolognese

Para 4 pessoas

Tempo de molho e pré-cozimento (para favas secas): 2h30
Tempo de preparo: 20 minutos
Tempo de cozimento: 20 minutos

Ingredientes

1,2 kg de favas frescas ou 250 g de favas secas
2 cebolas brancas
40 g de presunto cozido
40 g de mortadela
1 colher (sopa) de azeite de oliva
Noz-moscada
1 concha de caldo (ver p. 93-94)
Sal, pimenta-do-reino

Prepare com antecedência
Se optou pelas favas secas, deixe-as de molho e cozinhe em água fervente (tempo total: 2h30). Prepare o caldo (ver p. 93-94).

Prepare no dia de servir
Em uma panela com água fervente, branqueie a fava fresca por 3 min a 5 min (dependendo do tamanho) e deixe escorrer. Se for uma fava muito grande, retire a primeira pele dos grãos.

Descasque as cebolas e pique-as. Pique o presunto. Corte a mortadela em pequenos cubos. Em uma panela, refogue, com azeite, a cebola e o presunto. Adicione a fava branqueada e a mortadela. Rale a noz-moscada por cima, e coloque sal e pimenta. Misture, adicione uma concha de caldo, tampe e deixe cozinhar por 20 min em fogo brando.

● **Sugestão de vinho**
Francesconi Paolo, Limbecca sangiovese – Romagna superiore DOC.

● **Dica do chef**
Escolha a fava de tamanho pequeno que é mais suave e saborosa. Quanto maior ela for, menos suave será o sabor. É até mesmo necessário, em algumas ocasiões, retirar a primeira pele quando ela for branqueada. Em compensação, a pele das favas mais jovens é comestível.

● **É bom saber**
Substitua o presunto e a mortadela por pele pré-cozida, como é comum em Emília-Romanha, pelo toucinho aromatizado ou pelo guanciale (bochecha de boi não defumada) cortados em pequenos cubos.

Para 6 pessoas
Tempo de preparo: 1 hora
Tempo de cozimento: 10 minutos
Tempo de refrigeração: 1h30

Ingredientes
200 g de pão de ló ou biscoitos champanhe
Frutas cristalizadas para decorar

Creme de confeiteiro
4 gemas de ovo
130 g de açúcar
60 g de farinha de trigo
500 mℓ de leite
1 fava de baunilha

Creme de chantili
250 mℓ de creme de leite fresco
1 colher (sopa) de açúcar de confeiteiro

Xarope para umedecer
200 mℓ de água
100 g de açúcar
250 mℓ de rosolio (licor de rosas)
400 mℓ de alkermes (licor açucarado de origem medieval à base de especiarias)

Utensílios
1 tigela funda para sobremesa

Sopa inglesa ★★

Zuppa inglese

Esta sobremesa foi preparada pela primeira vez pelos cozinheiros da corte dos duques d'Este no século XVI, inspirada na sobremesa inglesa chamada trifle, à qual eles tiveram acesso com as relações comerciais realizadas com a Inglaterra.

Prepare o creme de confeiteiro
Bata as gemas de ovo com o açúcar até branqueá-las e acrescente a farinha.
Reserve. Em uma panela, esquente o leite com a fava de baunilha cortada no sentido do comprimento, e as sementes (raspadas da fava). Incorpore o leite aos poucos à mistura de gemas e cozinhe em fogo baixo sem parar de mexer (não deixe o creme ferver, ele corre o risco de talhar). Quando a mistura encorpar, retire-a do fogo e passe-a para uma travessa. Retire a baunilha. Derreta um pouco de manteiga, pincele sobre a superfície para evitar que ela forme uma película na superfície, cubra com filme plástico e leve à geladeira por cerca de 1 h.

Prepare o chantili
Bata o creme de leite fresco (recém-saído da geladeira para que esteja bem gelado) com o açúcar de confeiteiro até que ele fique bem firme. Cubra com um filme plástico e leve à geladeira.

Prepare o xarope
Leve ao fogo o açúcar com a água. Assim que o açúcar tiver derretido completamente, divida esse xarope em duas tigelas. Coloque o rosolio em uma e o alkermes na outra.

Coloque um pouco de creme de confeiteiro na tigela de servir.

Umedeça os biscoitos alternadamente nos dois xaropes e coloque como recheio no fundo da tigela. Por cima, coloque uma camada de creme de confeiteiro e continue a alternar os biscoitos umedecidos com o creme de confeiteiro. Termine com uma camada de biscoitos. Por fim, recubra tudo com o chantili. Corte as frutas cristalizadas em pequenas lâminas para decorar a sobremesa.

● **Sugestão de vinho**
La Stoppa, Vigna del Volta – Emilia malvasia passito IGT.

● **Dica do chef**
Para uma zuppa inglese de duas cores, misture chocolate meio amargo ralado ou cacau em pó em metade da quantidade do creme de confeiteiro.

● **É bom saber**
Na falta do rosolio ou do alkermes, substitua por bebidas como o rum, o kirsch ou licores de flores e de frutas.

Valeria Piccini apresenta suas receitas

Toscana Úmbria

Valeria Piccini

A Maremma é um território selvagem em relação ao resto da Toscana. A natureza intocada permitiu o desenvolvimento de uma agricultura e de uma pecuária de uma forma amigável e respeitosa com o meio ambiente. Que interesse haveria, então, em ir buscar ingredientes em outros lugares? Os ingredientes de meus pratos nascem ao meu redor, principalmente nas hortas de Caino, que nos garantem a autossuficiência. Entre os produtos autóctones de primeira qualidade, tenho um fraco pelas duas raças bovinas, a chianina e a maremmana, e pelo porco de Cinta Senese. A caça também, em particular o javali, é um ingrediente muito presente na tradição gastronômica local.

Autodidata, apaixonada pela cozinha desde sempre, aprendi tudo com minha sogra. A minha formação em química fez com que eu dedicasse mais atenção ao rigor e à precisão e me permitiu compreender o papel do detalhe e da sutileza. Minha cozinha é moderna, mas tem suas raízes na tradição. Busco a leveza, mas, ao mesmo tempo, conservo os gostos e os sabores de outrora.

Cordeiro ao molho

Corte a paleta de cordeiro em pedaços e conserve os ossos. Limpe as costeletas que serão usadas como decoração. Leve a paleta para dourar no azeite com um dente de alho e um pequeno ramo de alecrim. Depois que tudo estiver dourado, deglaceie com o vinho branco e deixe-o evaporar.

Adicione o extrato de tomate diluído na água, o sal e cozinhe por, pelo menos, 1 h em fogo brando.

Enquanto isso, prepare torradas com o pão amanhecido. Esfregue levemente alho sobre as fatias e leve ao forno a 180 °C durante 10 min. Leve as costeletas para dourar em uma frigideira.

Disponha as torradas no fundo dos pratos e, sobre elas, coloque alguns pedaços de paleta e uma concha de molho. Complete a decoração com a costeleta de cordeiro.

Para 4 pessoas
Tempo de preparo: 40 minutos
Tempo de cozimento: 1h45

Ingredientes
1 paleta de cordeiro
4 costeletas de cordeiro
Azeite de oliva extravirgem
2 dentes de alho
1 ramo pequeno de alecrim
250 mℓ de vinho branco
2 colheres de extrato de tomate
250 mℓ de água
Pão amanhecido
Sal

Bruschetta e crostini ★

Bruschetta e crostini

São os antepastos mais clássicos da Toscana, presentes em todas as mesas e em todas as estações, com frequência, acompanhados de charcutarias.

Para 8 pessoas

Tempo de preparo: 5 minutos (2 horas se preparar o caldo)
Tempo de cozimento: alguns minutos

Ingredientes

Fettunta

8 fatias de pão italiano torradas (se possível, pão sem sal)
Azeite de oliva de primeira qualidade

Bruschetta

8 fatias de pão italiano torradas
1 dente de alho
Folhas de manjericão
Ramos de tomilho
2 tomates frescos bem maduros
Azeite de oliva
Sal

Crostini de cogumelo

4 fatias de pão italiano torradas cortadas ao meio
400 g de cogumelos frescos (cogumelo-de-paris, porcini ou outros)
Ramos de salsinha
1 dente de alho
1 colher (sopa) de extrato de tomate
100 mℓ de vinho branco
1 cubo de caldo (ou ver pp. 93-94)
Azeite de oliva
Sal, pimenta-do-reino

Crostini de fígado de ave

4 fatias de pão italiano torradas cortadas ao meio
½ cebola
1 colher (sopa) de alcaparra
150 g de fígado de galinha picado
2 anchovas em óleo
Azeite de oliva
100 mℓ de vin santo da Toscana (vinho doce, brandy, marsala, vinho branco, etc.)
1 colher (café) de farinha de trigo
Sal, pimenta-do-reino

Crostini de anchova

4 fatias de pão italiano torradas cortadas ao meio
8 filés de anchova em óleo
Manteiga

Prepare as fettuntas

Regue as fatias de pão torradas com um fio de azeite de primeira qualidade (extravirgem de primeira pressão a frio), de preferência um azeite novo.

Prepare as bruschettas

Descasque o alho, retire o miolo e amasse metade do dente. Lave e pique as folhas de manjericão e as de tomilho. Retire a pele dos tomates com um descascador de legumes, ou após tê-los mergulhado alguns segundos em água fervente e, depois, em água fria. Pique os tomates e misture com o alho amassado, o tomilho, o manjericão, o azeite e sal. Esfregue as fatias de pão torradas com a outra metade do alho. Cubra-as generosamente com a preparação.

Prepare os crostini de cogumelo

Limpe os cogumelos e pique-os. Lave a salsinha, elimine os talos e pique as folhas. Descasque o alho, retire o miolo e pique-o. Dilua o extrato de tomate em uma pequena concha de caldo. Refogue o cogumelo em uma frigideira com azeite, a salsinha e o alho. Depois que a água do cogumelo tiver evaporado, deglaceie com o vinho branco. Deixe-o evaporar. Adicione o extrato de tomate diluído. Junte sal, pimenta e deixe cozinhar por 10 min. Distribua generosamente a preparação sobre as fatias de pão torradas.

Prepare os crostini de fígado de ave

Descasque a cebola e pique metade dela. Pique a alcaparra, o fígado e as anchovas. Refogue a cebola em uma frigideira com azeite, acrescente a alcaparra, o fígado e a anchova e continue o cozimento durante 3 min. Deglaceie com o vinho. Dissolva a farinha de trigo em um pouco de água morna, coloque na frigideira e mexa. Coloque sal e pimenta. Deixe cozinhar por mais 5 min. Distribua generosamente a preparação nas fatias de pão torradas.

Prepare os crostini de anchova

Escorra bem os filés de anchova em azeite. Passe manteiga nas fatias de pão torradas. Distribua um filé de anchova por fatia.

● Sugestão de vinho

La Mozza / Perazzi Morellino di Scansano DOC.

Ingredientes
400 g de pão amanhecido
700 g de tomate fresco bem maduro
(ou 400 g de tomate pelado em lata)
1 cebola
4 dentes de alho
Ramos de manjericão
2 folhas de sálvia
2 colheres (sopa) de azeite de oliva
1 ℓ a 2 ℓ de água ou caldo (ver pp. 93-94)
Queijo parmesão ralado
Sal, pimenta-do-reino moída na hora

Sopa de pão e tomate ★

Pappa al pomodoro

Esta sopa é uma receita camponesa da Toscana que permite transformar o pão amanhecido em um prato apetitoso e perfumado para crianças e adultos.

Para 4 pessoas

Tempo de preparo: 15 minutos
Tempo de molho: 4 a 5 horas
Tempo de cozimento: 30 minutos

Coloque o pão amanhecido de molho em água fria por 4 h a 5 h.

Retire a pele dos tomates (após tê-los mergulhado por alguns segundos em água fervente e, depois, em água fria), retire as sementes e corte-os em quatro partes. Descasque e pique a cebola; descasque o alho, retire o miolo e fatie-o. Lave o manjericão.

Esprema o pão para retirar o excesso de água.

Refoque a cebola em uma panela com azeite. Adicione o alho, o pão e deixe dourar. Adicione o tomate pelado, o manjericão e a sálvia. Adicione o caldo ou água até cobrir tudo.

Deixe cozinhar por 30 min: a sopa deve ficar untuosa e consistente. Sirva com um fio de azeite, um pouco de pimenta moída na hora e leve o parmesão ralado à mesa.

● **Sugestão de vinho**
San Fabiano Calcinaia, Famalgallo – Chianti clássico DOCG.

● **Dica do chef**
O pancotto é a mesma receita da sopa de pão, mas sem o tomate e com louro no lugar do manjericão. Deve ser finalizado com um ovo batido e pecorino ralado. Existe uma receita fria, à base de pão amanhecido, a panzanella: uma espécie de tabule, que se prepara com o pão amanhecido demolhado, espremido e esfarelado, ao qual se adiciona pepino, tomate, cebola roxa, manjericão, azeite e vinagre de vinho.

● **É bom saber**
A qualidade do pão e do tomate influi claramente no valor gustativo deste prato muito simples.

Pappardelle com molho de lebre ★★

Pappardelle al sugo di lepre

A Toscana e a Úmbria têm forte tradição de caça. Durante a temporada, multiplicam-se nos vilarejos as festas dedicadas à culinária de caça.

Para 4 pessoas

Tempo de marinada: 6 horas
Tempo de preparo: 45 minutos
Tempo de cozimento: 45 a 50 minutos

Ingredientes

2 cenouras
1 cebola
2 talos de aipo
500 g de carne de lebre desossada
2 ℓ de vinho tinto
2 folhas de louro
2 ramos de alecrim
5 cravos-da-índia
1 receita de massa de macarrão (ver p. 69)
60 g de extrato de tomate
100 mℓ de azeite
Sal, pimenta-do-reino

Utensílios

1 moedor de carne
1 secador para massas frescas

Prepare com antecedência
Descasque as cenouras e a cebola, lave e descasque o aipo.
Deixe a carne de lebre marinar durante 6 h em um recipiente fechado com 1 ℓ de vinho tinto, as cenouras e a cebola, o aipo e as ervas aromáticas.

Abra a massa de macarrão em tiras largas. Enrole essas tiras como um rocambole no sentido do comprimento (ver. p. 69). Com uma faca, corte, fatias desse rocambole com 2,5 cm a 3 cm de largura. Desenrole os rolinhos de massa cortada. Coloque o pappardelle no secador ou sobre um pano de prato seco.

Retire a carne da marinada, escorra e passe-a no moedor. Descarte o líquido da marinada e reserve os legumes. Pique os legumes, refogue-os em uma panela com o azeite e as ervas aromáticas. Adicione a carne e deixe-a corar bem. Adicione o extrato de tomate, deixe cozinhar por 5 min e acrescente o segundo litro de vinho tinto. Deixe cozinhar por mais 40 min até que o molho reduza bastante. Tempere com sal e pimenta.

Cozinhe o pappardele em água salgada fervente por 2 min a 3 min. Escorra e cubra com o molho.

● Sugestão de vinho
Col d'Orcia, Brunello di Montalcino DOCG.

● Dica do chef
Evidentemente, é possível substituir a carne de lebre pela de qualquer outra caça, como o javali, o cabrito montês, etc.

Referência técnica
Massa de macarrão >> p. 69

Ingredientes
120 g de trufa negra
1 dente de alho
Ramos de salsinha
400 g a 500 g de espaguete
4 filés de anchova em óleo
100 mℓ de azeite
Sal

Espaguete com trufa e anchova ★★

Spaghetti à la norcina

Para 4 pessoas
Tempo de preparo: 10 minutos
Tempo de cozimento da massa: ver indicações na embalagem

Limpe e pique a trufa. Descasque o alho, retire o miolo e pique-o. Lave a salsinha, retire os talos e pique 2 colheres (sopa) das folhas.

Cozinhe o espaguete.

Em uma panela, em fogo brando, refogue os filés de anchova com o azeite, usando um garfo para esmagá-los. Adicione o alho e a trufa picados, deixe refogar durante 3 min, sempre em fogo brando a fim de que esses ingredientes delicados não se queimem. Adicione sal conforme a necessidade.

Escorra o espaguete e misture-o com essa preparação.

● **Sugestão de vinho**
Rocca di Fabbri, Trebbiano – Umbria IGT.

● **Dica do chef**
Adicione 150 g de carne de linguiça que deverá ser frita na panela com os outros ingredientes.

● **É bom saber**
Para limpar as trufas negras, escove-as com uma escova pequena, e seque-as cuidadosamente com papel absorvente.

Peixada à moda de Livorno ★★

Cacciucco alla livornese

Este prato de pescadores foi criado para utilizar os peixes com menor preferência e, por isso, mais difíceis de vender. E, assim, todas as cidades litorâneas da Toscana possuem a sua própria versão.

Para 8 pessoas

Tempo de preparo: 20 minutos
Tempo de cozimento: 1h10

Ingredientes

1 cebola
2 dentes de alho
Ramos de salsinha
1 pimenta vermelha seca ou fresca (opcional)
500 g de tomate fresco bem maduro
300 g de tomate pelado em lata
500 g de polvo e/ou sépia e/ou lula
1 kg de peixe (carapau, salmonete da rocha, escorpena, granadeiro, capão, cioba, moreia, congro, barbo, todo tipo de peixe de fundos rochosos e próprios para sopa)
300 g de cação
16 lagostas e/ou lagostins e/ou camarões
2 folhas de sálvia
1 colher (chá) de extrato de tomate
2 colheres (sopa) de azeite
8 fatias de pão
Sal

Referências técnicas
Limpeza do polvo >> p. 126
Limpeza e extração da tinta >> p. 125

Descasque a cebola e pique-a; descasque o alho, retire o miolo e amasse um dos dentes (reservando o outro para esfregar no pão torrado); lave a salsinha, corte os talos e pique 2 colheres (sopa) das folhas; pique a pimenta. Se necessário, retire a pele dos tomates (após tê-los mergulhado alguns segundos em água fervente e, depois, em água fria). Corte-os em quatro.

Limpe cuidadosamente o polvo e a sépia (ver pp. 125-126); corte-os em pedaços. Lave e retire as vísceras dos peixes (deixando-os inteiros) e, se necessário, corte o cação em postas. Lave os crustáceos.

Em uma panela, refogue a cebola, o alho esmagado, a salsinha e a sálvia com um pouco de azeite. Adicione o tomate, a pimenta e o extrato de tomate, deixe cozinhar durante 20 min. Acrescente os pedaços de polvo e de sépia, deixe cozinhar por 10 min.
Junte os peixes, começando pelos maiores e terminando pelos menores a fim de obter um cozimento uniforme de todos eles. Deixe cozinhar por cerca de 20 min (de acordo com o tamanho dos peixes), mexendo com muita delicadeza para que não se desfaçam.
Em torno de 5 min antes do fim do cozimento, adicione também as lagostas.

Torre as fatias de pão, esfregue-as com alho e regue-as com um fio de azeite. Sirva as torradas com a peixada sobre elas (cuidado para não desfazer os peixes mais frágeis).

● Sugestão de vinho

Fertuna, Plato Rosso – Maremma Toscana IGT.
San Fabiano, Cerviolo bianco chardonnay di Toscana IGT.

● Dica do chef

Adicione um punhado de mexilhões (limpos) 10 min antes do final do cozimento. Para um prato mais refinado, faça filés com os peixes e reserve-os. Cozinhe o restante com o tomate e os legumes, depois, passe por um passador de legumes. Então, cozinhe o polvo, as sépias, e os filés de peixes no molho obtido.

Ingredientes

2 dentes de alho
Ramos de salsinha
4 batatas
4 alcachofras roxas
4 tomates
Orégano
2 colheres (sopa) de azeitona preta
1 peixe de cerca de 1,2 kg (barbo, dourado, capão, linguado, etc.)
1 colher (chá) de manteiga
Azeite de oliva
Vinho branco, o suficiente
1 limão-siciliano
Sal, pimenta-do-reino

Peixe à moda da ilha de Elba ★★

Pesce all'isolana

Para 4 pessoas

Tempo de preparo: 15 minutos
Tempo de cozimento: 40 minutos

Descasque os dentes de alho, retire o miolo e amasse-os. Lave a salsinha, retire os talos e pique as folhas.

Descasque e lave as batatas, depois corte-as em fatias bem finas. Lave as alcachofras, retire as folhas externas mais duras, corte as pontas e divida-as em partes muito finas.

Lave os tomates e corte-os em fatias.

Tempere os legumes com o alho esmagado, o orégano, a azeitona, sal e pimenta.

Preaqueça o forno a 180 °C.

Lave o peixe e faça dois cortes enviesados de cada lado. Coloque em seu interior a manteiga e a salsinha.

Unte uma assadeira e disponha o peixe no meio dela, com os legumes temperados ao redor. Leve ao forno.

Ao final de 10 min de cozimento, regue com o vinho branco. Deixe assar por 40 min (até que os olhos do peixe estejam completamente brancos), vá regando de vez em quando com o suco de limão.

Sirva o peixe acompanhado dos legumes.

● **Sugestão de vinho**
Fertuna, Droppello – Adremma Toscana IGT.

● **Dica do chef**
Substitua a alcachofra por alcaparra, berinjela ou cogumelo porcini.

Guisado de javali ★★

Cinghiale in umido

Esta receita é um grande clássico da Úmbria e da Toscana, principalmente nas terras de Maremma, no sul da Toscana, ao Norte do Lácio.

Para 6 pessoas

Tempo de marinada: 10 horas no mínimo
Tempo de preparo: 30 minutos
Tempo de cozimento: 2 a 3 horas

Ingredientes

Alecrim
4 tomates frescos bem maduros (ou 250 g de tomate pelado em lata)
3 dentes de alho
Farinha de trigo, o suficiente
Azeite de oliva
400 mℓ de caldo (de carne ou de legumes, ver p. 93-94)
Sal, pimenta-do-reino

Carne

1,2 kg de javali (prefira o lombo)

Marinada

2 dentes de alho
1 cenoura
1 talo de salsão
1 cebola
750 mℓ de vinho tinto
5 bagas de zimbro
1 ramo de alecrim
Louro

Prepare na véspera

Descasque os 2 dentes de alho, retire o miolo e amasse-os. Lave, descasque os legumes da marinada e corte-os em pedaços grandes. Coloque a carne em um recipiente com o vinho e os pedaços de legumes, o alho picado, as bagas de zimbro, o alecrim, e o louro. Deixe marinar por, no mínimo, 10 h.

Prepare no mesmo dia

Escorra a carne. Coe a marinada e reserve o líquido.
Pique o alecrim. Retire a pele dos tomates (após tê-los mergulhado alguns segundos em água fervente e, depois, em água fria). Descasque e pique os três dentes de alho.
Corte a carne em pedaços e passe-os na farinha. Doure-os em uma panela com azeite. Quando a carne estiver bem corada, adicione o alecrim e o alho picado, deixe refogar por alguns minutos e deglaceie com um copo do líquido coado da marinada.
Quando o vinho tiver evaporado, adicione o tomate pelado, o sal e a pimenta. Ao final de 20 min, coloque o caldo e deixe cozinhando por 2 h a 2h30, até que o molho fique bem espesso.

● **Sugestão de vinho**
Badia a Coltibuono, Chianti Classico Riserva DOCG.

● **Dica do chef**
Este prato pode ser acompanhado de batatas ou de polenta. E a sobra do molho pode ser usada para temperar massas.

Referências técnicas
Massa de macarrão >> p. 69
Polenta >> pp. 101 a 106

Ingredientes
2 dentes de alho
Ramos de alecrim
1 pedaço de lombo de porco de 1,5 kg aproximadamente
5 cravos-da-índia
Azeite de oliva
Sal, pimenta-do-reino

Carne de porco assada com ervas aromáticas ★

Arista

Arista é um assado de carne de porco cuja receita remonta ao século XIV. Essa palavra vem do grego "aristos", que significa "o melhor".

Para 6 a 8 pessoas

Tempo de preparo: 10 minutos
Tempo de cozimento: cerca de 1 hora

Preaqueça o forno a 200 °C. Unte uma assadeira.

Descasque os dentes de alho, retire o miolo e pique-os. Desfolhe o alecrim e misture ao alho; acrescente sal e pimenta. Depois, passe uma parte dessa preparação na carne.

Com a ponta de uma faca, faça furos na carne. Introduza o restante da preparação de alho e alguns cravos-da-índia nesses furos. Amarre a carne com um barbante prendendo junto alguns ramos de alecrim.

Coloque a carne na assadeira untada, leve-a ao forno e deixe assar durante cerca de 2 h, regando-a de vez em quando com o próprio caldo que se desprende durante o cozimento e virando-a para que possa ficar dourada de todos os lados.

Sirva quente ou fria, mas obrigatoriamente cortada em fatias bem finas.

● **Sugestão de vinho**
Tenuta San Guido, Le Difese – Toscana IGT.

● **Dica do chef**
O ideal para este tipo de carne é assar no espeto. De qualquer maneira, acompanhe-a com batatas ou verduras: chicória, catalonha, cime di rapa (brotos de nabo), couve negra da Toscana, espinafre, acelga, etc. depois de aromatizadas no caldo do cozimento.

● **É bom saber**
Substitua o alecrim por erva-doce fresca (sementes e ramos com os quais poderá envolver a carne).

Ensopado de feijão à florentina ★

Fagioli all'uccelletto

Para 4 pessoas

Tempo de molho: 1 noite
Tempo de preparo: 5 minutos
Tempo de cozimento: de 2 horas a 3h30

Ingredientes

700 g de feijão-branco (cannellini)
1 folha de louro
1 pitada de bicarbonato
2 dentes de alho
400 g de tomate bem maduro ou 250 g de tomate pelado em lata
2 folhas de sálvia
2 colheres (sopa) de azeite
Sal, pimenta-do-reino moída na hora

Prepare na véspera
Deixe o feijão de molho em água fria durante a noite toda.

Prepare no dia de servir
Cozinhe o feijão em água com sal, uma folha de louro e uma pitada de bicarbonato de sódio, em fogo brando (para não desmanchá-lo durante uma ebulição demasiado forte), durante 2 h a 3 h.

Enquanto isso, descasque o alho e retire o miolo. Se necessário, retire a pele dos tomates (após tê-los mergulhado por alguns segundos em água fervente e, depois, em água fria) e pique-os.

Escorra o feijão. Em uma panela, refogue o alho com azeite. Adicione a sálvia e o feijão e deixe cozinhar por 10 min. Adicione o tomate picado, o sal e deixe cozinhar por mais 20 min.

Sirva com um fio de azeite e uma pitada de pimenta moída na hora.

● **Sugestão de vinho**
Col d'Orcia, Sant'Antimo pinot grigio DOC.

● **Dica do chef**
Ao utilizar feijão de debulhar, o tempo de pré-cozimento será de apenas 15 min.

Ingredientes
Açúcar de confeiteiro

Especiarias para o panforte
15 g de canela
2 g de macis
2 g de pimenta-da-jamaica
½ colher (café) de semente de coentro
½ colher (café) de cravo-da-índia
½ colher (café) de noz-moscada

Panforte
150 g de casca de laranja cristalizada
150 g de melão cristalizado
200 g de amêndoas sem pele
30 g de cacau em pó
1 folha de hóstia (ou ázimo) de 22 cm de largura
125 g de mel
125 g de açúcar

Mistura para polvilhar
Cacau em pó
Canela em pó
Coentro em pó

Utensílios
1 almofariz ou moedor de café
1 espátula
1 aro de fôrma para bolo de aro removível de 20 cm de diâmetro

Panforte de Siena ★★★

Panforte

Panforte é um bolo muito antigo, típico da região de Siena, que se preparava tradicionalmente por ocasião do Natal para ser dado como oferenda ao clero ou à nobreza.

Para 6 pessoas
Tempo de preparo: 40 minutos
Tempo de cozimento: 30 minutos
Tempo de resfriamento: 2 horas, no mínimo

Moa as especiarias no almofariz ou no moedor de café.
Corte as frutas cristalizadas em pedaços pequenos e misture-as com as amêndoas, o cacau e as especiarias. Misture os ingredientes do pó para polvilhar: cacau, canela, coentro em pó.

Preaqueça o forno a 150 °C.
Posicione o aro da fôrma para bolo sobre a folha de hóstia.
Leve ao fogo uma panela com o mel e o açúcar até que chegue ao ponto de fusão. Com um termômetro para açúcar na panela, espere que a temperatura chegue a 115 °C/117 °C. Quando a temperatura desejada for obtida, coloque a panela em uma tigela com água fria para, assim, parar o cozimento.

Como se reconhece o ponto de fusão do açúcar? Molhe os dedos na água fria, pegue uma pequena porção do melado e leve-a imediatamente à água fria (etapa essencial!); deverá formar, então, uma pequena bola mole entre os dedos.
Incorpore nessa calda a mistura de frutas cristalizadas. Despeje essa nova mistura no aro para bolos colocado sobre a folha de hóstia.

Aplaine muito bem com uma espátula, polvilhe com a mistura de cacau, canela e coentro e leve ao forno por 30 min.

Deixe esfriar. Retire o excesso da mistura para polvilhar e polvilhe abundantemente com o açúcar de confeiteiro.

● **Sugestão de vinho**
Col d'Orcia, Pascena – Moscadello di Montalcino DOC.

Biscoito cantucci ★★

Cantuccini

Estes biscoitos são, tradicionalmente, da cidade de Prato. A maioria das refeições na Toscana é finalizada com os cantuccini (ou cantucci) molhados no vinho santo da casa, um vinho doce da Toscana.

Para 8 a 10 pessoas

Tempo de preparo: 5 minutos
Tempo de cozimento: 40 minutos

Ingredientes

250 g de amêndoas
4 ovos
1 fava de baunilha ou essência de baunilha
500 g de açúcar
500 g de farinha de trigo
1 colher (café) de bicarbonato
1 laranja
1 colher (sopa) de sementes de erva-doce (opcional)
Sal

Preaqueça o forno a 150 °C. Torre as amêndoas durante 10 min e triture-as.

Bata as claras em neve. Corte a baunilha ao meio no sentido do comprimento.

Bata as gemas com o açúcar até clarearem. Adicione a farinha, o bicarbonato, a baunilha, 1 pitada de sal e o zeste da laranja. Misture.

Adicione as amêndoas e misture.

Incorpore delicadamente as claras em neve.

Aumente a temperatura do forno para 190 °C.

Forre uma assadeira com papel-manteiga.

Divida a massa obtida em 2 bolas e forme 2 rolos de 5 cm de largura. Disponha-os na assadeira. Leve ao forno e asse por 20 min. Quando estiverem corados, retire-os. Corte os rolos em fatias de cerca de 2 cm de espessura.

Baixe a temperatura do forno para 170 °C, volte os biscoitos para a assadeira e para o forno. Depois de 5 min, vire-as e asse por mais 5 min. Os biscoitos devem ficar bem crocantes.

Deixe esfriar e sirva.

● **Sugestão de vinho**

Badia Coltibuono, Vin Santo – Chianti classico DOC.

● **Dica do chef**

Para uma variação, substitua uma parte da quantidade de amêndoas por avelãs ou por sementes de erva-doce. Para fazê-los de chocolate, substitua 30 g de farinha por 30 g de cacau em pó.

● **É bom saber**

Conserve os cantuccini em lata.

Espaguete à carbonara ★

Spaghetti alla carbonara

Ingredientes
200 g de bochecha de porco curada com ervas, ou 200 g de peito de porco não defumado, ou toucinho
4 ovos
400 g a 500 g de espaguete
100 g de queijo pecorino ou queijo parmesão ralado
Pimenta-do-reino

Carbonara é um molho cujas origens são discutidas, mas, sem dúvida, trata-se de uma criação recente, que surgiu por volta do final da Segunda Guerra Mundial. O nome pode vir dos *carbonari*, membros de uma sociedade secreta liberal e patriótica do início do século XIX, ou dos carbonai, os carvoeiros, ou então deriva da adição de uma grande quantidade de pimenta-do-reino, que deixa o prato preto como carvão.

Para 4 pessoas

Tempo de preparo: 15 minutos
Tempo de cozimento da massa: ver a indicação do fabricante

Corte a bochecha em fatias finas e frite em uma frigideira. Apague o fogo.

Em uma tigela, com um garfo ou fouet, misture os ovos com o queijo ralado e a pimenta-do-reino moída na hora, até obter um molho untuoso.

Cozinhe o espaguete. Escorra-o levemente.

Salteie na frigideira o macarrão cozido e pouco escorrido com a bochecha. Despeje-o na tigela com o molho misturando rapidamente.

● Sugestão de vinho
Sergio Mottura, Civitella rosso – Civitella d'Agliano IGT.

● Dica do chef
Esta é a versão mais primitiva da receita. Uma das questões básicas gira em torno de adicionar, ou não, um dente de alho não descascado na frigideira com o toucinho, que será retirado antes de servir. Há também outras discussões em torno da adição, ou não, de cebola, salsinha, clara de ovo... O pecorino, como já mencionado, pode ser substituído por parmesão, a clara de ovo por creme de leite e o espaguete por bucatini ou rigatoni.

● É bom saber
É frequente encontrarmos, nos restaurantes de todo o mundo, o molho à carbonara acompanhando tagliatelle. Nada mais errôneo: o tagliatelle é um macarrão feito com ovos, originário da região de Emília-Romanha, que não combina bem com molho também de ovos.

Bucatini à amatriciana ★

Bucatini all'amatriciana

O nome "*all'amatriciana*" deriva da cidade de Amatrice, no Lácio, perto da fronteira com Abruzos.

Para 4 pessoas

Tempo de preparo: 15 minutos
Tempo de cozimento: 30 minutos

Ingredientes

1 cebola
100 g de queijo pecorino
800 g de tomate bem maduro ou 300 g de tomate pelado em lata
120 g de bochecha de porco curada com ervas ou peito de porco não defumado, ou toucinho
2 colheres (sopa) de azeite de oliva
1 pimenta vermelha seca ou fresca
400 g a 500 g de bucatini
Sal

Utensílios

1 descascador de legumes

Descasque a cebola e pique-a. Rale o pecorino.

Lave os tomates, descasque-os com um descascador de legumes ou mergulhando-os em água fervente por alguns minutos e, depois, na água fria. Se preferir, retire as sementes. Depois, pique-os.

Corte a bochecha em cubos e refogue-a com azeite em uma frigideira. Quando os cubos estiverem bem crocantes, adicione a cebola picada. Quando a cebola ficar translúcida, acrescente a pimenta picada e os tomates, salgue e deixe cozinhar por cerca de 10 min.

Ferva água com sal em uma panela e cozinhe o bucatini (segundo as indicações do fabricante), escorra e salteie-o na frigideira com o molho já pronto e o pecorino. Sirva imediatamente.

● Sugestão de vinho

Poggiole Volpi, Baccarossa Lazio IGT.

● Dica do chef

Substitua todo o pecorino ou parte dele por parmesão e o bucatini por espaguete ou rigatone.

Ingredientes

1 dente de alho
1 cenoura
1 cebola
Salsinha finamente picada
500 g de tomate pelado
8 talos de aipo
2 colheres (sopa) de uva-passa
100 g de bochecha de porco curada com ervas, ou peito de porco não defumado, ou toucinho
1,8 kg de rabo e de bochecha de vaca (ou seja, 1 rabo + bochechas)
2 colheres (sopa) de azeite
3 cravos-da-índia
250 mℓ de vinho tinto
1 colher (sopa) de pinoli
1 colher (café) de chocolate amargo
Sal, pimenta-do-reino

Utensílios

1 panela de barro
1 concha

Referência técnica
Tomates pelados >> p. 42

Rabada à vaccinara ★★

Coda alla vaccinara

Este prato nasceu nas calçadas do bairro de Regola, onde morava a maioria dos trabalhadores dos abatedouros de Roma, os *vaccinari*.

Para 4 pessoas

Tempo de preparo: 1 hora
Tempo de cozimento: 4 horas

Descasque o alho, retire o miolo e pique; descasque e pique a cenoura e a cebola. Lave a salsinha, retire os talos e pique as folhas. Limpe os talos de aipo e corte-os em pedaços grandes. Ponha a uva-passa de molho em água.

Pique a bochecha.

Lave diversas vezes as peças de carne e corte em pedaços. Ferva uma panela de água, acrescente os pedaços de carne e deixe cozinhar por 30 min. Retire a carne. Desengordure o caldo retirando a gordura com a concha e reserve-o.
Leve os pedaços de carne para dourar em uma panela (de preferência de barro) com o azeite e a bochecha. Adicione os legumes picados, o alho, a salsinha e os cravos-da-índia.

Quando os legumes ficarem translúcidos, deglaceie com o vinho tinto. Adicione o tomate pelado, 1 copo de água, sal e pimenta, tampe e deixe cozinhar durante 3 h em fogo brando. Mexa de vez em quando adicionando um pouco de caldo, se necessário, a fim de que a preparação não seque.

Adicione o aipo e deixe cozinhar por mais 20 min, depois adicione o pinoli, a uva-passa e o chocolate e continue cozinhando por mais alguns minutos.

No final do cozimento, o molho deverá ficar bem denso e a carne se soltando facilmente dos ossos.
Sirva quente com pão.

● **Sugestão de vinho**
Castel de Paolis, Campo Vecchio rosso – Latium IGT.

● **Dica do chef**
Reduza o tempo de cozimento da carne a 1 h utilizando uma panela de pressão.

● **É bom saber**
A verdadeira receita tradicional recomenda o cozimento simultâneo do rabo e da bochecha de vaca. Este prato pode ser preparado sem a bochecha ou sem o chocolate.

Paleta de cordeiro ao forno ★★

Abbacchio

O abbacchio é o cordeiro com menos de 8 kg. Típica de Roma, esta receita é o prato das festas, especialmente da Páscoa.

Para 4 pessoas

Tempo de preparo: 40 minutos
Tempo de cozimento: 2 horas

Descasque o alho, retire o miolo e pique-o. Pique o alecrim e a sálvia. Descasque e corte em pedaços a batata.

Preaqueça o forno a 200 °C.

Introduza tiras de toucinho na carne e coloque-a em um recipiente que vá ao forno. Tempere-a com alho, alecrim, sálvia, sal e pimenta. Junte os pedaços de batata, alguns ramos de alecrim e regue com azeite.

Leve ao forno. Depois de 15 min, regue com o vinho e baixe a temperatura para 180 °C. Deixe assar de 1 h a 1h30, virando a carne de vez em quando a fim de assegurar que fique assada uniformemente.

● Sugestão de vinho

Falesco, Montianorosso – Latium IGP.

● Dica do chef

Adicione algumas cebolas no momento em que inserir a batata.
A receita tradicional prevê que, 15 min antes do final da cocção, seja adicionado à carne um molho preparado no almofariz com vinagre, filés de anchova, alho e alecrim picados.

Ingredientes

1 dente de alho
Ramos de alecrim
Folhas de sálvia
4 batatas
1 pernil ou 1 paleta de cordeiro de cerca de 1 kg
1 fatia de toucinho
Azeite de oliva
150 mℓ de vinho branco
Sal, pimenta-do-reino

Ingredientes
2 pombos
1 dente de alho
1 cebola
1 cenoura
1 talo de aipo
500 mℓ de vinho tinto
1 ramo de salsinha
1 ramo de alecrim
Folhas de sálvia
Folhas de louro
1 ramo de tomilho
Azeite de oliva
1 colher (sopa) de farinha de trigo
3 colher (sopa) de vinagre de vinho
3 anchovas em óleo
Sal

Guisado de pombo ★★

Piccioni in salmì

Esta receita, muito difundida na Itália Central, é ideal para atenuar o sabor forte da caça.

Para 4 pessoas

Tempo de marinada: 12 horas, no mínimo
Tempo de preparo: 1h30
Tempo de cozimento: 1h20

Corte os pombos em pedaços. Descasque o alho, a cebola e a cenoura. Lave e limpe o aipo.

Deixe o pombo para marinar com o vinho e os legumes durante 12 h, no mínimo. Depois, coe a marinada, reserve o líquido, os legumes e as ervas. Pique os legumes e as ervas.

Doure os pedaços de pombo em uma panela com azeite. Adicione os legumes e as ervas da marinada. Deixe cozinhar em fogo brando por 10 min, mexendo sempre.

Adicione a farinha e sal. Deglaceie com o vinagre e uma parte do vinho da marinada. Deixe cozinhar por cerca de 1 h, regando, se necessário, com o resto do vinho da marinada.

No final do cozimento, retire os pedaços de pombo e reserve-os em lugar quente.

Desmanche os filés de anchova no molho, coe-o e cubra os pedaços de pombo com esse molho.

● **Sugestão de vinho**
Di Majo Norante, Don Luigi – Molise DOC.

● **Dica do chef**
Sirva o guisado acompanhado de fatias de pão torrado ou polenta assada ou frita (ver p. 106).

Referência técnica
Polenta grelhada >> p. 106
Polenta frita >> p. 106

Lagostins gratinados ★

Scampi gratinati

Esta é a receita original da romana Ada Boni, cujo livro de culinária *Il talismano della felicità*, publicado pela primeira vez em 1929, tornou-se uma referência.

Ingredientes
3 kg de lagostins grandes
250 mℓ de conhaque
Azeite de oliva
100 g de farinha de pão (rosca)
1 limão-siciliano
Sal, pimenta-do-reino

Para 6 pessoas

Tempo de preparo: 10 minutos
Tempo de marinada: 1 hora
Tempo de cozimento: 8 a 10 minutos

Limpe os lagostins e divida-os em dois pelo peito tomando cuidado para não separar os dois lados. Leve para marinar no conhaque durante 1 h. Depois, escorra e disponha-os em uma assadeira.

Preaqueça o forno a 200 °C.

Tempere os lagostins com azeite, sal e pimenta e polvilhe com farinha de pão.

Leve ao forno só o tempo necessário para gratinar (de 8 min a 10 min).

Sirva quente com pedaços de limão.

● **Sugestão de vinho**
Sergio Mottura, Latour a Civitella – Grechetto di Civitella d'Agliano IGT.

Ingredientes
4 alcachofras mammole ou roxas
1 limão-siciliano
Óleo para fritura
Sal, pimenta-do-reino

Alcachofra à moda judia ★★

Carciofi alla giudia

Esta receita muito antiga teve origem no bairro judeu de Roma. Abundantemente cultivada nas cercanias da cidade, a alcachofra ficava ao alcance de todos, mesmo dos mais pobres.

Para 4 pessoas

Tempo de preparo: 10 minutos
Tempo de cozimento: 20 minutos, aproximadamente

Lave e limpe as alcachofras. Com uma faca pequena, retire as folhas externas mais duras e corte as pontas e as partes mais escuras ao redor. Retire também a parte mais filamentosa do talo sem separá-lo do corpo.

Deixe as alcachofras de molho em água com o suco de limão por 10 min. Depois, escorra as alcachofras e seque-as cuidadosamente sacudindo-as. Gire, uma a uma, entre as mãos, para separar bem as folhas, mas sem quebrá-las. Tempere o interior com sal e pimenta.

Aqueça o óleo a 140 °C e frite as alcachofras por 7 min a 8 min, com a parte do talo voltada para baixo. Eleve a temperatura para 160 °C e deixe fritar por mais 7 min a 8 min.

Para que as alcachofras fiquem mais crocantes, respingue um pouco de água fria no óleo, deixe fritar por mais 2 min e, depois, escorra em papel absorvente.

Sirva imediatamente.

● **Sugestão de vinho**
Poggiole Volpi, Epos – Frascati DOC.

● **É bom saber**
A alcachofra romana conhecida pelo nome de "mamamola" é uma alcachofra pequena, roxa e sem espinhos.

Pãezinhos doces ★★★

Maritozzi

Estes pequenos pães doces eram preparados nessas regiões, particularmente, durante o período de quaresma, quando eram impostas rigorosas restrições alimentares. Eram também oferecidos para os noivos no dia de São Valentim, daí o seu nome "maritozzo", que vem de "marito" (marido, em italiano).

Para 12 peças

Tempo de preparo: 4 horas
Tempo de fermentação: 1 a 2 horas
Tempo de cozimento: 10 minutos

Ingredientes

1 tablete de fermento biológico fresco
250 g de farinha de trigo (T45) + 1 colher (sopa)
1 colher (café) de mel
1 ovo
50 g de manteiga
30 g de açúcar
30 g de uva-passa
20 g de casca de laranja cristalizada
20 g de pinoli
2 colheres (sopa) de açúcar para o glacê
Creme chantili (ver Sopa inglesa p. 295)
Açúcar de confeiteiro
Sal

Retire o ovo e a manteiga da geladeira para que fiquem na temperatura ambiente.

Esfarele o fermento e dissolva-o com uma colher (sopa) de água morna. Misture-o, em uma tigela, com 50 g de farinha e o mel. Cubra com um pano e deixe descansar até que a massa tenha dobrado de volume (entre 15 min e 1 h).

Misture essa preparação de fermento com o resto da farinha, o ovo, a manteiga, o sal, o açúcar e um pouco de água, se necessário. Sove até obter uma massa lisa, macia e homogênea. Faça uma bola e deixe crescer em um recipiente grande coberto com um pano até que tenha dobrado novamente de volume (entre 1 h e 2 h).

Enquanto isso, coloque a uva-passa de molho em água morna, seque-a com um pano e passe-a em um pouco de farinha. Corte as cascas de laranja em pedaços pequenos. Unte uma assadeira com manteiga.

Quando a massa tiver crescido, incorpore nela a uva-passa, o pinoli e a casca de laranja. Sove bem a massa e divida-a em 12 partes. Molde cada parte como um pãozinho oval e coloque-os na assadeira. Cubra com um pano e deixe os pãezinhos dobrar de volume (entre 1 h e 2 h).

Enquanto isso, preaqueça o forno a 200 °C, prepare o chantili (ver p. 295), e também um glacê com 2 colheres (sopa) de açúcar e 1 colher (sopa) de água.

Asse os pãezinhos por 6 min a 8 min: eles deverão ficar bem dourados. Passe o glacê sobre eles e torne a levá-los ao forno por 1 min a 2 min, a fim de secar o glacê.

Na hora de servir, corte-os ao meio no sentido do comprimento sem separar as duas metades (ver foto), recheie-os com o chantili e polvilhe com açúcar de confeiteiro.

● Sugestão de vinho

Castel de Paolis, Bianco Cannellino – Frascati DOC.

● Dicas do chef

No lugar da manteiga, a receita antiga usava azeite... em época de vacas magras.
Substitua a uva-passa, o pinoli e a casca de laranja por 1 colher (sopa) de sementes de erva-doce e troque a água pelo leite.
Os maritozzi também podem ser servidos sem o chantili.

Alfonso Iaccarino apresenta suas receitas

Campânia

Alfonso Iaccarino

Não seria errôneo dizer que nasci em um hotel, uma vez que sou descendente de uma linhagem de hoteleiros há quatro gerações. Foi o meu avô, Alfonso, uma pessoa maravilhosa, quem me ensinou tudo. Ele adorava cozinhar os produtos da região. Quando eu era pequeno, levava-me com ele para escolher os produtos com os camponeses. As massas, a mozarela, sem esquecer da cultura do tomate, que usufrui do clima mediterrâneo e da terra vulcânica, são os produtos que simbolizam Nápoles e sua região. E, depois, o mar, sempre presente, muito importante para mim, pois me proporciona grande energia.

O terroir está no centro da minha concepção da gastronomia. Mesmo que a minha cozinha seja moderna, ela mantém o respeito à identidade local. E esse respeito deve traduzir-se também por uma mudança dos métodos de produção. Em meus oito hectares de terreno, pratico, desde sempre, a agricultura orgânica. A Senhora Natureza ensina o respeito pelas estações e, principalmente, a paciência. Aprendi a escutá-la.

Vesúvio de rigatoni

(dedicado a Maria Orsini Natale)

Para 4 pessoas
Tempo de preparo: 1 hora
Tempo de cozimento: 30 minutos

Ingredientes
260 g de rigatoni
50 g de ervilha
250 g de mozarela
200 g de molho de tomate com carne
60 g de carne de porco picada
30 g de pão de fôrma
65 ml de leite
50 folhas de manjericão
50 g de azeite de oliva extravirgem
15 g de cebola
2 ovos
Sal, pimenta-do-reino

Prepare bolinhas com a carne de porco picada, o pão ensopado no leite, 1 ovo, sal e pimenta-do-reino e doure-as no azeite de oliva.

Ferva 30 folhas de manjericão e amasse com um pouco de azeite. Passe por uma peneira fina.
Aqueça 45 ml de leite e acrescente 70 g de mozarela bem picada. Cozinhe em banho-maria, depois misture e passe em uma peneira fina.

Frite as ervilhas com as cebolas até dourar.

Corte o restante da mozarela em pedaços bem pequenos. Cozinhe o outro ovo por 7 min em água fervente. Cozinhe o rigatoni por 3 min e misture com metade do molho de tomate com carne e metade do manjericão que restou.

Em um recipiente de alumínio de 8 cm de diâmetro e 4 cm de altura, disponha a metade da mozarela no fundo, o rigatoni, as ervilhas, o ovo cozido, as bolinhas e o manjericão e termine com o restante de mozarela para cobrir tudo.

Leve ao forno por 14 min a 160 °C. Retire do forno e arrume sobre um prato. Adicione com o restante do molho de tomate, o molho de mozarela e o molho de manjericão, o manjericão em folhas que restou e finalize com um fio de azeite de oliva.

Salada caprese ★

Caprese

A salada caprese é o emblema da cozinha italiana no mundo, com o vermelho do tomate, o branco da mozarela de búfala e o verde do manjericão, que representam as cores da bandeira nacional!

Ingredientes

Folhas de manjericão fresco
4 tomates bem maduros
600 g de mozarela de búfala Campana (em bolas ou trança)
4 colheres (sopa) de azeite de oliva extravirgem
Sal

Para 4 pessoas

Tempo de preparo: 5 minutos

Lave o manjericão e desfolhe-o; lave os tomates.

Corte os tomates em seis gomos e a mozarela em fatias com 3 mm de espessura. Disponha-os em um prato alternando gomos de tomate e fatias de mozarela. Tempere com azeite e sal. Decore com algumas folhas de manjericão.

● **Sugestão de vinho**

Grotta del Sole, Asprinio d'Aversa – San Cipriano d'Aversa DOC.

Ingredientes
2 kg de mexilhão
1 dente de alho
Ramos de salsinha
1 limão-siciliano
100 mℓ de vinho branco
Fatias de pão
Azeite de oliva, o suficiente
Pimenta-do-reino

Mexilhões com pimenta-do-reino ★

Impepata di cozze

Esta receita apareceu pela primeira vez em *Il Cuoco Galante* (O cozinheiro galante), de Vincenzo Corrado, a primeira coletânea da cozinha do sul da Itália, publicado em 1773.

Para 4 pessoas
Tempo de preparo: 30 minutos
Tempo de cozimento: 20 minutos

Limpe os mexilhões.
Raspe as conchas, retire as barbas e enxágue-os bem.

Descasque o alho e retire o miolo.
Lave a salsinha, retire o talo e pique as folhas finamente.
Lave o limão e corte-o em quartos.

Leve os mexilhões ao fogo em uma panela com o alho descascado. Quando estiverem todos abertos, regue-os com o vinho branco, polvilhe abundantemente com pimenta, misture bem e retire do fogo. Coe o caldo.

Torre fatias de pão.

Sirva os mexilhões em pratos fundos ou em uma saladeira com o caldo coado, a salsinha picada e os pedaços de limão. Leve à mesa acompanhado com as fatias de pão torrado à mesa.

● **Sugestão de vinho**
Grotta del Sole, Falanghina dei Camp Flegrei, Coste di Cuma DOC.

● **É bom saber**
A melhor época para consumir mexilhões vai de janeiro a agosto. Devem ser consumidos de preferência em três dias após a coleta, descartando os que estiverem quebrados ou que não se fecham quando são tocados.

Vermicelli com vôngole ★

Vermicelli (spaghettoni) alle vongole veraci

Este prato é o mais conhecido da cozinha napolitana no mundo, mas pelo nome de "spaghetti alle vongole". "Vermicelli" é, na verdade, o nome napolitano para o espaguete um pouco mais grosso.

Para 4 pessoas

Tempo de preparo: 15 minutos
Tempo para retirar a areia: 1 hora
Tempo de cozimento do macarrão: ver indicação na embalagem

Ingredientes

1 kg de vôngole
1 ramo de salsinha
2 dentes de alho
400 g a 500 g de vermicelli (espaguete grosso)
4 colheres (sopa) de azeite de oliva
1 colher (sopa) de farinha de trigo
50 mℓ de vinho branco
Sal, pimenta-do-reino

Retire a areia deixando os vôngoles de molho em água fria com sal durante 1 h.
Lave a salsinha, retire os talos e pique as folhas até obter 2 colheres (sopa). Descasque o alho e retire o miolo.

Lave os vôngoles em água corrente e escorra-os tomando cuidado para eliminar bem toda a areia.

Em uma frigideira grande, refogue-os com 1 colher (sopa) de salsinha, o alho e 4 colheres (sopa) de azeite.
Quando as conchas estiverem todas abertas, polvilhe sobre elas uma colher (sopa) de farinha de trigo. Mexa, adicione pimenta e deglaceie com o vinho branco.

Cozinhe o macarrão em uma panela com água e sal, e escorra-o.

Leve o macarrão à frigideira e refogue por 2 minutos com os vôngoles e a segunda colher de salsinha. Sirva-o com os vôngoles em suas conchas.

● Sugestão de vinho

Mastroberardino, Nova Serra – Greco di tufo navaserra DOCG.

● Dica do chef

É muito importante não cozinhar demais os vôngoles a fim de evitar que fiquem borrachentos.
Você pode substituir os vôngoles por outras amêijoas.

Ingredientes

40 g de alcaparra em sal
1 ramo de salsinha
2 dentes de alho
100 g de azeitonas pretas
Pimenta (opcional)
400 g de tomate pelado ou 700 g de tomate fresco bem maduro
2 colheres (sopa) de azeite de oliva
8 filés de anchovas em óleo
400 g a 500 g de penne
Sal, pimenta-do-reino

Referência técnica
Tomates pelados >> p. 42

Penne à putanesca ★

Penne alla puttanesca

Ao que parece, este prato não existia antes dos anos 1950. Segundo alguns, teria nascido nos bairros ditos espanhóis de Nápoles nos quais as prostitutas eram numerosas; para outros, teria sido criado em Ischia pela fantasia de um dono de restaurante em busca de um prato rápido para clientes apressados; para outros ainda, seria uma provençal de costumes levianos, que os exercia em Nápoles, que preparou a receita, inspirando-se nos produtos de sua região natal.

Para 4 pessoas

Tempo de preparo: 30 minutos
Tempo de cozimento: 25 minutos

Lave abundantemente a alcaparra em água morna e escorra-a. Lave a salsinha, retire os talos e pique as folhas para obter 1 colher (sopa).
Descasque o alho, retire o miolo e amasse-o.
Descaroce a azeitona. Amasse a pimenta.
Se necessário, retire a pele dos tomates (após tê-los mergulhado em água fervente por alguns segundos e, depois, em água fria).

Em uma frigideira, refogue o alho no azeite. Adicione a pimenta, os filés de anchova, a azeitona e a alcaparra. Junte o tomate pelado, metade da salsinha picada e deixe cozinhar por 15 min.

Enquanto isso, cozinhe o macarrão (conforme o tempo indicado pelo fabricante).

Acerte o sal, misture o macarrão ao molho e salpique o resto da salsinha picada.

● Sugestão de vinho
Tenuta Vicario – Fiano di Avellino DOCG.

● Dica do chef
A princípio, não se serve queijo parmesão ralado com este prato. Muito semelhante, o macarrão à vesuviana se prepara quase da mesma forma, com a diferença de que a salsinha é substituída por orégano, a azeitona é verde e não leva anchova, mas leva muito mais pimenta!

● É bom saber
Ao usar alcaparras em conserva de vinagre, evidentemente, o molho ficará mais ácido.

Polpettone à napolitana ★★

Polpettone alla napoletana

É uma tradição apetitosa para aproveitar as sobras de carnes e de outros ingredientes das refeições anteriores.

Para 8 pessoas

Tempo de preparo: 40 minutos
Tempo de cozimento: 45 minutos
Tempo para o molho: 30 minutos

Ingredientes

Polpettone

4 ovos
200 g de pão amanhecido
400 mℓ de leite
2 dentes de alho
1 ramo de salsinha
Folhas de manjericão fresco
100 g de queijo provolone picante
50 g de queijo parmesão ralado
50 g de queijo pecorino ralado
400 g de carne moída
100 g de presunto cozido fatiado
Noz-moscada
Azeite de oliva
Sal, pimenta-do-reino

Molho de tomate

400 g de tomate pelado
1 dente de alho
2 colheres (sopa) de azeite de oliva
1 colher (sopa) de extrato de tomate
Folhas de manjericão
Sal, pimenta-do-reino

Referência técnica
Tomates pelados >> p. 42

Prepare o polpettone

Cozinhe 2 ovos, deixe-os por alguns minutos na água fria, descasque-os e conserve-os inteiros. Embeba o pão adormecido no leite e, em seguida, esprema-o. Descasque o alho, retire o miolo e pique-o. Lave a salsinha, retire os talos e pique as folhas para obter 1 colher (sopa). Lave o manjericão e desfolhe-o.

Corte o provolone em fatias finas, rale o parmesão e o pecorino. Misture a carne com o pão amanhecido, o parmesão, o pecorino, 2 ovos crus, a salsinha, o alho picado, o sal e a pimenta.

Abra essa mistura sobre um pedaço de papel-manteiga, distribua sobre ela as fatias de presunto, algumas folhas de manjericão, as fatias de provolone e os ovos cozidos inteiros.

Preaqueça o forno a 200 °C. Unte uma assadeira. Utilizando o próprio papel-manteiga, enrole a carne e aperte-a bem para obter um rolo grosso. Retire o papel. Coloque o rolo na assadeira. Leve ao forno e deixe assar por cerca de 15 min, virando o polpettone regularmente a fim de obter um assado uniforme. Baixe a temperatura do forno para 180 °C e asse por mais 30 min.

Prepare o molho de tomate

Enquanto isso, bata o tomate pelado no liquidificador. Refogue o alho em uma panela com o azeite. Junte o tomate batido e o extrato de tomate. Adicione sal e pimenta e deixe cozinhar por 15 min. Junte o manjericão e retire do fogo.

Corte o polpettone em fatias. Sirva-o acompanhado do molho de tomate.

● Sugestão de vinho

Mastroberardino, Radici – Taurasi radici DOCG.

● Dica do chef

Cozinhe o polpettone por 10 min no molho de tomate antes de servi-lo.

Coelho à moda de Ischia ★★

Coniglio all'ischitana

Ingredientes
250 mℓ de vinagre
1 coelho de 1,2 kg a 1,5 kg cortado em pedaços (peça ao açougueiro)
2 colheres (sopa) de azeite de oliva
1 cabeça de alho
250 mℓ de vinho branco
Ramos de salsinha
Ramos de manjerona
Ramos de tomilho
400 g de tomate pelado
(ou 700 g de tomate fresco bem maduro)
Pimenta vermelha seca ou fresca (opcional)
250 mℓ de caldo (ver pp. 93-94)
Sal

Para 4 pessoas
Tempo de preparo: 20 minutos
Tempo de marinada: 30 minutos
Tempo de cozimento: 1h15

Misture o vinagre com 2 ℓ de água e coloque os pedaços de coelho de molho (por cerca de 30 min). Escorra e enxugue-os.

Leve-os para dourar em uma panela com o azeite e a cabeça de alho com a pele. Adicione o vinho e deixe cozinhar por 15 min.

Enquanto isso, lave a salsinha, corte os talos e pique as folhas. Pique as ervas aromáticas. Se for necessário, retire a pele dos tomates (após tê-los mergulhado alguns segundos em água fervente e, depois, em água fria).

Na panela com os pedaços de coelho, adicione o tomate pelado, as ervas picadas, a pimenta e salgue. Deixe cozinhar por mais 45 min, regando com caldo se houver necessidade.

Sirva o coelho com o molho e os dentes de alho que, então, deverão estar cozidos.

● Sugestão de vinho
Tenuta Vicario, Aglianico – Campanie IGT.

● Dica do chef
Não deixe para dourar mais de 2 ou 3 pedaços de coelho de cada vez, para que eles possam ficar corados uniformemente.
Como manda a tradição de Ischia, sirva o coelho acompanhado de batatas fritas caseiras.
Use as sobras do molho para temperar bucatini ou penne, por exemplo.

Referência técnica
Tomates pelados >> p. 42

Polvo à luciana ★★

Polpi alla luciana

Os luciani são os habitantes do bairro Santa Lucia, em Nápoles, outrora famoso pela pesca do polvo.

Para 4 pessoas

Tempo de preparo: 30 minutos
Tempo de cozimento: 1h30

Ingredientes

2 dentes de alho
1 ramo de salsinha
1,2 kg de polvos pequenos
Azeite de oliva
Pimenta vermelha seca ou fresca (opcional)
½ colher (café) de orégano fresco
400 g de tomate pelado (ou 700 g de tomate fresco bem maduro)
30 g de alcaparra pequena (de Pantelleria, as melhores)
50 g de azeitona preta (de Gaeta, as melhores)
Sal

Descasque o alho, retire o miolo e pique-o. Lave a salsinha, corte os talos e pique as folhas para obter 1 colher (sopa).

Limpe cuidadosamente os polvos (ver p. 126). Coloque-os em uma panela com o azeite, a pimenta, o orégano, o alho e a salsinha. Cubra com uma folha de papel-alumínio e, depois, tampe. Deixe cozinhar durante 30 min sem destampar.

Enquanto isso, retire a pele dos tomates, se for necessário, (após tê-los mergulhado alguns segundos em água fervente e, depois, em água fria).

Junte, então, na panela, a alcaparra, a azeitona e o tomate e deixe cozinhar por mais 1 h.

● Sugestão de vinho

Mastroberardino, Riadici – Fiano di Avellino radici DOCG.

● Dica do chef

Sirva este prato acompanhado de pão, fresco ou torrado. Este molho também pode ser usado para temperar linguine.

Referências técnicas

Limpeza do polvo >> p. 126
Tomates pelados >> p. 42

Ingredientes
12 camarões
1 cenoura
1 cebola
Ramos de salsinha
Azeite de oliva
250 mℓ de vinho branco
Sal
Pimenta vermelha seca ou fresca, opcional (ou pimenta-do-reino)

Camarão à vesuviana ★

Gamberi alla vesuviana

Para 4 pessoas

Tempo de preparo: 15 minutos
Tempo de cozimento: 20 minutos

Lave o camarão em água fria e enxugue com papel absorvente. Descasque e pique a cenoura e a cebola. Lave a salsinha, corte os talos e pique as folhas.

Refogue a cenoura e a cebola em uma frigideira com o azeite e a pimenta.

Adicione o camarão e deixe pegar cor.

Junte a salsinha picada, salgue e deglaceie com o vinho branco.

Deixe cozinhar de 5 min a 8 min (conforme o tamanho do camarão) e sirva.

● Sugestão de vinho
Grotta del Sole, Lacryma Christi bianco del Vesuvio DOC.

● Dica do chef
Adicione alguns tomates confitados (ver p. 46) junto com a salsinha picada.
Esta receita também pode acompanhar linguine.

Remissão técnica
Tomates confitados›› p. 46

Berinjela à parmegiana ★

Parmigiana di melanzane

Para 6 pessoas
Tempo de preparo: 1 hora
Tempo de repouso: 1 hora
Tempo de cozimento: 45 minutos

Ingredientes
1,5 kg de berinjela
Óleo para fritura
800 g de tomate pelado ou 1,5 kg de tomate fresco bem maduro
3 bolas de mozarela de búfala (125 g cada)
150 g de queijo parmesão
1 cebola
Folhas de manjericão
Sal grosso
Sal

Corte a berinjela em fatias de cerca de 0,5 cm de espessura e coloque-as em um escorredor salpicadas de sal grosso. Deixe-as desidratar por cerca de 1 h (não é necessário fazer isso quando as berinjelas são muito frescas). Enxágue e seque-as com cuidado. Frite-as em uma frigideira e ponha-as sobre papel absorvente.

Retire a pele dos tomates, se necessário (após tê-los mergulhado em água fervente por alguns segundos e, depois, em água fria). Prepare o molho de tomate à napolitana (ver p. 51).

Preaqueça o forno a 180 °C e unte uma travessa refratária.

Corte a mozarela em fatias finas. Rale o parmesão.

Na travessa, espalhe 1 colher (sopa) de molho de tomate, cubra com uma camada de fatias de berinjela, disponha algumas fatias de mozarela, polvilhe com o parmesão ralado e algumas folhas de manjericão picadas. Continue assim até que todos os ingredientes sejam utilizados. Finalize com molho de tomate e os queijos.

Leve ao forno por cerca de 45 min. Sirva quente ou fria.

● Sugestão de vinho
Mastroberardino, Lacrimarosa – Campanie IGT.

● Dica do chef
Grelhe a berinjela para uma versão mais leve da parmigiana di melanzane. Empane a berinjela e frite-a para uma versão mais gordurosa (conforme a receita original). Substitua a berinjela por abobrinha.

● É bom saber
Não confundir esta receita com a de berinjela à parmegiana, que é uma receita totalmente diferente, típica da região de Emília-Romanha.

Referências técnicas
Molho de tomate à napolitana >> p. 51
Tomates pelados >> p. 42

Torta doce de trigo ★★★

Pastiera pasquale

Este doce está ligado às festas de Páscoa e sua receita varia de acordo com os lugares e com as tradições familiares.

Ingredientes

Massa frola

150 g de manteiga
300 g de farinha de trigo (T45)
150 g de açúcar
3 ovos (1 inteiro e 2 gemas)
Sal

Recheio

300 g de trigo em grão
200 mℓ de leite
40 g de manteiga
1 pitada de canela em pó
1 fava de baunilha
200 g de açúcar
1 limão-siciliano
100 g de frutas cristalizadas
5 ovos
400 g de ricota (de preferência de ovelha)
1 colher (sopa) de água de flor de laranjeira
Açúcar de confeiteiro

Utensílios

1 fôrma de torta com 24 cm de diâmetro
1 carretilha para massas

● Sugestão de vinho

Villa Matilde, Eleusi passito IGT.

● Dica do chef

A versão da pastiera na costa de Sorrento adiciona creme de confeiteiro ao recheio. Este prato pode ser preparado também com arroz cozido (como em Benevento), cevada cozida ou outros cereais.

Para 8 pessoas

Tempo de preparo: 1 hora
Tempo de molho: 1 noite
Tempo de descanso: 20 minutos
Tempo de cozimento: 1h30

Prepare com antecedência

Coloque o trigo de molho durante uma noite. Escorra-o e cozinhe em água durante 45 min, em fogo brando. Escorra-o novamente.

Prepare a massa frola

Retire a manteiga da geladeira para que fique na temperatura ambiente e corte-a em cubos. Cubra a manteiga com a farinha, o açúcar e o sal. Adicione o ovo inteiro e as 2 gemas; amasse até obter uma massa lisa e homogênea. Envolva-a em um filme plástico e leve à geladeira por 20 min.

Prepare o recheio

Enquanto isso, ponha o trigo cozido em uma panela com o leite, a manteiga, a canela, a fava de baunilha cortada ao meio no sentido do comprimento e raspada e o açúcar. Deixe cozinhar por 10 min. Espere esfriar.

Prepare o zeste do limão. Corte as frutas cristalizadas em cubos. Separe as gemas e bata as claras em neve. Misture a ricota com as gemas, o zeste do limão, a água de flor de laranjeira, as frutas cristalizadas e as claras em neve. Incorpore o trigo cozido.

Preaqueça o forno a 180 °C.

Unte com manteiga a fôrma de torta e forre o fundo com papel-manteiga. Abra ¾ da massa, coloque sobre a fôrma e recheie. Abra o restante da massa e, com uma carretilha dentada, recorte tiras de 1 cm de largura. Disponha essas tiras sobre a torta formando um quadriculado. Leve ao forno por cerca de 1 h, até que a torta tenha uma bela cor de âmbar. Deixe esfriar (um dia seria ideal) e polvilhe açúcar de confeiteiro na hora de servir.

● É bom saber

É cada vez mais frequente encontrar, nas mercearias italianas, trigo pré-cozido em lata, preparado especialmente para o preparo desta receita (aliás, na lata, encontra-se a foto desta torta).

Babá ao rum ★★★

Babà

O babá ao rum é originário de Lorena e data do século XVIII. Esse nome lhe foi dado em homenagem a Ali Babá, do conto *As mil e uma noites*. Esta sobremesa ficou tão arraigada à tradição napolitana que o termo "babà" é usado como sinônimo de "belo".

Para 12 babás

Tempo de preparo: 30 minutos
Tempo de repouso: 2h30
Tempo de cozimento: 30 minutos

Ingredientes

Manteiga e farinha para untar as forminhas
5 colheres (sopa) de geleia de damasco
Creme chantili, o suficiente
Rum, o suficiente

Babá

50 g de manteiga
25 g de fermento biológico fresco
2 colheres (sopa) de leite
300 g de farinha de trigo
5 ovos
25 g de açúcar
Zeste de 1 limão-siciliano
1 pitada de sal

Calda

50 mℓ de rum
500 mℓ de água
200 g de açúcar
Zeste de 1 limão-siciliano
Zeste de 1 laranja

Utensílios

12 forminhas com 5 cm de diâmetro
1 grelha
1 pincel

Prepare a massa

Retire a manteiga da geladeira para que fique em temperatura ambiente, trabalhe-a com uma espátula até que adquira consistência cremosa. Lave e raspe os limões e a laranja para utilizar a casca. Em uma tigela, dissolva o fermento no leite e adicione 50 g de farinha. Cubra com um pano e deixe repousar durante 1 h. Bata os ovos e o açúcar com um fouet. Adicione a manteiga já cremosa, o zeste de um limão e o sal. Acrescente o resto da farinha em outra tigela e cave nela um buraco para adicionar as duas preparações anteriores. Amasse bem até obter uma massa lisa, homogênea e elástica.
Unte com manteiga e polvilhe com farinha as 12 forminhas. Distribua nelas a massa até metade da altura e deixe crescer até que ela dobre de volume (1h30, aproximadamente).

Enquanto isso, preaqueça o forno a 180 °C.

Quando a massa tiver crescido, leve as forminhas ao forno e deixe assar por mais ou menos 20 min, testando o assado com um palito de madeira, que deverá sair seco. Desenforme e cubra os babás com um pano.

Prepare a calda

Ferva a água com o açúcar e os zestes de laranja e de limão por 5 min. Coe e misture o rum. Passe os babás pela calda ainda quente e coloque-os sobre uma grelha para escorrer.

Prepare a geleia de damasco

Aqueça a geleia com 3 colheres (sopa) de água. Pincele os babás com essa calda. Sirva-os acompanhados de creme chantili, e leve mais rum à mesa para ser servido com os bolinhos.

● Dica do chef

Se os babás forem preparados com antecedência, conserve-os na geladeira e só adicione o creme chantili no momento de servir.
Substitua o rum por limoncello (bebida alcoólica feita com limão, típica da região).

Gaetano Alia apresenta suas receitas

Calábria

Gaetano Alia

A Calábria tem inúmeros produtos ligados a realidades locais bem definidas, como o feijão, a lentilha de Mormanno, a bottarga e o atum de Pizzo Calabro, a bergamota, cultivada entre Villa San Giovanni e Gioiosa Ionica, os cedros na região de Cosenza, a cebola roxa de Tropea... Todos esses produtos excepcionais, utilizados com habilidade, permitem criar pratos aromatizados e maravilhosamente coloridos.

Naturalmente, não existe boa cozinha sem o respeito às estações. Minha cozinha está ancorada no terroir e ligada à tradição. Tentei tornar os pratos mais leves adotando uma cocção mais rápida.

A cozinha é um conjunto de experiências que foram sendo aperfeiçoadas no decorrer de diversos milênios. Na Calábria, os gregos, os árabes e os albaneses deixaram, todos eles, a sua marca na gastronomia local. É preciso fazer uso da memória histórica para poder recriar os pratos tradicionais em versões modernas. Para mim, a troca com outras tradições é primordial.

Tripoline com bacalhau e azeitona preta

Em uma frigideira grande o suficiente para conter também o macarrão, refogue com azeite a cebola e o pimentão picados em pedaços pequenos. Adicione o bacalhau e deixe cozinhar durante alguns minutos.

Acrescente os tomates e deixe cozinhar por mais 10 min. Quando o molho estiver quase cozido, junte a azeitona e a pimenta. Continue a cozinhar e tempere com o manjericão e a hortelã.

Em uma frigideira pequena, torre a farinha de pão durante alguns segundos tomando cuidado para não queimar. Cozinhe o macarrão al dente em bastante água com sal. Escorra e leve-o à frigideira com o molho. Retorne a frigideira ao fogo, polvilhe o macarrão com a farinha de pão. Sirva.

Para 4 pessoas
Tempo de preparo: 20 minutos
Tempo de cozimento: 20 minutos

Ingredientes
400 g de tripoline (tipo de macarrão)
70 g de azeite de oliva extravirgem
1 cebola branca de Castrovillari (ou a roxa de Tropea)
1 pimentão verde pequeno
1 pimentão vermelho pequeno
400 g de bacalhau dessalgado e picado em pedaços pequenos
400 g de tomate-cereja pelado e picado em pedaços pequenos
70 g de azeitona verde picada ou azeitona preta sem caroço
1 pimenta (opcional)
Folhas de manjericão e de hortelã
50 g de farinha de pão (rosca) temperada com salsinha, manjericão, hortelã, orégano fresco, tomilho, erva-doce fresca, cebolinha e capim-limão e torrada
Sal

Azeite com pimenta ★

Olio santo

O azeite com pimenta recebeu o nome de "óleo santo" no sul do país, onde o processo de maceração da pimenta no azeite é chamado de "santificação"!

Ingredientes
250 mℓ de azeite
Pimentas fortes, secas (conforme o seu gosto)

Dica do chef
Utilize este azeite com pimenta para temperar pães, massas, pizzas, molhos, etc.

É bom saber
Se quiser que seu azeite picante fique pronto mais rapidamente, amasse as pimentas.

Para 250 mℓ de azeite
Tempo de preparo: 5 minutos
Tempo de maceração: 3 semanas no mínimo

Elimine os cabos das pimentas. Coloque-as em um recipiente de vidro, pote ou garrafa. Cubra com azeite e deixe macerar durante 3 semanas, no mínimo, em lugar escuro e arejado.

Patê de pimenta ★★

Piccantino

O piccantino é uma espécie de pasta muito apimentada encontrada nas mercearias calabresas com o nome de "bomba", por causa da pimenta.

Ingredientes
1 berinjela
Pimentas fortes, frescas (a gosto)
2 pimentões (1 amarelo e 1 vermelho)
1 tomate verde
50 g de cogumelos-de-paris
1 dente de alho
1 talo de aipo
250 mℓ de azeite de oliva
Sal grosso
Sal

É bom saber
Para um resultado mais rápido, utilize legumes em conserva no azeite (berinjela, alcachofra, tomate seco, cogumelo, etc.) e passe-os no liquidificador com a quantidade desejada de pimenta vermelha.

Para 250 g
Tempo de preparo: 5 minutos
Tempo de descanso: 1 hora
Tempo de maceração: 4 semanas

Lave e corte a berinjela em fatias de 0,5 cm de espessura. Ponha-as em um escorredor, cubra de sal grosso e deixe desidratar por, pelo menos, 1 h. Depois, lave e seque-as sobre papel absorvente.
Pique finamente a pimenta.

Limpe, lave e descasque os legumes, sem esquecer de retirar o miolo do alho. Pique-os em pequenos cubos como para uma macedônia (0,5 cm). Misture e tempere-os com bastante sal e a pimenta.

Transfira a mistura para um pote de vidro. Cubra-a com um peso e deixe em um lugar escuro e arejado. Elimine com cuidado a água que sair dos legumes (retire essa água a cada semana sem retirar o peso). Ao final das 3 semanas, retire o peso, elimine cuidadosamente a água e cubra a mistura com azeite. Deixe macerar por mais 1 semana.

Dica do chef
Use este patê apimentado para temperar crostini e massas ou para acompanhar carnes e peixes.

Torta de escarola ★★

Pitta di scarola

Na Calábria, a pizza é chamada pitta. Diferentemente da pizza napolitana, a massa envolve o recheio de numerosas receitas.

Para 8 pessoas

Tempo de preparo: 15 minutos
Tempo de cozimento: 30 minutos

Ingredientes

1 receita de massa para pizza
1 colher (sopa) de uva-passa
1 colher (sopa) de alcaparra em sal
2 dentes de alho
1 pimenta vermelha
150 g de queijo provolone
800 g de escarola
30 g de filés de anchova em óleo
50 g de azeitona preta sem caroço
1 colher (café) de orégano fresco
Azeite de oliva
Sal

Utensílios

1 fôrma para torta de 26 cm de diâmetro e bordas altas

Prepare a massa para pizza (ver p. 31) e deixe crescer de 4 h a 8 h.

Enquanto isso, hidrate a uva-passa e, quando ela estiver suculenta, escorra. Se necessário, dessalgue a alcaparra, lavando-a em água corrente. Descasque o alho, retire o miolo e amasse-o. Faça o mesmo com a pimenta vermelha. Rale o provolone. Lave a escarola.

Leve água para ferver em uma panela. Mergulhe a escarola na água fervente por 7 min. Escorra com cuidado e pique-a grosseiramente.

Refogue a escarola com 1 colher (sopa) de azeite, o alho, a pimenta e sal. Adicione as anchovas, a azeitona, a alcaparra, a uva-passa, a cebola e o provolone.

Preaqueça o forno a 200 °C.

Depois que a massa tiver crescido, divida-a ao meio. Abra-a formando dois discos de mesmo diâmetro (cerca de 40 cm). Unte a fôrma e coloque um dos discos sobre ela cobrindo a borda também. Distribua a preparação feita com a escarola sobre a massa na fôrma e cubra com o segundo disco.

Feche as bordas dos dois discos apertando-as com os dedos. Faça furos na superfície da torta com um garfo.

Leve ao forno por 30 min. Deixe amornar antes de servir.

● Sugestão de vinho
Librandi, Labella bianco – Calabre IGT.

Referência técnica
Massa para pizza >> p. 31

Ingredientes

Macarrão

400 g de farinha de sêmola de grano duro
2 ovos
120 mℓ a 150 mℓ de água morna
Sal

Molho

1 dente de alho
1 cebola
Ramos de salsinha
Folhas de manjericão
1 talo de aipo
Pimenta vermelha (opcional)
60 g de ricota
400 g de tomate pelado (ou 700 g de tomate fresco bem maduro)
500 g de carne de porco (lombo)
1 colher (sopa) de azeite de oliva
100 g de carne de linguiça
3 cravos-da-índia
1 colher (café) de sementes de erva-doce
120 mℓ de vinho tinto
1 colher (sopa) de extrato de tomate
1 folha de louro
Sal

Utensílio

1 agulha de tricô

● Sugestão de vinho

Odoardi, Terra Damia – Calabre IGT.

Macarrão artesanal com molho de carne suína ★★★

Maccheroni al ferretto con ragù di maiale

Existem diversas modelagens tradicionais de massas na Calábria. Entre as mais comuns, há o maccarruni, também chamado, conforme as províncias, sciatielli, fusilli ou fileja.

Para 4 pessoas

Tempo de preparo: 1 hora
Tempo de repouso: 30 minutos
Tempo de cozimento: 1h30

Prepare o macarrão

Coloque a farinha sobre a superfície de trabalho ou em uma tigela e cave um buraco. Dentro desse buraco, adicione os ovos inteiros, o sal e a água morna. Misture levemente esses ingredientes no centro da farinha e vá incorporando gradualmente a farinha com os dedos ou com um garfo, tomando cuidado para não transbordar da tigela.
Quando toda a farinha estiver incorporada, sove a massa com as mãos comprimindo-a o máximo possível. A massa deve ser trabalhada até ficar bem lisa e homogênea (cerca de 10 min a 15 min). Envolva-a em filme plástico e deixe repousar por 30 min.
Com essa massa, modele longos cordões de menos de 1 cm de diâmetro, rolando-os na superfície de trabalho sob as palmas das mãos. Corte-os em pedaços de 6 cm a 8 cm de comprimento. Ponha, um a um, sobre uma agulha de tricô e role-a apertando com as mãos em um movimento de vaivém até formar-se um longo bastonete em torno da agulha. Então, retire delicadamente a agulha. Você deve obter uma massa longa e furada. Ponha-a sobre um pano de prato seco e continue desse modo até o final da massa.

Prepare o molho

Descasque o alho, retire o miolo e pique-o finamente. Descasque e pique a cebola. Lave a salsinha, corte os talos e pique bem as folhas. Lave as folhas de manjericão e o talo de aipo e pique-os. Amasse a pimenta vermelha. Rale a ricota.
Se necessário, retire a pele dos tomates (após tê-los mergulhado por alguns segundos em água fervente e, depois, em água fria).
Corte a carne em pedaços bem pequenos e refogue, em uma panela com 1 colher (sopa) de azeite, a carne picada, a carne de linguiça, os cravos-da-índia e as sementes de erva-doce.
Junte a cebola picada, o aipo, o alho e a salsinha. Deglaceie com o vinho tinto e deixe ferver um pouco. Junte o tomate pelado, o extrato de tomate, o manjericão, o louro e a pimenta. Salgue e deixe cozinhar em fogo brando por cerca de 1 h.

Cozinhe o macarrão em uma panela com água fervente por 3 min a 4 min e tempere-o com esse molho e a ricota ralada.

Ingredientes
150 g de queijo provolone
100 g de queijo parmesão
2 berinjelas
Óleo para fritura
500 g de rigatoni
Molho à bolonhesa (ver p. 52)
100 g de ervilha pré-cozida
Azeite de oliva
Sal grosso
Sal, pimenta-do-reino

Utensílio
1 refratário de bordas altas

Referência técnica
Molho à bolonhesa >> p. 52

Rigatoni ao forno ★

Rigatoni al forno

Na Itália, as massas ao forno são muito apreciadas. São pratos revigorantes que têm a vantagem de poderem ser preparadas com antecedência. Além disso, podem ser um prato único. Servem também para reaproveitar as sobras de massas, molhos, etc.

Para 4 pessoas
Tempo de preparo: 1 hora
Tempo de descanso: 1 hora
Tempo de cozimento: 30 minutos

Corte o provolone em pedaços pequenos. Rale o parmesão.

Corte a berinjela em fatias de cerca de 0,5 cm de espessura e coloque-as em um escorredor, salpique com sal grosso e deixe-as desidratarem por cerca de 1 h.

Aqueça o óleo para fritura. Lave ligeiramente as fatias de berinjela, enxugue-as cuidadosamente com papel absorvente. Frite-as (ou grelhe-as) e coloque sobre papel absorvente a fim de eliminar o excesso de gordura.

Cozinhe o rigatone al dente (durante o tempo indicado na embalagem). Escorra e tempere a massa com ⅔ do molho à bolonhesa, a ervilha, metade das fatias de berinjela e os pedaços de provolone.

Unte o refratário. Preaqueça o forno a 170 °C.

Coloque o rigatone no refratário. Cubra-o com uma camada das fatias de berinjela restantes, finalize com o restante do molho à bolonhesa. Polvilhe com parmesão. Leve ao forno por 30 min.

● **Sugestão de vinho**
Cantine Lento, Dragone rosso – Lamezia DO.

● **Dica do chef**
Se preferir, substitua o molho à bolonhesa pelo molho de carne suína (p. 379), ou adicione molho béchamel ao molho à bolonhesa.

● **É bom saber**
Não será preciso desidratar as berinjelas quando elas estiverem bem frescas.

Cordeiro à calabresa ★

Agnello alla calabrese

A Calábria é uma terra de criação de carneiros e, consequentemente, de cordeiros, que são comumente encontrados em sua culinária.

Para 6 pessoas

Tempo de preparo: 15 minutos
Tempo de cozimento: 10 minutos

Ingredientes

50 g de alcaparra em sal (ou em vinagre)
30 g de filés de anchova em sal (ou em óleo)
4 alcachofras em conserva
60 g de cogumelos em conserva
Folhas de orégano fresco
1 kg de carne de cordeiro (pernil ou paleta)
Pimenta vermelha seca ou fresca (a gosto)
Sal
Óleo para fritura
Farinha de trigo

Se necessário, dessalgue a alcaparra e os filés de anchova, lavando-os abundantemente em água corrente.

Pique a alcaparra, a anchova, a alcachofra e os cogumelos e misture-os até obter uma pasta não muito fina, que será utilizada como molho.

Corte a carne em pedaços não muito grandes. Amasse a pimenta-malagueta. Tempere a carne com sal e a pimenta.

Aqueça o azeite a 160 °C. Coloque a farinha sobre um prato.

Passe os pedaços de carne na farinha e frite-os por 10 minutos. Escorra-os e ponha-os sobre papel absorvente para eliminar o excesso de gordura.

Sirva o cordeiro quente, acompanhado do molho.

● Sugestão de vinho
Librandi, Gravello rosso – Val di neto IGT.

Referências técnicas
Anchovas em sal >> p. 26
Alcachofras em azeite >> p. 23

Ingredientes

Ramos de salsinha
1 limão-siciliano
100 mℓ de azeite de oliva
1 pitada de orégano fresco
4 postas de espadarte (400 g a 500 g)
1 colher (sopa) de alcaparra em sal (ou em vinagre)
1 dente de alho
Sal, pimenta-do-reino

Espadarte ao salmoriglio ★

Spada in salmoriglio

A cozinha calabresa atribui um lugar especial ao espadarte, que é pescado, há séculos, com arpão, de maio a setembro, no estreito de Messina (entre a Calábria e a Sicília).

Para 4 pessoas

Tempo de preparo: 20 minutos
Tempo de marinada: 1 hora
Tempo de cozimento: 6 minutos

Prepare o salmoriglio
Lave a salsinha, corte os talos e pique as folhas. Esprema o limão para obter o suco. Misture o azeite com o suco do limão, a salsinha, o orégano, sal e pimenta.

Prepare o peixe
Deixe o peixe marinar no salmoriglio por 1 h na geladeira.

Prepare, então, o grill ou a churrasqueira. Se necessário, dessalgue a alcaparra lavando-a abundantemente em água corrente. Descasque o alho, retire o miolo e amasse-o.

Leve as postas ao grill ou à churrasqueira (3 min no máximo de cada lado) pincelando-as várias vezes com a marinada.

Transfira o restante dessa marinada para uma panela, adicione a alcaparra e o alho e deixe reduzir por alguns minutos no fogo.

Sirva o espadarte salpicado com a salsinha e com o molho reduzido.

● **Sugestão de vinho**
Statti, Mantonico – Calabre IGT.

Cebola roxa de Tropea, berinjela e batata ★

Cipolle di Tropea, melanzane e patate

A cebola roxa de Tropea (IGP) cresce na Calábria desde que foi lá introduzida pelos fenícios. Esta receita era outrora consumida no oco de um pão sem o miolo e constituía o almoço dos camponeses na pausa do meio-dia.

Ingredientes
2 cebolas roxas de Tropea (IGP)
2 dentes de alho
Ramos de salsinha
Pimenta vermelha seca ou fresca (a gosto)
4 batatas
2 tomates bem maduros
4 pimentões
3 berinjelas
Folhas de manjericão
1 pitada de orégano fresco
Sal grosso
Azeite de oliva
Sal

Para 4 pessoas
Tempo de preparo: 45 minutos
Tempo de descanso: 1 hora
Tempo de cozimento: 35 minutos

Descasque e pique a cebola. Descasque o alho, retire o miolo e amasse-o. Lave a salsinha, corte os talos e pique as folhas. Amasse a pimenta. Descasque a batata e corte-a em cubos. Retire a pele dos tomates (após tê-los mergulhado por alguns segundos em água fervente e, depois, em água fria) e pique em pedaços. Lave, limpe e corte os pimentões em tiras largas. Lave e corte as berinjelas em cubos.

Coloque os cubos de berinjela e as tiras de pimentão em um escorredor, salpique o sal grosso e deixe descansar por 1 h a fim de que desidratem. Depois, lave-os em água corrente.

Enquanto isso, cozinhe a batata al dente e reserve.

Em uma frigideira, refogue a cebola em azeite. Adicione o alho e o tomate. Deixe refogar por 5 min; depois, junte os outros legumes (menos a batata) e cozinhe por mais 20 min.

Junte, então, a batata, misture bem e salgue. Adicione o manjericão, o orégano, a salsinha picada, a pimenta e cozinhe por mais 10 min.

● **Sugestão de vinho**
Librandi, Cirò rosato – Calabre DOC.

Para 12 doces
Tempo de preparo: 1 hora
Tempo de maceração: 15 minutos
Tempo de descanso: 30 minutos
Tempo de cozimento: 30 minutos

Ingredientes

Massa
150 g de banha
500 g de farinha de trigo
150 g de açúcar
3 ovos
11 g de fermento em pó
1 pitada de sal
1 clara de ovo

Molho de vinho
1 ℓ de mosto de uva
(ou 1 ℓ de vinho tinto de boa qualidade)
300 g de mel
Zeste de 1 laranja ou de 1 limão
2 cravos-da-índia
1 pedaço de canela em pau

Recheio
120 g de uva-passa
120 mℓ de rum
3 laranjas
100 g de chocolate amargo em pedaços
150 g de figo seco
300 g de amêndoas e de nozes sem casca
1 pitada de cravo-da-índia em pó
1 pitada de canela em pó
250 g de molho de vinho
(ou 250 g de geleia de cereja ou de laranja)

Glacê
1 clara de ovo
125 g de açúcar de confeiteiro
1 limão-siciliano

● **Sugestão de vinho**
Librandi, Le Passule bianco passito - Val di Neto IGT.

Nepitelle de figo e nozes com glacê branco ★★★

Nepitelle con la glassa bianca

Nepitelle são doces muito antigos típicos da Calábria. Seu nome vem do latim *nepitedum,* que significa "pálpebra". São preparados tradicionalmente para as festividades da Páscoa.

Prepare com antecedência
Retire a banha da geladeira para que possa usá-la em temperatura ambiente. Hidrate a uva-passa com o rum. Esprema o limão para obter o suco. Rale as cascas de laranja e de limão. Rale o chocolate. Deixe os figos secos de molho na água (cerca de 15 min), depois, escorra-os e seque-os com papel absorvente. Pique os figos, as amêndoas e as nozes.

Prepare o molho de vinho
Em uma panela, coloque o mosto de uva, o mel, o zeste de laranja, os cravos-da-índia e a canela. Deixe reduzir em fogo médio. Depois, coe a preparação e reserve.

Prepare a massa
Coloque a farinha e o açúcar em um monte sobre uma superfície de trabalho. Cave um buraco no meio desse monte e adicione a banha, os ovos e o fermento. Amasse tudo muito bem até obter uma massa lisa e homogênea, coloque-a em um recipiente com tampa para descansar na geladeira (cerca de 30 min).

Prepare o recheio
Pique o figo, a amêndoa e as nozes e misture-os com a uva-passa, as especiarias em pó, o molho de vinho, o zeste das laranjas. Rale o chocolate e misture ao recheio. Reserve.

Monte o nepitelle
Preaqueça o forno a 180 °C. Abra a massa com o rolo até uma espessura de cerca de 0,5 cm. Com um copo ou com um cortador de massa, corte discos de 10 cm de diâmetro. Pincele toda a borda desses discos com clara de ovo. Ponha 1 colher (sopa) do recheio no centro. Dobre os discos ao meio, aperte as bordas para que fiquem bem coladas. Coloque os doces sobre papel-manteiga e leve-os ao forno por 30 min. Deixe esfriar sobre uma grelha.

Prepare o glacê
Misture a clara e o açúcar de confeiteiro com uma espátula. A mistura ficará espessa e deverá ser amolecida com o suco de limão.

Finalize
Pincele a parte superior do nepitelle com o glacê e deixe endurecer antes de servir.

Teresa Buongiorno apresenta suas receitas

Apúlia Basilicata

Teresa Buongiorno

Com os meus pratos, evoco recordações e emoções da infância. Gosto de preparar as massas conforme a nossa tradição, unicamente à base de sêmola de grano duro, água e sal. Os legumes também ocupam um lugar importante na cozinha do Gia sotto l'Arco, pois a agricultura é a atividade preponderante na Apúlia, cuja produção de azeite de primeira qualidade é reconhecida no mundo inteiro.

A minha cozinha é fresca, leve, simples e ligada ao terroir*. Respeita a matéria-prima, porém com um olho voltado para a evolução do gosto do cliente. Já de início, um prato é "comido" com os olhos. É por essa razão que dou muita importância à sua apresentação. Quero que ele tenha cores vivas e brilhantes. Também gosto da associação de sabores e de texturas diferentes para que o resultado seja um prato elegante, com sabores bem distintos e definidos.*

Tornei-me cozinheira pela combinação de diversos elementos. Eu não tinha formação alguma. Entretanto, aceitei o desafio. Pouco a pouco, à custa de experimentações e de pesquisas, encontrei o meu caminho, foi um processo lento, mas cheio de satisfações e de gratificações até a estrela Michelin.

Tagliatelle com grão-de-bico

Prato tradicional de Salento

Para 4 pessoas
Tempo de preparo: 40 minutos
Tempo de molho: 1 noite
Tempo de cozimento: 2h20

Ingredientes
300 g de grão-de-bico
1 dente de alho
1 cebola
3 tomates-cerejas
2 folhas de louro
250 g de farinha de sêmola de grano duro
Azeite de oliva extravirgem para fritar
Sal
Pimenta-do-reino em grãos

Prepare o grão-de-bico

Coloque o grão-de-bico de molho em um recipiente grande com água e um punhado de sal durante uma noite inteira. Escorra e deixe-o cozinhando em 1 ℓ de água por cerca de 2 h. Quando estiver quase cozido, adicione o alho e a cebola picados, os tomatinhos cortados ao meio e o louro. Cozinhe em fogo brando.

Prepare a massa

Enquanto isso, amasse a farinha com meio copo de água e uma pitada de sal até que se forme uma massa elástica. Abra a massa até obter uma tira fina e corte-a em tagliatelle de 5 cm a 6 cm de comprimento. Cozinhe o macarrão em água e sal, escorra e misture-o ao grão-de-bico cozido. O resultado deverá ser bastante denso.

Para finalizar

Com uma escumadeira, retire uma porção da mistura de macarrão e grão-de-bico. Escorra bem e frite-a. Quando estiver crocante, coloque no prato de servir, que deve ser de sopa. Salgue, adicione a pimenta-do-reino e sirva com um fio de azeite.

Taralli ★★

Taralli

O tarallo (singular de taralli) é um ótimo acompanhamento para os diferentes antepastos ou aperitivos. Originariamente, era preparado com as sobras de massa de pão.
Com o passar do tempo, a receita evoluiu com a adição de azeite, de vinho e de temperos, tais como sementes de erva-doce, pimenta vermelha, pimenta-do--reino, azeitonas, etc.

Ingredientes
200 g de farinha de trigo
50 mℓ de água
50 mℓ de azeite de oliva
1 colher (sopa) de sementes de erva-doce
50 mℓ de vinho branco
Sal

Para cerca de 30 biscoitos

Tempo de preparo: 20 minutos
Tempo de descanso da massa: 30 minutos
Tempo de cozimento: cerca de 30 minutos

Amasse a farinha com os outros ingredientes. Deixe repousar por 30 min.

Role pedaços da massa sob as mãos para formar uma "cobrinha" de 1 cm de diâmetro. Corte-a em pedaços de 6 cm a 7 cm de comprimento. Forme argolinhas e aperte as duas extremidades a fim de colar uma na outra.

Preaqueça o forno a 220 °C. Enfarinhe uma assadeira. Leve água ao fogo para ferver.

Mergulhe as argolinhas na água fervente durante 1 min, escorra-as e coloque-as sobre um pano. Depois, distribua as argolinhas na assadeira enfarinhada e leve ao forno para assar até que fiquem douradas.

● Sugestão de vinho
Rosa del Golfo, Primitivo – Salento IGT.

● Dica do chef
Substitua a semente de erva-doce por pimenta-do-reino moída, pimenta vermelha seca ou fresca picada ou azeitona picada.

Ingredientes

100 g de pão amanhecido
1 dente de alho
Ramos de salsinha
70 g de queijo cacciocavallo ou de provolone
500 g de tomate bem maduro
1 kg de mexilhão
2 colheres (sopa) de azeite de oliva
Sal, pimenta-do-reino

Mexilhão recheado à metapontina ★

Cozze ripiene alla metapontina

Esta receita reúne frutos do mar e queijo, e isso é um fato bastante raro na cozinha italiana. Ela é típica da cozinha lucana, que é o antigo nome da Basilicata.

Para 4 pessoas

Tempo de preparo: 1 hora
Tempo de cozimento: 15 minutos

Coloque o pão amanhecido de molho em água, depois, esprema-o e esmigalhe-o. Descasque o alho, retire o miolo e pique o alho. Lave, retire os talos e pique finamente as folhas da salsinha. Rale o queijo. Retire a pele dos tomates (após tê-los mergulhado por alguns segundos em água fervente, depois, em água fria, ou com um descascador de legumes) e pique-os em pequenos cubos.

Limpe o mexilhão
Raspe as conchas, retire a barba e lave-os. Abra-os enquanto crus. Insira a ponta ou a lâmina de uma faca entre as duas conchas, do lado mais reto, e faça-a dar a volta. Quando a faca chegar no músculo do mexilhão, vire-a levemente para que sirva de alavanca e separe as conchas.

Preaqueça o forno a 200 °C e unte uma assadeira.

Disponha nela as conchas que estiverem cheias e descarte as vazias.

Em uma frigideira, refogue o tomate com azeite e o alho. Adicione o pão e misture.
Fora do fogo, junte o queijo ralado, a salsinha, o sal e a pimenta.

Cubra os mexilhões com esta preparação e leve ao forno por 15 min. Sirva quente.

● Sugestão de vinho
Paternoster, Biancorte – Basilicata IGT.

● Dica do chef
Uma versão mais simples e mais rápida para preparar mexilhão consiste em misturar, em uma saladeira, o miolo de pão, queijo parmesão ralado, salsinha e alho finamente picados, pimenta e azeite.

● É bom saber
A melhor época para consumir mariscos vai de janeiro a agosto.
É preciso consumi-los em até três dias após a coleta, eliminando os que estiverem quebrados ou que não se fecharem quando tocados.

Macarrão com almôndega ★

Pasta con le polpettine

Esta receita é muito difundida em toda a Itália.
Mas, na Apúlia, a sua região de origem, é um prato de todos os dias.

Ingredientes

1 cebola
1 dente de alho
Ramos de salsinha
Folhas de manjericão fresco
400 g de tomate
1 fatia de pão de fôrma
30 g de queijo parmesão
20 g de queijo pecorino
200 g de carne moída
100 g de carne de linguiça
1 ovo
2 colheres (sopa) de azeite de oliva
1 colher (sopa) de farinha de trigo
250 mℓ de vinho branco
500 mℓ de caldo de legumes (ver p. 94)
400 g a 500 g de ziti (macarrão graúdo)
Sal, pimenta-do-reino

Para 4 pessoas

Tempo de preparo: 15 minutos
Tempo de cozimento: 40 minutos

Descasque a cebola e pique-a finamente. Faça o mesmo com o alho, mas retire o miolo antes. Lave e desfolhe a salsinha e o manjericão e pique-os finamente. Retire a pele dos tomates (após tê-los mergulhado por alguns segundos em água fervente, depois, em água fria, ou com um descascador de legumes).

Esfarele o pão. Rale os queijos parmesão e pecorino.
Misture, em uma tigela, as carnes, o miolo de pão, o parmesão e o ovo. Adicione a salsinha, o manjericão e o alho, sal e pimenta.

Modele bolinhas do tamanho de uma avelã e refogue-as em uma frigideira com a cebola picada e o azeite. Polvilhe com farinha e deglaceie com vinho branco.
Junte o tomate pelado e deixe cozinhar por 40 minutos regando o molho com um pouco de caldo de legumes quando for necessário e verificando o sal.

Cozinhe o macarrão em água fervente com sal (ver indicações na embalagem) e tempere com o molho. Polvilhe com o pecorino ralado.

● Sugestão de vinho

Rosa del Golfo, Portulano – Salento IGT.

● Dica do chef

Substitua o macarrão ziti por malfade, chato com bordas caneladas, por orecchiette, em forma de conchinhas, ou por longos fusili em espirais. Para as almôndegas, também podem ser usados diferentes tipos de carne, puras ou misturadas: vitela, carne bovina, suína, de cordeiro, peru ou frango.

● É bom saber

Gratine as sobras deste macarrão no forno adicionando queijo ralado: caciocavallo, de massa filada à base de leite de vaca; scamorza, em forma de pera de leite cru de vaca; pecorino, de leite fresco integral de ovelha; ou parmigiano, o parmesão.

Ingredientes

1 dente de alho
500 g de broto (de brócolis, nabo, couve ou espinafre)
60 g de queijo pecorino
4 anchovas em óleo
2 colheres (sopa) de azeite de oliva
1 pimenta vermelha seca ou fresca (a gosto)
400 g a 500 g de orecchiette (caseiro ou industrial)
Sal, pimenta-do-reino

Orecchiette com broto ★

Orecchiette con le cime di rapa

O macarrão orecchiette é característico da região da Apúlia, assim como os brotos de brócolis usados para o molho que, quase sempre, o acompanha.

Para 4 pessoas

Tempo de preparo: 30 minutos
Tempo de cozimento: 15 a 20 minutos

Descasque o alho, retire o germe e amasse-o. Lave os brotos conservando apenas os ramos mais tenros, as folhas e as pontas. Pique-os grosseiramente. Rale o pecorino.

Refogue o filé de anchova e o alho em uma frigideira com o azeite e a pimenta. Adicione o broto de brócolis e deixe cozinhar por cerca de 10 min.

Enquanto isso, cozinhe o macarrão (ver indicações na embalagem) em água fervente com sal. Escorra, junte-o à frigideira e salteie tudo com o pecorino ralado.

● **Sugestão de vinho**

Vinho tinto: Calatrasi, Allora primitivo – Puglia IGT.
Vinho branco: Rivera, Marese bombino Bianco – Castel del Monte DOC.

Frango assado na brasa ★★

Pollo alla diavola

O pollo alla diavola, assado na brasa, é uma receita preparada em diversas regiões da Itália, mas, pela forte presença da pimenta, está mais ligado à culinária do sul.

Ingredientes

Pimenta vermelha seca ou fresca (a gosto)
Ramos de tomilho
Folhas de orégano fresco
1 ramo de alecrim
150 mℓ de azeite de oliva
1 frango de mais ou menos 1,8 kg
Sal, pimenta-do-reino

Para 6 pessoas

Tempo de preparo: 15 minutos
Tempo de cozimento: 1 hora

Pique finamente a pimenta vermelha e as ervas.

Misture o azeite com as ervas e a pimenta picada, acrescente sal e pimenta-do-reino. Corte frango ao longo do esterno e abra-o ao meio quebrando-o. Achate-o bem com um batedor de carne.

Besunte generosamente o frango com o azeite temperado. Ponha-o para assar na brasa (em uma churrasqueira), virando-o regularmente e besuntando-o com o azeite preparado para evitar que fique ressecado.

Deixe assar por mais ou menos 1 h, até que a pele esteja bem caramelizada e a carne esteja tenra. Teste-a introduzindo um palito de madeira.

● Sugestão de vinho
Rivera, Cappellaccio aglianico – Castel del Monte DOC.

● É bom saber
Se preferir, asse o frango no forno a 200 °C.

Ingredientes
800 g de filé-mignon ou lombo de porco
1 cebola
2 colheres (sopa) de azeite de oliva
1 colher (sopa) de páprica
1 colher (sopa) de semente de erva-doce
250 mℓ de vinho branco
300 g de pimentão em vinagre (pimentão de Senise IGP, de preferência em pote)
Sal

Porco à lucana ★

Maiale alla lucana

A carne suína é um elemento básico da culinária da Basilicata. Prepara-se este prato tradicionalmente em família no dia em que se abate o porco.

Para 4 pessoas

Tempo de preparo: 30 minutos
Tempo de cozimento: 30 minutos

Corte a carne em pedaços pequenos. Descasque a cebola e pique-a finamente. Doure a carne em uma panela com azeite.

Adicione a cebola picada, a páprica e as sementes de erva-doce. Quando a cebola estiver frita, deglaceie com o vinho branco e deixe cozinhar por mais 10 min.

Corte o pimentão em tiras largas. Adicione-o à panela e salgue. Tampe a panela e deixe cozinhar por mais 15 min em fogo brando.

● **Sugestão de vinho**
Basilisco, Basilisco – Aglianico del Vulture DOC.

● **Dica do chef**
Na falta de pimentão em vinagre (ver p. 24 ou pimentão industrializado), utilize 2 pimentões vermelhos frescos descascados, cortados em tiras largas e refogados em uma frigideira com azeite e deglaceados com vinho branco.

Referência técnica
Pimentões em vinagre >> p. 24

Torta de anchova e batata ★★

Tortiera di alici e patate

Para 4 pessoas

Tempo de preparo: 30 minutos
Tempo de cozimento: 40 a 45 minutos

Ingredientes

Folhas de manjericão
2 dentes de alho
500 g de tomate-cereja
500 g de batata
600 g de anchova (fresca)
1 colher (sopa) de orégano fresco
20 g de farinha de pão (rosca)
Azeite de oliva
Sal

Utensílio

1 fôrma para torta com 24 cm de diâmetro

Lave e pique o manjericão. Descasque os alhos, retire o miolo e amasse-os. Lave e corte ao meio os tomates-cereja. Descasque as batatas e corte-as em fatias bem finas.

Limpe as anchovas e retire os filés.

Preaqueça o forno a 180 °C.

Forre a fôrma com papel-manteiga. Tempere as fatias de batata com sal, azeite, orégano e o alho. Distribua-as no fundo da fôrma. Disponha sobre elas os filés de anchova em leque e tempere-os com orégano e um fio de azeite.

Por cima, coloque os tomates-cereja, salgue e espalhe algumas folhas de manjericão picadas.

Polvilhe abundantemente com farinha de pão (rosca) e regue com um fio de azeite. Leve ao forno e asse por 40 min a 45 min.

● Sugestão de vinho
Rivera, Fedora – Castel del Monte DOC.

● Dica do chef
Se, durante o cozimento, a torta tender a dourar demais, cubra-a com papel-alumínio até quando estiver no ponto.

● É bom saber
A anchova pode ser substituída por sardinha, mais fácil de ser encontrada nos supermercados.

Ingredientes

30 g de alcaparras (em sal ou vinagre)
2 dentes de alho
100 g de tomate-cereja
1 kg de catalonha
30 g de farinha de pão (rosca)
Azeite de oliva
Sal

Catalonha gratinada ★

Catalogna arrancanata

Para 4 pessoas

Tempo de preparo: 30 minutos
Tempo de cozimento: 20 minutos

Se necessário, dessalgue a alcaparra, lavando-a, ou escorra o vinagre. Descasque os dentes de alho, retire o miolo e corte-os em lâminas. Lave os tomates-cereja e corte-os em quatro.

Leve ao fogo uma panela com água para ferver e preaqueça o forno a 200 °C.

Limpe cuidadosamente a verdura e afervente-a durante 5 minutos.

Depois, coloque-a em um recipiente que vá ao forno. Disponha por cima as lâminas de alho, o tomate e a alcaparra.

Polvilhe abundantemente com a farinha de pão (rosca) e regue com um fio de azeite. Leve ao forno por 20 min.

● **Sugestão de vinho**
Rosa del Golfo, Rosato – Rosato del Salento IGT.

Abobrinha com hortelã ★

Zucchine alla menta

Ingredientes
2 dentes de alho
Folhas de hortelã
Óleo para fritura
1 kg de abobrinha
250 mℓ de vinagre de vinho
Sal

Para 4 pessoas
Tempo de preparo: 20 minutos
Tempo de cozimento: 10 minutos

Descasque os dentes de alho, retire o miolo e corte-os em lâminas. Desfolhe a hortelã.

Preaqueça o óleo para fritar.

Lave a abobrinha, corte em rodelas de 0,5 cm de espessura e frite-a. Escorra sobre papel absorvente para eliminar o excesso de gordura.

Prepare uma marinada fervendo por 5 min o vinagre com as lâminas de alho, uma parte das folhas de hortelã e sal. Quando as folhas estiverem cozidas, retire-as com uma escumadeira.

Disponha as rodelas de abobrinha em um recipiente fundo, em diversas camadas, alternando-as com algumas folhas frescas de hortelã.

Despeje a marinada por cima e deixe esfriar.

● **Sugestão de vinho**
Rivera, Furfante bianco vivace – Puglia IGT.

Bolinhos de São José ★★★

Zeppole di San Giuseppe

Esses bolinhos são antigos doces do sul da Itália, onde a tradição manda que sejam preparados particularmente para o Dia dos Pais.

Ingredientes

Cerejas em calda (ou amarenas em calda)
Açúcar de confeiteiro

Creme de confeiteiro

4 gemas
130 g de açúcar
60 g de farinha de trigo
500 mℓ de leite
1 fava de baunilha

Massa choux

1 limão-siciliano
100 g de manteiga
10 g de açúcar
1 pitada de sal
180 g de farinha de trigo (T45)
5 ovos
Óleo para fritura (banha, de preferência)

Utensílio

1 saco para confeitar com bico canelado

Para 12 bolinhos

Tempo de preparo: 1 hora
Tempo de cozimento: 10 minutos
Tempo de refrigeração: 1 hora

Prepare o creme de confeiteiro

Bata as gemas com o açúcar até ficarem bem claras. Adicione a farinha aos pouco e misture bem. Incorpore, pouco a pouco o leite. Abra a fava de baunilha e retire os grãos. Adicione-os no leite e leve para cozinhar em fogo brando sem parar de mexer. Quando o creme for começar a ferver (não deixe ferver, pois pode talhar), retire do fogo e despeje em um refratário ou em uma tigela. Derreta um pouco de manteiga e pincele a superfície do creme para que não se forme uma película. Cubra com filme plástico e leve para esfriar na geladeira.

Prepare a massa choux

Faça o zeste da casca do limão. Peneire a farinha. Ferva, em uma panela, 250 mℓ de água com a manteiga, o açúcar e o sal. Fora do fogo, incorpore, de uma só vez, a farinha peneirada. Misture e leve para engrossar no fogo sem parar de mexer. Retire do fogo quando a massa desgrudar do fundo da panela.
Deixe amornar, incorpore o zeste do limão, os ovos, um a um, batendo com fouet ou na batedeira. A massa estará no ponto quando for possível formar, com uma espátula, uma pequena ponta sem que ela baixe.
Aqueça o óleo para fritura a 180 °C. Corte quadrados de papel-manteiga de 10 cm.
Coloque a massa no saco de confeitar com bico canelado e desenhe sobre esses quadrados, para cada doce, 2 círculos de massa de cerca de 5 cm diâmetro, postos um sobre o outro. Mergulhe esses bolinhos no óleo quente para fritar até que fiquem bem dourados. Escorra-os e ponha sobre papel absorvente para eliminar todo o excesso de gordura. Deixe esfriar e descole delicadamente os papéis.
Na hora de servir, retire o creme de confeiteiro da geladeira, guarneça os bolinhos, ponha por cima uma cereja e polvilhe com açúcar de confeiteiro.

● Sugestão de vinho

Di Majo Norante, Apianae – Moscato del Molise DOC.

● Dica do chef

Prepare a massa e o creme com antecedência, mas monte o bolinho e sirva imediatamente.

Accursio Craparo apresenta suas receitas

Sicília

Accursio Craparo

A minha cozinha? Indefinível, porque está em permanente evolução. A partir do meu território, complexo, rico, praticamente infinito, que é o protagonista das minhas realizações, com produtos tais como o azeite de oliva, a alcaparra, a amêndoa, o pistache e até as "ervas daninhas", eu reinvento a tradição selecionando os melhores ingredientes. Evidentemente, o resultado deve ter sabor, mas deve ser também leve e bem definido, compreensível. Aliás, a minha apresentação do prato já constitui uma mensagem dirigida à pessoa que vai saboreá-lo. A elegância do conjunto da composição deve transmitir o nosso profundo respeito pela matéria-prima e pelo território.

Meu principal objetivo é melhorar e aperfeiçoar os pratos "pobres" da tradição siciliana. Para exaltar as potencialidades de cada ingrediente, recorro de boa vontade às novas técnicas de cozimento.

Tornar-me cozinheiro foi uma opção inteiramente natural. Desde a infância vivo imerso no amor e na paixão pela cozinha. É uma tradição de família. Mais tarde, tive a sorte de encontrar excelentes mestres cozinheiros.

Macarrão com dois tipos de pesto da Sicília

Para 4 pessoas
Tempo de preparo: 15 minutos
Tempo de cozimento: 15 minutos

Ingredientes
1 pequeno buquê de erva-doce fresca
1 cebola pequena
100 g de azeite de oliva extravirgem
1 pitada de sal
1 pitada de açúcar
1 dente de alho
1 limão-siciliano
40 g de anchova
1 casca de laranja cristalizada
1 tomate confitado
1 pitada de pimenta
10 g de molho de anchova
320 g de espaguete artesanal
Pão torrado ralado

Pesto de erva-doce fresca

Retire os ramos tenros da erva-doce e afervente-os durante 1 min em água com sal. Separadamente, refogue os talos da erva-doce e a cebola cortada em rodelas finas, em uma panela pequena com o azeite, o sal e o açúcar. Regue com a água do cozimento da erva-doce e deixe cozinhar durante 10 min em fogo brando. Bata em um processador de alimentos com um fio de azeite.

Pesto de anchova

Em uma panela pequena, refogue o alho cortado em lâminas e o zeste de limão. Depois, junte as anchovas, a casca de laranja cristalizada, o tomate confitado, a pimenta e o molho de anchova, bata tudo também no processador.

Montagem

Salteie o macarrão com os dois pestos, decore com o pão torrado ralado.

Bolinho de arroz recheado ★★★

Arancini

Os arancini são assim chamados porque, depois de fritos, esses bolinhos de arroz assemelham-se a pequenas laranjas.

Para 10 bolinhos

Tempo de preparo: 1 hora
Tempo de cozimento: 7 a 10 minutos

Rale o parmesão. Corte o caciocavallo em pequeno cubos. Lave a salsinha, retire os talos e pique as folhas. Lave, retire a pele do aipo, descasque a cenoura e pique-os. Descasque e pique a cebola.

Dilua o extrato de tomate em 200 mℓ de água. Dissolva o açafrão em um pouco de água. Quebre 2 ovos, bata-os em uma tigela e salgue levemente. Prepare duas outras tigelas, uma com farinha de trigo, outra com farinha de pão.

Em uma frigideira, refogue a carne moída com 2 colheres (sopa) de azeite e a manteiga. Junte os legumes picados e deixe cozinhar até que se tornem translúcidos. Deglaceie com o vinho branco. Adicione a ervilha e misture. Adicione o extrato de tomate diluído, a salsinha picada, sal e pimenta. Deixe cozinhar mexendo de vez em quando.

Cozinhe o arroz al dente (ver instruções na embalagem, em geral entre 14 min e 16 min em água fervente com sal), escorra cuidadosamente, transfira para uma tigela e deixe amornar. Incorpore o açafrão diluído, 1 ovo, o parmesão e a salsinha. Prepare um recipiente com água ao seu lado. Molhe um pouco as mãos, retire uma colher (sopa) de arroz e coloque na palma da mão. Modele uma bolinha bem fechada e compacta.

Forme uma cavidade nessa bolinha para colocar 1 colher (café) do molho e um cubo de queijo. Feche com uma camada de arroz sobre o recheio. Para tornar a formar a bolinha, adicione, se necessário, um pouco mais de arroz. Aperte-a bem com as duas mãos a fim de que ela resista às manipulações posteriores sem se desfazer.

Preaqueça o óleo para fritura a 170 °C.

Passe os bolinhos na farinha de trigo, depois, nos ovos e, para finalizar, na farinha de pão. Frite-os no óleo até que fiquem dourados, escorra em papel absorvente para eliminar o excesso de gordura antes de servir.

Ingredientes

25 g de queijo parmesão
50 g de queijo caciocavallo
Ramos de salsinha
1 talo de aipo
½ cenoura
1 cebola
2 colheres (sopa) de extrato de tomate
1 pitada de açafrão
3 ovos
200 g de farinha de trigo
Farinha de pão (rosca), o suficiente
100 g de carne de vitela moída
2 colheres (sopa) de azeite de oliva
20 g de manteiga
100 mℓ de vinho branco
50 g de ervilha fresca
200 g de arroz arborio cozido (arroz para risoto)
Sal, pimenta-do-reino
Óleo para fritura

● Sugestão de vinho

Calatrasi, Terre di Ginestra, Nero d'Avola – Sicile IGT.

Ingredientes

2 dentes de alho
Ramos de salsinha
1 limão-siciliano
600 g de sardinhas pequenas
100 mℓ de azeite de oliva
120 g de farinha de pão (rosca)
10 g de queijo pecorino
30 g de pinoli
30 g de uva-passa
8 filés de anchova em óleo
20 folhas de louro
Sal, pimenta-do-reino

Utensílios

Palitos de madeira para churrasco

Sardinha em forma de papa-figo ★★

Sarde a beccafico

Como os camponeses não podiam pagar por este prato, eles substituíram aqueles pássaros amantes de figos (beccafico) por sardinhas.

Para 4 pessoas

Tempo de preparo: 30 minutos
Tempo de cozimento: 15 minutos

Descasque o alho, retire o miolo e pique-o. Lave a salsinha, retire os talos e pique as folhas.
Lave o limão e corte-o em fatias finas.
Limpe e retire as vísceras da sardinha, abra os filés sem separá-los (retirando a espinha central) e coloque sobre papel absorvente.

Refogue o alho em uma frigideira com o azeite, adicione a farinha de pão e deixe cozinhar por 1 min, mexendo com uma espátula. Depois, apague o fogo.

Rale o pecorino e misture-o, na frigideira, com o pinoli, a uva-passa, a anchova e a salsinha. Salgue levemente e adicione pimenta. Misture bem a fim de obter um recheio homogêneo.

Preaqueça o forno a 180 °C e unte uma assadeira.

Salgue levemente o interior das sardinhas abertas. Acrescente o recheio sobre elas. Enrole-as no sentido do comprimento. Intercale as sardinhas recheadas com uma folha de louro de um lado e uma fatia de limão do outro e prenda atravessando tudo com palitos de madeira para churrasco.

Na hora de servir, coloque esses espetos de sardinha na assadeira, regue com um pouco de suco de limão e um fio de azeite. Leve ao forno por 15 min e sirva imediatamente.

● **Sugestão de vinho**
Calatrasi, Terre di Ginestra Catarratto Bianco – Sicile IGT.

Macarrão com berinjela e ricota ★

Pasta alla Norma

O macarrão com berinjela e ricota é chamado de pasta alla Norma, uma homenagem dos habitantes de Catânia, os catanesi, ao seu conterrâneo Bellini e à sua célebre ópera (*Norma*).

Ingredientes

1 berinjela
1 dente de alho
20 folhas de manjericão fresco
400 g de tomate pelado
(ou 700 g de tomate fresco bem maduro)
Azeite de oliva
100 g de ricota defumada
400 g a 500 g de macarrão caserecce
Sal grosso
Sal, pimenta-do-reino

Para 4 pessoas

Tempo de desidratação: 30 minutos
Tempo de preparo: 20 minutos

Lave a berinjela, corte-a em fatias finas e coloque em um escorredor. Salpique com o sal grosso e deixe desidratar durante 30 min.

Enquanto isso, descasque o alho, retire o miolo e pique-o. Lave e desfolhe o manjericão. Se necessário, retire a pele dos tomates (após tê-los mergulhado por alguns segundos em água fervente e, depois, em água fria) e pique em pequenos cubos. Refogue os tomates em uma frigideira com um fio de azeite e o alho. Adicione algumas folhas de manjericão, sal e pimenta.

Lave as fatias de berinjela e grelhe-as em outra frigideira com azeite (ver p. 16).

Rale a ricota.

Cozinhe o macarrão (ver tempo de cozimento na embalagem) e, com o fogo aceso, misture-o na frigideira do molho de tomate, adicione as fatias de berinjela, misture e apague o fogo.

Salpique com a ricota, decore com algumas folhas de manjericão fresco e sirva.

● Sugestão de vinho
Firriato, Ribeca – Sicile IGT.

Referências técnicas
Legumes grelhados ›› p. 16
Tomates pelados ›› p. 42

Ingredientes

200 g de tomate-cereja
Folhas de manjericão fresco
Folhas de hortelã
1 pimenta vermelha
1 berinjela
250 g de espadarte
1 colher (sopa) de amêndoa laminada
1 cebola
Azeite de oliva
400 g a 500 g de macarrão paccheri
1 dente de alho
100 mℓ de vinho branco
Sal, pimenta-do-reino

Macarrão com espadarte ★

Pasta allo spada

Para 4 pessoas

Tempo de preparo: 30 minutos
Tempo de cozimento: 20 minutos

Lave os tomates e corte-os ao meio. Lave, desfolhe o manjericão e pique as folhas. Desfolhe um pouco de hortelã. Amasse a pimenta vermelha. Lave a berinjela e corte-a em pequenos cubos.

Limpe o peixe, corte a carne em cubos.
Torre a amêndoa laminada salteando-a em uma frigideira a seco.

Descasque a cebola, pique-a finamente e refogue-a em uma frigideira com azeite. Adicione o tomate, o manjericão, a pimenta vermelha, o sal e a pimenta-do-reino.

Cozinhe o macarrão em água com sal (ver tempo de cozimento na embalagem).

Enquanto isso, salteie a berinjela em outra frigideira. Retire-os e coloque o peixe, o alho sem descascar e salteie em azeite. Deglaceie com o vinho branco e deixe cozinhar por mais 3 min.

Em uma tigela, misture o peixe com a berinjela e o tomate e tempere o macarrão.

Decore com algumas folhas de hortelã e algumas amêndoas torradas.

● **Sugestão de vinho**
Cusumano, Cubia Insolia – Sicile IGT.

Cordeiro com hortelã ★★

Agnello alla menta

Para 4 pessoas

Tempo de preparo: 15 minutos
Tempo de marinada: 1 a 2 horas
Tempo de cozimento: 1 hora

Ingredientes

800 g de pernil ou paleta de cordeiro
400 mℓ de vinagre de vinho
50 mℓ de azeite de oliva
2 ramos de alecrim
200 mℓ de vinho branco
Sal, pimenta-do-reino em grãos

Pesto

1 laranja
2 colheres (sopa) de açúcar
1 dente de alho
4 ramos de hortelã fresca
100 mℓ de azeite de oliva
Sal, pimenta-do-reino

Corte a carne de cordeiro em cubos. Deixe-a marinar por 1 h a 2 h com vinagre, sal e alguns grãos de pimenta-do-reino.

Preaqueça o forno a 180 °C.

Retire os pedaços do cordeiro da marinada, escorra e coloque-os para dourar com azeite e alecrim em uma panela que vá ao forno. Regue com o vinho branco, e leve ao forno por 1 h.

Prepare o pesto

Esprema a laranja para extrair 4 colheres (sopa) de suco no qual será dissolvido o açúcar. Descasque o alho, retire o miolo e pique-o finamente. Pique a hortelã e misture com o azeite e o suco de laranja, salgue e adicione pimenta.

Retire o cordeiro do forno, misture-o ainda quente com o pesto de hortelã e sirva imediatamente.

● Sugestão de vinho

Morgante, Don Antonio Nero de Avola – Sicile IGT.

Atum à moda de Trapani ★

Tonno alla trapanese

Na Sicília, o atum é pescado por causa da sua carne e da sua ova, com a qual se prepara a preciosa botarga.
Uma vez que, fresco ou em conserva, a cada parte do atum corresponde um preparo, seu apelido é "porco do mar".

Ingredientes

1 dente de alho
Folhas de hortelã
1 colher (sopa) de sementes de erva-doce
1 colher (sopa) de amêndoas
50 g de queijo pecorino
250 mℓ de vinho branco (ou 250 mℓ de suco fresco de frutas cítricas – laranja, limão ou grapefruit)
500 g de atum fresco (4 postas de cerca de 125 g)
2 colheres (sopa) de azeite de oliva
100 g de farinha de pão (rosca)
1 pitada de açafrão
1 pitada de orégano
Sal

Para 4 pessoas

Tempo de preparo: 30 minutos
Tempo de marinada: 10 minutos
Tempo de cozimento: 2 minutos

Descasque o alho, retire o miolo e amasse-o. Desfolhe e pique a hortelã. Triture as sementes de erva-doce. Triture a amêndoa. Rale o pecorino. Se for usar o suco de fruta cítrica, esprema-a para obter 250 mℓ de suco.

Deixe as postas de atum para marinar durante 10 min no azeite com o vinho (ou o suco de fruta), a erva-doce e o alho.

Enquanto isso, prepare a mistura para empanar. Misture a farinha de pão com o açafrão, a amêndoa triturada, as folhas de hortelã picadas, o orégano, o pecorino e uma pitada de sal.

Retire as postas de atum da marinada, escorra e passe-as na mistura para empanar, tendo o cuidado de apertar para que fiquem envolvidas uniformemente.

Frite-as no azeite em fogo moderado até que a cobertura fique bem dourada dos dois lados (cerca de 1 min cada lado). Sirva imediatamente.

● Dica do chef

Sirva com uma salada de laranja e erva-doce *(ver p. 437).*

● Sugestão de vinho

Miceli, Fiammato – Sicilia IGT.

Lula recheada à moda de Lipari ★★

Calamari ripieni alla lipari

As lulas são tão frequentes quanto as sépias na culinária siciliana.

Para 4 pessoas

Tempo de preparo: 30 minutos
Tempo de cozimento: 40 minutos

Ingredientes

2 dentes de alho
Folhas de salsinha
1 pimenta vermelha seca ou fresca
50 g de azeitona verde sem caroço
50 g de queijo pecorino
30 g de alcaparra (em sal ou em vinagre)
400 g de tomate fresco bem maduro
800 g de lulas de tamanho médio (4 ou 8 lulas)
250 g de farinha de pão (rosca)
Azeite de oliva
120 mℓ de vinho branco
Sal

Utensílios

Palitos de dente

Referência técnica
Limpeza de moluscos >> p. 126

Descasque, retire o miolo e pique separadamente os 2 dentes de alho. Lave a salsinha e corte os talos e pique as folhas para obter 2 colheres (sopa). Amasse a pimenta vermelha. Rale o pecorino. Pique finamente a azeitona e a alcaparra. Retire a pele dos tomates (após tê-los mergulhado por alguns segundos em água fervente e, depois, em água fria ou com um descascador de legumes), e corte-os em quatro.

Limpe cuidadosamente as lulas (ver p. 126). Corte os tentáculos em pedaços pequenos. Misture-os com 1 dente de alho, 1 colher (sopa) de salsinha, a farinha de pão, o pecorino, as azeitonas e as alcaparras. Acerte o sal.

Recheie o corpo das lulas com essa mistura sem encher completamente, pois elas se reduzem quase à metade com o cozimento. Feche a parte aberta do corpo espetando um palito de dente.

Refogue as lulas em uma panela com um fio de azeite. Quando o caldo que se soltar delas estiver totalmente evaporado, deglaceie com o vinho branco.
Adicione o tomate, o outro dente de alho, a segunda colher (sopa) de salsinha e a pimenta amassada.

Tampe e deixe cozinhar em fogo brando durante 30 min.

● Sugestão de vinho

Tasca de Almerita, Regaleali Bianco – Sicile DOC.

● Dica do chef

A lula e a sépia suportam muito bem o congelamento.
O congelamento deixa essas carnes mais tenras e fáceis de cozinhar.

● É bom saber

Nas bancas dos mercados, é possível reconhecer se as lulas e as sépias estão frescas pela tinta: quanto mais houver, mais frescas elas serão.

Ingredientes
2 berinjelas
40 g de alcaparra em sal
1 cebola
2 talos de aipo
Folhas de manjericão fresco
150 g de azeitona verde sem caroço
20 g de açúcar
4 colheres (sopa) de vinagre de vinho
Azeite de oliva
40 g de pinoli
200 g de molho de tomate (ver p. 50)
Sal grosso
Sal, pimenta-do-reino

Caponata ★

Caponata

Esta receita data do século XVI e, atualmente, existem mais de trinta versões dela.

Para 4 pessoas

Tempo de repouso: 1 hora
Tempo de preparo: 30 minutos
Tempo de cozimento: 20 minutos

Prepare com antecedência
Lave e corte a berinjela em pequenos cubos. Salpique com sal grosso e deixe desidratar em um escorredor por 1 h.

Lave a alcaparra para retirar o sal. Descasque a cebola e pique-a finamente. Retire a pele do aipo e corte-o em fatias finas (cerca de 0,5 cm). Lave as folhas de manjericão. Dissolva o açúcar no vinagre.

Lave a berinjela e frite-a com azeite até que fique ligeiramente macia.

Refogue, com azeite, a cebola e o aipo. Quando estiverem translúcidos, adicione o pinoli, a alcaparra, a azeitona e, 1 min mais tarde, o molho de tomate (ver p. 50). Salgue, adicione a pimenta e as folhas de manjericão e deixe cozinhar por mais 10 min. Adicione o vinagre e deixe evaporar. Por fim, acrescente a berinjela e deixe cozinhar por mais alguns minutos.

Sirva fria.

● **Sugestão de vinho**
Planeta, Cerasuolo di Vittoria – Sicile DOCG.

Referência técnica
Molho de tomate >> p. 50

Cassata ★★

Cassata

Para 4 cassatas individuais

Tempo de preparo: 1 hora
Tempo de repouso: 30 minutos
Tempo de cozimento: 40 minutos

Prepare o pão de ló
Unte com manteiga e enfarinhe uma fôrma para torta. Preaqueça o forno a 180 °C. Bata as claras em neve. Retire a casca de meio limão. Bata as gemas com o açúcar até branquearem, adicione a farinha de trigo e o fermento aos poucos, o zeste do limão e misture.

Incorpore delicadamente as claras em neve. Transfira para a fôrma untada e leve ao forno por 40 min. Deixe esfriar antes de desenformar. Com um cortador de massas, corte, no pão de ló, 8 discos de 1 cm de espessura e de diâmetro um pouco inferior à medida dos ramequins.

Prepare o creme de ricota
Corte a abóbora cristalizada em cubos. Corte a fava de baunilha ao meio no sentido do comprimento, raspe o interior de um dos lados para extrair as sementes.
Passe a ricota na peneira. Misture a ricota, o açúcar, as gotas de chocolate, a abóbora, as sementes de baunilha e uma pequena pitada de sal.

Prepare as cassatas
Forre 4 ramequins com filme plástico. Dilua o vinho doce com um pouco de água. Com um rolo de abrir massas, achate a pasta de amêndoa até uma espessura de 5 mm. Forre os ramequins com ela. Coloque no fundo dos ramequins um primeiro disco do pão de ló. Embeba-o com o vinho doce diluído. Encha as forminhas com o creme de ricota e termine com um segundo disco do pão de ló. Embeba com vinho doce diluído. Cubra com filme plástico e leve à geladeira por mais ou menos 30 min.

Prepare o glacê
Com uma espátula, misture a clara e o açúcar de confeiteiro. O resultado será uma mistura consistente que será alongada com o suco de limão.

Finalize
Desenforme as cassatas, retire o filme plástico e decore-as com o glacê branco, as cerejas e os pedaços de outras frutas cristalizadas.

Ingredientes

Pão de ló
2 ovos
Zeste de ½ limão-siciliano
75 g de açúcar
100 g de farinha de trigo (T45)
1 sachê de fermento (5 g)
Manteiga para untar
Sal

Creme de ricota
25 g de abóbora cristalizada
250 g de ricota
½ fava de baunilha
150 g de açúcar
25 g de gotas de chocolate
Sal

Cassata
120 mℓ de vinho doce (maraschino, marsala, moscatel, vermute, etc.)
250 g de pasta de amêndoa verde (massa pronta de cor verde)

Glacê branco
1 clara
250 g de açúcar de confeiteiro
1 colher (café) de suco de limão

Decoração
Cerejas amarenas
Frutas cristalizadas

Utensílios

1 peneira para a ricota
4 ramequins
1 fôrma para torta

● Dica do chef
Conserve as cassatas na geladeira até o momento de servir.

● É bom saber
Para ganhar tempo, é possível encontrar, cada vez mais facilmente no comércio, o pão de ló já pronto.

Cannoli ★★

Cannoli

Para 10 cannoli

Tempo de preparo: 1 hora
Tempo de repouso: 1h30
Tempo de cozimento: 10 minutos

Ingredientes

Massa

125 g de farinha de trigo (T45)
1 colher (café) de cacau em pó
1 colher (sopa) de açúcar
20 g de banha
1 colher (café) de vinagre
1 colher (sopa) de vinho doce (maraschino, marsala, moscatel, vermute, etc.)
1 pitada de canela em pó
Sal
Banha para fritura (banha de porco)
1 clara de ovo

Creme de ricota

½ fava de baunilha
¼ de laranja cristalizada
250 g de ricota
25 g de gotas de chocolate
75 g de açúcar
1 colher (sopa) de pistache em pó
Sal
Açúcar de confeiteiro para a decoração

Utensílios

10 tubos para cannoli
1 saco para confeitar
1 bico liso

Prepare os canudos de massa

Misture todos os ingredientes (exceto a banha para a fritura e a clara) para obter uma massa lisa e homogênea. Cubra com filme plástico e deixe repousar durante 1h30 na geladeira.

Divida a massa em 10 bolas pequenas. Com um rolo, abra as bolas em forma oval de mais ou menos 2 mm de espessura.

Preaqueça a banha a 180 °C.

Enrole as massas em torno dos tubos selando as extremidades com a clara de ovo, formando canudos, e frite até que fiquem bem dourados. Escorra em papel absorvente e, depois de esfriar, retire os tubos delicadamente.

Prepare o creme de ricota

Corte a fava de baunilha ao meio no sentido do comprimento, raspe o interior de um dos lados para extrair as sementes. Corte a laranja em tiras bem finas. Passe a ricota na peneira. Misture a ricota, as gotas de chocolate, as sementes de baunilha e uma pequena pitada de sal.

Faça a montagem

Recheie, no momento de servir, para, assim, conservar a massa dos cannoli bem crocante. Com um saco de confeitar, encha os canudos com creme de ricota. Decore as duas extremidades, uma com as tiras de laranja e a outra com uma cereja em calda. Polvilhe com açúcar de confeiteiro (ver foto p. 435).

● Dica do chef

Para rechear os cannoli com antecedência, forre o interior do canudo com chocolate derretido. Isso vai impedir o contato da massa com o recheio. Conserve os cannoli (fritos e não recheados) durante alguns dias em uma lata ou, então, congele-os.

● É bom saber

Apesar de não ser muito comum, é possível encontrar os canudos para cannoli já prontos em alguns supermercados.

● Sugestão de vinho

Miceli, Moscato di Pantelleria, Tanit – Sicile DOC.

Ingredientes

2 bulbos de erva-doce
5 laranjas
4 colheres (sopa) de azeite de oliva
1 colher (café) de açúcar
40 g de azeitona preta sem caroço
Sal, pimenta-do-reino

● Sugestão de vinho
Cusumano, Insolia – Sicile IGT.

Salada de laranja e erva-doce ★

Insalata d'arance e finocchi

Para 4 pessoas

Tempo de preparo: 30 minutos
Tempo de marinada: 15 minutos

Limpe os bulbos de erva-doce e corte-os em fatias finas. Descasque as laranjas retirando a parte branca e separe os gomos.

Prepare uma emulsão com o azeite, o açúcar, o sal e a pimenta.

Em uma tigela, tempere os pedaços de laranja e as fatias de erva-doce com essa emulsão. Adicione as azeitonas.

Deixe marinar de 10 min a 15 minutos antes de servir.

Roberto Petza apresenta suas receitas

Sardenha

Roberto Petza

Quando pequeno, o meu sonho era ser marceneiro. Depois, inscrevi-me na escola de hotelaria, o que foi um verdadeiro golpe de sorte e permitiu que eu me aperfeiçoasse em outros países. Ao voltar, quinze anos mais tarde, redescobri a minha região. Para mim, o terroir é tudo. A minha culinária nasce dos produtos encontrados nas imediações do restaurante. Entretanto, graças às minhas experiências no exterior, gosto de associar a tradição local a técnicas e culturas gastronômicas diferentes. Mas para poder ir além da tradição, é preciso conhecê-la.

As novas tecnologias me oferecem a possibilidade não só de me afastar da tradição, ao interpretá-la em versão moderna, mas também, paradoxalmente, de ser ainda mais fiel a ela. A cocção a vácuo e a baixa temperatura aplicadas ao leitão, por exemplo, permitem-me obter um resultado análogo à cocção sob a terra, praticada durante séculos no centro da Sardenha. Entretanto, não sou um adepto incondicional da tecnologia. Em minha cozinha, continuo a usar regularmente a grelha a carvão para assar a carne.

Sopa de moreia e tomate-cereja, com espelta crocante e ravióli de cas'axedu

Para 4 pessoas
Tempo de preparo: 1 hora
Tempo de cozimento: 45 minutos

Ingredientes

Massa
150 g de farinha de trigo
5 g de sêmola de grano duro
8 gemas de ovo

Recheio do ravióli
100 g de queijo cas'axedu (queijo de ovelha fresco, de leite cru, chamado cagliata acida, coalho azedo)
Zeste de ½ laranja
1 pequena folha de hortelã
30 g de queijo pecorino meia-cura
1 colher (sopa) de azeite extravirgem
Sal, pimenta-do-reino

Espelta
½ dente de alho
1 folha de louro
3 colheres (sopa) de azeite
100 g de espelta

Sopa
2 cebolas
2 colheres (sopa) de azeite extravirgem
1 cenoura
½ alho-poró
1 talo de aipo
1 bouquet garni (manjerona, erva-doce, tomilho, manjericão e louro)
1 dente de alho
1 ramo de salsinha
2 moreias sem as vísceras (cerca de 300 g cada)
12 tomates-cerejas confitados
Folhas de aipo
1 ramo de cebolinha
Folhas de manjericão
2 ramos de erva-doce fresca
Pimenta-do-reino

Prepare a massa do ravióli
Misture e amasse os ingredientes até obter uma massa lisa e homogênea. Abra a massa e, com um cortador de massa redondo de cerca de 4 cm de diâmetro, corte os ravióli e leve-os à geladeira.

Prepare o recheio do ravióli
Bata no liquidificador todos os ingredientes do recheio até obter uma textura homogênea. Verifique o sal. Recheie as massas já cortadas, feche-as como raviólis. Cozinhe os raviólis de 4 min a 5 min, em bastante água fervente.

Prepare a espelta
Em uma panela pequena, refogue o alho e o louro em 3 colheres (sopa) de azeite. Depois, adicione a espelta, salgue levemente e deixe dourar durante cerca de 2 min. Cubra com água e cozinhe por cerca de 25 min até ficar al dente.

Prepare a sopa
Pique as cebolas. Em uma panela pequena, refogue-as com um pouco de azeite e deixe cozinhar lentamente em fogo brando. Ao final de cerca de 10 min junte a cenoura cortada em cubos pequenos e cozinhe por 5 min. Depois, adicione o alho-poró e o aipo, ambos cortados em cubos pequenos, o bouquet garni, o alho e a salsinha picados. Deixe cozinhar por mais 2 min. Depois, junte a moreia cortada em pedaços, salgue, adicione pimenta e continue a cozinhar. Deixe o peixe se desmanchar o máximo possível a fim de obter uma sopa grossa. Coloque a panela sobre um recipiente cheio de gelo para interromper o cozimento e deixe repousar por, pelo menos, 20 min.
Torne a acender o fogo e deixe ferver, escume e cozinhe por 20 min, depois coe. Ferva novamente o caldo, acerte o sal e adicione os tomates e o ravióli. Cozinhe por 4 min a 5 min.

Montagem
Coloque algumas folhas de aipo, um pouco de cebolinha, o manjericão cortado em tiras, a erva-doce e uma colher de espelta em quatro pratos fundos. Derrame por cima o caldo bem quente, com o ravióli e o tomate. Finalize com um fio de azeite e sirva.

Nhoque sardo à campidanese ★★★

Gnocchi sardi alla campidanese

É uma das massas tradicionais da região. Geralmente, vem acompanhada de molho de tomate.

Para 4 pessoas

Tempo de preparo: 1 hora
Tempo de repouso: 30 minutos
Tempo de cozimento do molho: 40 minutos
Tempo de cozimento do nhoque: 4 a 5 minutos

Ingredientes

1 receita de farfalle (ver p. 76)
0,1 g de açafrão em pó

Molho

1 cebola
120 g de linguiça fresca

60 g de queijo pecorino
1 colher (sopa) de azeite
400 g de tomate pelado (ou 700 g de tomate fresco bem maduro)
10 folhas de manjericão
0,1 g de açafrão em pó
Sal, pimenta-do-reino

Utensílios

Riscador de nhoque de madeira (opcional)

Referências técnicas
Farfalle >> p. 76
Tomates pelados >> p. 42

Prepare o nhoque

Prepare a massa de farfalle como na receita básica (ver p. 76). Separe um quarto da massa. Dilua o açafrão em uma colher (café) de água e incorpore-o nesse pedaço de massa a fim de lhe dar uma cor bem amarela. Faça bolas com as duas partes de massa (uma grande branca e uma pequena amarela), envolva-as em filme plástico e deixe repousar por 30 min. Para fazer os nhoques, depois que a massa tiver descansado, modele-a em rolinhos com menos de 1,5 cm de diâmetro, que você vai cortar em pedaços de 1 cm de comprimento. Com o polegar, role esses pedaços de massa ao longo dos dentes de um garfo ou sobre um riscador de madeira próprio para dar-lhes a forma de pequenos nhoques ocos de um lado e raiados do outro. Ponha os nhoques sobre um pano de prato seco. Assim, você obterá nhoques brancos e alguns amarelos.

Prepare o molho

Descasque a cebola e pique-a finamente. Retire a pele da linguiça e corte-a em pedaços pequenos. Lave e retire a pele dos tomates (após tê-los mergulhado por alguns segundos em água fervente e, depois, em água fria, ou com um descascador de legumes). Rale o pecorino. Em uma panela, refogue a cebola picada com 1 colher (sopa) de azeite. Adicione os pedaços de linguiça e deixe que fiquem dourados. Adicione o tomate picado, o manjericão e o açafrão. Salgue e deixe cozinhar tampado, em fogo brando, por cerca de 40 min.

Ponha água e sal para ferver para cozinhar os nhoques de 4 min a 5 min. Depois, misture-os por alguns minutos na panela com o molho, polvilhe com o pecorino e pimenta-do-reino moída na hora.

● Sugestão de vinho

Argiolas, Costera – Cannoanau di Sardegna DOC.

● Dica do chef

Se preferir, use a medida de açafrão para colorir toda a massa do nhoque.

Ravióli sardo à ogliastrina ★★★

Ravioli sardi all'ogliastrina

Ingredientes
1 receita de farfalle (ver p. 76)
1 colher (sopa) de azeite de oliva

Recheio
800 g de batata
1 dente de alho
1 cebola
10 folhas de hortelã (ou 0,1 g de açafrão em pó)
150 g de queijo pecorino fresco (ou 75 g de queijo pecorino para ralar e 75 g de ricota)
100 mℓ de azeite de oliva
Sal

Molho
1 fio de azeite de oliva
60 g de queijo pecorino ralado ou Molho de tomate com manjericão (ver p. 47) ou à napolitana (ver p. 51)

Utensílios
1 espremedor de batata
1 cortador de massa redondo com 6 cm de diâmetro

Esta receita traz um ravióli típico da Sardenha, confeccionado com diferentes recheios, de acordo com a estação ou a província, mas sempre acompanhado de pecorino ralado.

Para 4 pessoas
Tempo de preparo: 1 hora
Tempo de repouso: 30 minutos
Tempo de cozimento do molho: 20 minutos
Tempo de cozimento do ravióli: 4 a 5 minutos

Prepare a massa do ravióli
Prepare a massa de farfalle como na receita básica (ver p. 76), acrescentando 1 colher (sopa) de azeite. Deixe descansar por 30 min.

Prepare o recheio do ravióli
Cozinhe a batata com casca.
Enquanto isso, descasque o alho, retire o miolo e amasse-o; descasque a cebola e pique-a finamente; desfolhe a hortelã e pique 10 folhas. Rale o pecorino. Quando a batata estiver cozida, descasque-a e passe pelo espremedor. Refogue a cebola em uma panela com o azeite. Misture essa preparação com a batata, adicione a hortelã, o alho, o pecorino e o sal.

Abra a massa até obter uma folha fina, recorte círculos de 6 cm de diâmetro com um copo ou um cortador de massas. Coloque pequenas porções de recheio no meio. Para fechar, dobre o lado inferior e superior do círculo para o centro (não é para grudar as duas pontas), depois, dobre alternadamente segmentos da direita e da esquerda do círculo colando-os dois a dois e cuidando para que não se formem bolhas no interior.

Ferva água com sal e cozinhe os raviólis de 5 min a 6 min. Depois, tempere com azeite e pecorino ralado, ou com um molho de tomate simples.

● Sugestão de vinho
Cantina Santadi, Villa Solais – Vermentino di Sardegna DOC.

Referências técnicas
Farfalle >> p. 76
Molho de tomate com manjericão >> p. 47
Molho de tomate à napolitana >> p. 51

Linguine com lagosta ★

Linguine con l'aragosta

Para 4 pessoas

Tempo de preparo: 30 minutos

Ingredientes

1 folha de louro
1 ou 2 lagostas (1 kg a 1,2 kg no total)
1 cebola
1 dente de alho
500 g de tomate-cereja
3 folhas de manjericão
Ramos de salsinha
1 pimenta vermelha seca ou fresca (a gosto)
400 g a 500 g de linguine
Azeite de oliva
100 mℓ de brandy
Sal

Ferva água com uma folha de louro para nela imergir, durante 3 min, a lagosta viva. Retire e coloque-a em um recipiente que permita recolher o caldo que escorrer.

Descasque a cauda da lagosta e corte-a em pedaços. Depois, com a faca, abra a cabeça ao meio. Recolha o caldo para temperar o molho.

Descasque a cebola e pique. Descasque o alho, retire o miolo e pique-o. Lave e corte os tomates ao meio. Lave e desfolhe o manjericão. Lave, a salsinha, retire os talos e pique finamente as folhas. Pique a pimenta.

Ferva água com sal para cozinhar o macarrão (ver instruções na embalagem).

Refogue o alho e a cebola, em uma frigideira, com azeite. Adicione os pedaços de lagosta com o caldo e deixe cozinhar por alguns minutos. Deglaceie com o brandy e adicione o tomate, o manjericão, a pimenta e o sal. Deixe cozinhar por 2 min.

Cozinhe o macarrão e escorra.
Transfira-o para a frigideira e, no fogo, misture-o ao molho, salpique a salsinha. Sirva imediatamente.

● Sugestão de vinho

Cantina Santadi, Villa di Chiesa – Valli di Porto Pino IGT.

● Dica do chef

Substitua a lagosta por lavagante ou lagostinhas.

Ingredientes

2 dentes de alho
Ramos de salsinha
1 pimenta vermelha seca ou fresca (a gosto)
1 kg de ouriço-do-mar bem fresco
400 g a 500 g de espaguete
Azeite de oliva
Sal

Espaguete com ouriço-do-mar ★

Spaghetti coi ricci di mare

Para 4 pessoas

Tempo de preparo: 30 minutos
Tempo de cozimento do macarrão: ver indicações do fabricante (se artesanal)/embalagem (se industrial)

Descasque os alhos, retire o miolo e pique-os. Lave a salsinha, retire os talos e pique as folhas. Pique a pimenta vermelha.

Limpe e esvazie os ouriços-do-mar. Recupere as ovas (ver p. 126) e coloque em uma travessa.

Ferva água com sal e cozinhe o espaguete (de acordo com as instruções do fabricante).
Escorra-o e refogue-o em uma frigideira durante 2 min com o alho e azeite.

Transfira-o para uma travessa com as ovas dos ouriços-do-mar e misture rapidamente. Adicione a salsinha e a pimenta. Misture novamente.

Sirva imediatamente.

● Sugestão de vinho
Contini, Karmis – Bianco Tharros IGT.

● Dica do chef
Se o molho ficar seco demais, adicione uma pequena concha da água do cozimento do macarrão para diluí-lo. A água quente ajudará também a dissolver as ovas dos ouriços.

Referência técnica
Limpeza dos ouriços e extração da ovas ›› p. 126

Tortinha sarda ★★

Timballo sardo

Trata-se de uma receita de origem espanhola (panadas), vestígio dos longos anos de ocupação espanhola na Sardenha.
É o produto tradicional das cidades de Oschiri, Assemini e Cuglieri.

Para 4 pessoas

Tempo de preparo: 45 minutos
Tempo de repouso: 30 minutos
Tempo de cozimento: 30 a 40 minutos

Ingredientes

Massa

50 g de banha
250 g de farinha de sêmola de grano duro
100 mℓ de água morna (30 °C)
Sal

Recheio de carne suína (à moda de Oschiri)

600 g de carne de porco (sobrepaleta)
2 dentes de alho
Ramos de salsinha
50 mℓ de azeite de oliva
50 mℓ de vinho branco
Sal, pimenta-do-reino

Recheio de cordeiro (à moda de Assemini)

500 g de carne de cordeiro (pernil, paleta)
400 g de batata
2 dentes de alho
Ramos de salsinha
4 tomates secos
50 mℓ de azeite de oliva
50 mℓ de vinho branco
Sal, pimenta-do-reino

Recheio de carne bovina e legumes (à moda de Cuglieri)

300 g de carne bovina
2 dentes de alho
Ramos de salsinha
40 g de alcachofra
50 mℓ de azeite de oliva
50 mℓ de vinho branco
40 g de ervilha fresca
40 g de fava fresca
40 g de azeitona preta sem caroço
1 pitada de açafrão
1 pitada de noz-moscada
2 ramos de alecrim
Sal, pimenta-do-reino

Prepare a massa

Corte a banha, em temperatura ambiente, em pedaços pequenos. Amasse a farinha com os pedaços de banha, a água morna e o sal até formar uma massa lisa e homogênea. Envolva-a em filme plástico e deixe descansar 30 min na geladeira.

Prepare os recheios (adaptar conforme a escolha da receita)

Corte a carne em pequenos cubos. Ferva água com sal para cozinhar a batata. Descasque as batatas e corte-as em pequenos cubos. Descasque o alho, retire o miolo e pique-o. Corte os talos da salsinha e pique finamente as folhas. Pique finamente o tomate seco. Misture a carne com o azeite, adicione o alho, o vinho, a salsinha, o tomate seco, os legumes de sua preferência (batatas, alcachofra picada, favas, ervilhas), os temperos, salgue e leve à geladeira por 30 min.

Faça a montagem

Depois que a massa tiver repousado, faça um grande rolo e corte-o em 8 fatias: 4 maiores (com 2 cm aproximadamente) e 4 menos espessas (cerca de 1 cm). Com o rolo, abra essas fatias formando folhas redondas com 5 mm de espessura, 4 delas devem ter 8 cm de diâmetro e 4 devem ter 4 cm de diâmetro. Coloque uma porção do recheio no meio dos círculos maiores. Molhe as bordas da massa com um pouco de água. Coloque o círculo menor sobre o recheio, e cole as bordas dos 2 círculos modelando com o polegar e o indicador um pequeno cordão em toda a volta, tomando o cuidado de não deixar muito ar no interior. Você vai obter assim 4 pequenas tortas.

Preaqueça o forno a 180 °C. Asse-as por 30 min a 40 min.

Sirva essas tortas quentes ou frias.

● Sugestão de vinho
Agricola Punica, Barrua – Isola dei Nuraghi IGT.

Referência técnica
Tomates secos em azeite >> p. 44

Ingredientes

1 dente de alho
Ramos de salsinha
1 ou 2 robalos, pesando, no total, cerca de 1,8 kg
Azeite de oliva
Ramos e sementes de erva-doce fresca
20 g de farinha de pão (rosca)
150 mℓ de vinho branco
Sal, pimenta-do-reino

Robalo assado com erva-doce ★

Branzino al forno con finocchietto

Para 4 pessoas

Tempo de preparo: 40 a 50 minutos
Tempo de cozimento: 30 a 40 minutos

Descasque o alho, retire o miolo e corte-o em fatias finas. Lave a salsinha, retire os talos e pique as folhas, reserve alguns ramos inteiros.

Lave e limpe o peixe. Depois, faça duas incisões transversais de cada lado. Insira dentro dessas incisões, e também no ventre, algumas fatias de alho e alguns ramos pequenos de salsinha.

Misture o azeite, a salsinha picada, o sal e a pimenta.

Moa, em um almofariz, as sementes de erva-doce e misture com a farinha de pão.

Preaqueça o forno a 180 °C.

Coloque alguns ramos grandes de erva-doce no fundo de uma assadeira.
Besunte o peixe com a mistura de azeite e salsinha.
Coloque o peixe sobre os ramos de erva-doce, polvilhe com a mistura de farinha de pão e sementes de erva-doce.
Asse o peixe por 30 min a 40 min (de acordo com o tamanho). Depois de 10 min de cozimento, derrame o vinho na assadeira.

● **Sugestão de vinho**
Argiolas, Is Argiolas – Vermentino di Sardegna DOC.

"Suspiros" de Ozieri ★★

Sospiri di Ozieri

A receita data de 1800 e, tradicionalmente, este doce era servido em casamentos.
No sul da Sardenha, o glacê é substituído por açúcar, e os sospiri levam o nome de gueffus.

Ingredientes

Biscoitos

250 g de amêndoa sem pele
Zeste de ½ limão-siciliano
200 g de açúcar
1 colher (sopa) de mel
50 mℓ de água
1 colher (café) de água de flor de laranjeira
Farinha de trigo

Glacê branco

250 g de açúcar de confeiteiro
1 clara de ovo
1 colher (café) de suco de limão-siciliano

Utensílios

1 cortador redondo de massa com 2 cm de diâmetro
Papéis coloridos para embrulhar

Para 20 suspiros

Tempo de preparo: 1 hora
Tempo de cozimento: 20 minutos

Prepare os biscoitos

Preaqueça o forno a 60 °C.
Seque a amêndoa no forno, sem corar, durante 30 min. Depois, pique-as finamente. Raspe a casca do limão. Em uma panela, aqueça, em fogo médio, o açúcar, o mel e o zeste do limão. Adicione a amêndoa e cozinhe por 10 min. Acrescente a água, a água de flor de laranjeira e deixe esfriar. Depois de fria, coloque essa massa sobre uma folha de papel-manteiga polvilhada de farinha, cubra com outra folha também polvilhada e, com um rolo de abrir massas, estique a massa até que ela fique com cerca de 1,5 cm de espessura. Com um cortador redondo de massas de 2 cm de diâmetro, recorte os biscoitos.

Preaqueça o forno a 160 °C.
Asse os biscoitos por 10 min (até que a base fique levemente corada). Apague o fogo do forno e deixe-os esfriarem no interior.

Prepare o glacê

Com uma espátula, misture a clara com o açúcar de confeiteiro até obter uma mistura densa que será alongada pelo suco de limão.

Faça a montagem

Cubra os biscoitos com o glacê e deixe secar. Depois de secos, embrulhe-os um a um em papel colorido.

● **Sugestões de vinho**

Contini, Vernaccia di Oristano Riserva DOC.
Santadi, Latinia, Valli di porto pino IGT.

Índice de técnicas

Índice de técnicas (em italiano)

Índice de receitas

Índice de receitas (em italiano)

Índice de vídeos (QR codes)

Endereços

Associação da Verdadeira Pizza Napolitana
http://www.pizzanapoletana.org

Astier de villatte
173, rue Saint-Honoré – 75001 Paris
Tel.: 01 42 60 74 13
http://www.astierdevillatte.com

Athezza (vaisselle)
http://www.athezza.com

Ceramiche de Simone
Via V. Ducrot, 11 – Palermo, Itália
Tel.: 0039.091.476.189
http://www.ceramichedesimone.com

Consórcio Presunto de Parma
http://www.prosciuttodiparma.com

Consórcio Parmigiano Reggiano
http://www.parmigianoreggiano.com

Cotti Ad Arte
Via Barbaroux, 26/a – Turim, Itália
Tel.: 0039.011.45.46.410
http://cottiadarte.it

Covo della Taranta, trattoria salentina
Via Galliari, 10bix/a – Turim, Itália
Tel.: 0039.011.42.70.532

Cuisinart
http://www.cuisinart.fr

De Dietrich
http://www.dedietrich-electromenager.fr

Ideavino
88, avenue Parmentier – 75011 Paris
Tel.: 01 43 57 10 34
http://www.idea-vino.fr

La Fabbrica della Ceramica
Via autonomia Siciliana, 38 – Palermo, Itália
Tel.: 0039.091.62.51.997
http://www.lafabbricadellaceramica.com
http://susannadesimone.com

Maison de la Truffe
19, place de la Madeleine – 75008 Paris
Tel.: 01 42 65 53 22
http://maison-de-la-truffe.com

Marion Graux céramiques
50, rue Condorcet – 75009 Paris
Tel.: 06 62 27 23 44
http://www.mariongrauxpoterie.tumblr.com

Paisano
159, rue Saint-Maur – 75011 Paris
Tel.: 09 51 56 19 68

Pentole Agnelli
Agnelli Baldassare spa, 24040 Lallio (BG)
Via Madonna, s/n
Tel.: 0039.035.20.47.711
http://agnelli.net

Rap
15, rue Rodier – 75009 Paris
Tel.: 01 42 80 09 91
http://www.epicerie.rapparis.fr

Torretti de Ruta Fabbrica Maioliche Artistiche
S. S. E., 45 Uscita Deruta Sud – 06053 Deruta PG
Tel.: 0039.075.97.11.342
http://derutamegastore.com

Zabbara eccellenze siciliane
Via Saluzzo, 49d – Turim, Itália
Tel.: 0039.011.65.09.240
http://www.zabbara.it

Agradecimentos da autora

- Minha mãe, Leila, pela transmissão minuciosa e apaixonada de seu *know-how* e minhas avós Bianca e Erminia.
- Ryma Buzid e Clélia Ozier-Lafontaine, pela confiança que em mim depositaram.
- Eve-Marie Zizza-Lalu, sem a qual a realização deste trabalho não seria possível.
- Francesca Mantovani, fotógrafa sensível, a quem quero agradecer por ter compreendido com tanta exatidão o espírito da minha culinária.
- Gilles Weber por sua preciosa ajuda e por seu apoio, sem o qual a redação deste trabalho não seria tão emocionante e saborosa.
- Rita Pinna da Ideavino, em Paris, por ter disponibilizado o seu saber sobre a perfeita combinação entre os pratos e os vinhos italianos.
- Alessandra Pierini, da mercearia Rap, em Paris, por sua disponibilidade, sua gentileza e pela qualidade de seus produtos.
- Davide e Federica, da mercearia Paisano, em Paris, por sua disponibilidade e seu entusiasmo.
- Fabrice Gour, do Consórcio do Parmesão e do Presunto de Parma e da empresa Ooyes, por seus sábios conselhos.
- M. Aurichio, da Associação da Verdadeira Pizza Napolitana, por sua ajuda e seu olhar atento ao capítulo dedicado à pizza.
- Anne-Sophie Lhomme, estilista culinária, por ter imergido na cultura do meu país.
- Paola Nepote, por suas qualidades como assessora na busca atenta das cerâmicas tradicionais da Sardenha, da Apúlia, da Basilicata e da Sicília.
- Pentole Agnelli, por suas magníficas e renomadas panelas tão amavelmente postas à disposição.
- Ceramiche Torretti-Deruta, pelas belas cerâmicas tradicionais da Úmbria.
- Cuisinart, por seus elegantes aparelhos eletrodomésticos que nos secundaram na realização de numerosas receitas.
- De Dietrich, pela placa de cocção e pela frigideira de alta performance.
- Cerâmicas Astier De Villatte, por seus numerosos e refinados pratos.
- La Maison de la truffe, pelas deliciosas trufas postas à nossa disposição.
- Encantadora família do restaurante Covo della Taranta, em Turim, pelo empréstimo das cerâmicas tradicionais da Apúlia.
- Butique Cotti ad Arte, pela coleção de cerâmicas tradicionais do sul da Itália.
- Butique Zabbara, pelos produtos sicilianos.
- Athezza, pela bela baixela clássica.

Agradecimentos da fotógrafa

Obrigada a André Bénamoi e Broncolor Kobold, pelo empréstimo das luzes para os vídeos.

Créditos fotográficos

Todas as fotografias deste trabalho são de Francesca Mantovani, exceto:

pp. 188 e 189 © Piazza Duomo/DR; pp. 212 e 213 © Brambilla-Serrani; pp. 232 e 233 © Sergio Coimbra; pp. 256 e 257 © L'ArcoAntico/DR; pp. 278 e 279 © Paolo Terzi; pp. 298 e 299 © Laura Tessaro; p. 324 © Brambilla-Serrani; p. 324 © Reale/DR; p. 346 © Mauro Fioresi; p. 347 © Stefano Scatà; pp. 372 e 373 © Nicola Caracciolo; pp. 392 e 393 © Già sotto l'Arco/DR; pp. 416 e 417 © Simone Aprile; p. 440 © Beniamino Pillitu; p. 441 © Smikberg-Simone Bergamaschi.